甘肃省哲学社会科学重大研究基地"民族地区经济社会发展研究中心"（Z14143）

国家民委人才项目"三区三州精准扶贫农户满意度调查"阶段性成果（XBMU-2019-AB-26）

社会保障实务

刘华 主编

SOCIAL SECURITY PRACTICE

中国社会科学出版社

图书在版编目（CIP）数据

社会保障实务/刘华主编.—北京：中国社会科学出版社，2021.2
ISBN 978-7-5203-7956-4

Ⅰ.①社… Ⅱ.①刘… Ⅲ.①社会保障—研究—中国 Ⅳ.①D632.1

中国版本图书馆 CIP 数据核字（2021）第 032994 号

出 版 人	赵剑英
责任编辑	刘晓红
责任校对	周晓东
责任印制	戴　宽
出　　版	中国社会科学出版社
社　　址	北京鼓楼西大街甲 158 号
邮　　编	100720
网　　址	http://www.csspw.cn
发 行 部	010-84083685
门 市 部	010-84029450
经　　销	新华书店及其他书店
印刷装订	北京君升印刷有限公司
版　　次	2021 年 2 月第 1 版
印　　次	2021 年 2 月第 1 次印刷
开　　本	710×1000　1/16
印　　张	16.75
字　　数	259 千字
定　　价	99.00 元

凡购买中国社会科学出版社图书，如有质量问题请与本社营销中心联系调换
电话：010-84083683
版权所有　侵权必究

目 录

第一章　社会保障概述 …………………………………… 1
　　第一节　社会风险 ……………………………………… 1
　　第二节　社会保障的概念 ……………………………… 3
　　第三节　社会保障的产生和发展 ……………………… 4
　　第四节　社会保障制度的功能 ………………………… 17
　　文献阅读 ………………………………………………… 19

第二章　社会保障模式和主要国家制度改革 …………… 22
　　第一节　社会保障模式 ………………………………… 22
　　第二节　发达国家的社会保障改革 …………………… 33
　　第三节　我国社会保障制度改革 ……………………… 40

第三章　社会保障基金 …………………………………… 45
　　第一节　社会保障基金概述 …………………………… 45
　　第二节　社会保障基金筹集 …………………………… 48
　　第三节　社会保障基金运营 …………………………… 57
　　第四节　社会保障基金的给付 ………………………… 62
　　资料与案例 ……………………………………………… 64

第四章　社会保障管理和水平 …………………………… 69
　　第一节　社会保障管理 ………………………………… 69
　　第二节　社会保障水平 ………………………………… 73

第三节　社会保障水平的适度性 …… 80
第四节　我国社会保障水平 …… 84
文献选读 …… 87

第五章　养老保险 …… 91

第一节　基本养老保险概述 …… 91
第二节　基本养老保险制度变迁 …… 97
第三节　我国基本养老保险构架 …… 102
第四节　我国年金制度 …… 114
第五节　人口老龄化 …… 123
资料与案例 …… 126

第六章　医疗保险 …… 132

第一节　基本医疗保险概述 …… 132
第二节　基本医疗保险缴费与支付 …… 138
第三节　我国城镇职工基本医疗保险 …… 143
第四节　我国城乡居民基本医疗保险 …… 154
第五节　我国补充医疗保险制度 …… 158
第六节　分级诊疗 …… 163
第七节　生育保险 …… 165
第八节　长期护理保险 …… 167
阅读资料 …… 174

第七章　工伤保险 …… 180

第一节　工伤保险概述 …… 180
第二节　工伤保险制度 …… 185
第三节　我国工伤保险制度 …… 188
阅读资料 …… 196

第八章　失业保险 …… 201

第一节　失业概述 …… 201

第二节　失业保险 …………………………………… 206
　　第三节　失业保险制度 ……………………………… 208
　　第四节　我国失业保险制度 ………………………… 212

第九章　社会救助 ……………………………………… 221
　　第一节　社会救助概述 ……………………………… 221
　　第二节　社会救助发展历程 ………………………… 225
　　第三节　我国社会救助制度 ………………………… 228
　　第四节　我国社会救助内容 ………………………… 230

第十章　社会福利 ……………………………………… 242
　　第一节　社会福利概述 ……………………………… 242
　　第二节　中国社会福利 ……………………………… 245

第十一章　社会优抚 …………………………………… 253
　　第一节　社会优抚制度概述 ………………………… 253
　　第二节　社会优抚的内容 …………………………… 255

第一章　社会保障概述

第一节　社会风险

一　社会风险

社会风险，是指在一定条件下某种自然现象、生理现象或社会现象是否发生，以及对人类社会财富和生命安全是否造成损失和损失程度的客观不确定性。随着现代社会的进步，各类社会风险频发，其损害性不断增大。英国学者安东尼·吉登斯（Antong Giddes）认为，风险概念标志了现代社会与前现代社会的根本差异，在自然和传统消亡后生存的世界，风险的特点是从"外部风险"逐渐向"人造风险"转移。经济全球化是市场经济在全球的扩展，存在于世界经济网络中的国家都面临着各类风险：或因输入国实施进口或外汇管制，对输入货物加以限制或禁止输入；又或者因经营者决策失误、生产增减、价格波动、经营盈亏等造成经济损失。总之，各国经济、政治、文化以及环境等的安全都面临更多更大的压力，而经济风险、政治风险、文化风险与生态风险也相伴而生。正如美国学者约瑟夫 E. 斯蒂格利茨（Joseph E. Stiglitz）指出的那样："西方已经驱动了全球化的日程表，以发展中世界的代价确保它储存不均衡的利益份额。"

随着社会进步和经济发展，社会风险逐渐变得多样且复杂。1952年，国际劳工组织通过的《社会保障最低标准公约》将社会风险界定为生育、疾病、伤残、失业、养老，后来又增加住有居所、灾有所救等七大风险，每种风险都有共同特征和个性特征，风险发生的周期各不相同。除了早期比较单一的自然灾害、传染病等风险外，失业问题、诚信危机、安全事故等问题不断涌现，国际金融风险、环境风险、技术风险、生物入侵等风险逐渐成为常态。这些不可控风险随时威胁着我们的安全，一旦这些可能性变成现实，社会风险就转变成了社会危机，对社会稳定和社会秩序构成灾难性的影响。

二　社会风险与社会保障

社会风险的长期积累使社会成员的危机感不断增加，而消除危机、抵御风险主要有两种途径：一是依靠自己或家庭的力量解决基本生活困难和损害，这种方式在传统观念里是极为普遍的。人们认为自己手中有钱才能化解灾难，于是持续增加储蓄，不愿用于当期消费。但是，这种以防御潜在风险而为的储蓄，削弱了国家宏观调控刺激社会需求、拉动经济增长的效果。二是通过社会保障提供全民性和基础性的保护。现代社会普遍认为，社会发展意味着新事物的产生和旧事物的灭亡，家庭和社会成员是这一破旧立新过程中各种损害的最终承担者，他们实际所承担的风险和所获得的利益通常会有较大差异，当国家不能有效平衡这种差异时，社会不满情绪就会滋长、社会问题日益显性化，最终阻碍社会发展进程。因此，当社会成员参与生产劳动并为社会创造价值时，社会有责任在其成员遇到风险或生活困难时提供帮助和扶持。一个国家从低级水平向高度文明演进的过程，都应该建立完善的社会保障制度，增强人民的认知和心理预期，强化社会认同感，使国家朝着适度公平、合理均等的方向发展。

三　政府与社会保障

全民性社会保障不是仅依靠民众就能建立起来的，它需要多方主体参与、调动各种资源、服务全体民众、接受全民监督。政府作为社会的代表，是社会稳定和社会秩序的责任主体，只有政府拥有调动、整合各方资源的强制力和执行力，有秩序、有协调性地为民众服务，给予关注它的社会成员以信心和安慰。因此，政府才是社会保障制度的创作主体、推行主体和调控主体。在市场经济条件下，建立和完善社会保障成为政府主要的、责无旁贷的责任。社会保障与市场经济是一个社会中两种相互支撑、相互作用的重要体制，任何一种体制的不完善与薄弱，都将导致社会发展失衡，其结果是或缺乏效率或损害稳定。

第二节　社会保障的概念

一　社会保障的辞源

社会保障的英文为 Social security，是美国于 1935 年制定的《社会保障法》中首次提出的。到了 1941 年，《大西洋宪章》(*Atlantic Charter*) 中两次提及社会保障或生存保障。[①] 1944 年，第 26 届国际劳工组织大会发表了《费城宣言》，大会承认国际劳工组织在世界各国推进各种计划的庄严义务，以达到：充分就业和提高生活标准、扩大社会保障措施以确保所有需要此种保护的人得到基本收入、提供完备的医疗、充分地保护各业工人的生命和健康等，这是国际组织首次在正式文件中使用"社会保障"。随后在 1948 年 12 月联合国大会表决通过的《世界人权宣言》中指出：每个人、作为社会的一员，有权享受社会保障，并有权享受他的个人尊严和人格的自由发展所需要的经济、社会和文化方面各种权利的实现……"社会保障"得以引用。1952 年，国际劳工组织在日内瓦举行的国际劳工会议上通过了 102 号文件，即《社会保障最低标准公约》，这标志着国际性社会保障文件的诞生，它被视为社会保障制度建设的里程碑。

我国 1986 年第六届人大第四次会议通过的第七个五年计划中首次使用"社会保障"一词，并定义：国家和社会通过立法，采取强制手段对国民收入进行再分配，形成社会消费基金，对由于年老、疾病、伤残、死亡及其他灾难发生而使生存出现困难的社会成员，给予物质上的帮助，以保证其基本生活需要的有组织的措施、制度和事业的总称。

---

① *Atlantic Charter* Fifth, they desire to bring about the fullest collaboration between all nations in the economic field with the object of securing, for all, improved labor standards, economic advancement and social security; Sixth, after the final destruction of the Nazi tyranny, they hope to see established a peace which will afford to all nations the means of dwelling in safety within their own boundaries, and which will afford assurance that all the men in all the lands may live out their lives in freedom from fear and want.

二　社会保障的概念

在现代社会中，社会保障制度是以国家或政府为主体，通过强制手段对暂时或永久丧失劳动能力，或由于各种原因导致生活发生困难的社会成员给予物质帮助，保障其基本生活的制度。可以说，社会保障制度是目前世界各国应对社会风险的最有效工具之一，其根本目的就是以国民收入的再分配，消除两极分化，抵御社会风险，促进社会公平，维护社会稳定，最终实现社会经济繁荣。国家和政府作为社会保障的主体，应维护社会成员的基本生存权利，保证社会稳定和经济发展。由于各种原因造成生活困难的社会成员有权利从政府和社会获得相应的物质帮助。国家关于社会保障的相关法律，也已成为社会制度的重要组成部分。

第三节　社会保障的产生和发展

一　社会保障萌芽（1601—1882 年）

（一）制度演进

早期的英国社会也存在贫困等社会问题，那时政府并不认为解决贫民生存问题是自己的责任。大量流离失所的乞丐、流浪者主要依靠社会成员的个人捐赠、施舍和互济，以及基督教会、寺院、教会医院、基尔特等民间宗教性质的救助，但这种自民性质的救助远远不能满足需要，大量流民导致社会动荡，小规模起义时有发生。

16 世纪前后，为了消除流民和贫困造成的严重社会问题，国家开始介入救济。法国政府接管了宗教团体掌握的慈善事业，集中财源组织救济和劳动。英国"圈地运动"瓦解了自然经济，大量农民从农村走向城市，一方面为资本主义发展提供了大量生产所必需的劳动力，同时也形成了城市中无家可归的贫民阶层。为了解决这部分农民的生存问题，1601 年英国女王伊丽莎白一世颁布了旧《济贫法》（*The Poor Law*），以家庭照顾、教区救助、政府支持为原则，确定了就业保障和财政福利并施的救济政策，居民和房产所有者需缴纳济贫税。这是历史上第一次以国家法律的形式落实政府社会保障项目的责任。

进入 17 世纪，英国经济逐渐表现出了快速向前跃进的势头。棉纺织业技术革新、瓦特蒸汽机得以改良使用，一系列的发明使英国棉纺织业改头换面，其他工业部门也达到了相当先进的水平，并产生了后来的工厂制度。18 世纪中期，英国成为世界上最大的资本主义殖民国家，并通过殖民扩张对国内外工场手工业提出了技术改革的要求，大机器工业代替手工业，机器工厂代替手工工场，生产力迅速提高。在这一过程中，英国社会结构和生产关系发生重大改变，产生了更多的无业流民，社会矛盾激化，用于救助贫民的财政支出不断增加。1834 年，英国颁布了新《济贫法》，较之于旧《济贫法》，该法确立了政府统一管理济贫工作，降低了济贫的福利水平，加入了更多对被救济者的歧视性规定，接受济贫被看作人生污点，并以丧失个人声誉和自由为条件。

（二）组织基础

早期人类社会出现的互助性质的组织是西方保险的起源，也为社会保障制度演进提供了最初的组织基础。3000 年前，古巴比伦在原始社会瓦解时已经出现了保险的原始组织形式。公元前 14 世纪，古罗马和希腊经济鼎盛时期，许多政治的、经济的、宗教的社会团体纷纷建立，这是早期具有现代人身保险意义的互助共济性团体。其中，古罗马"格雷基亚"互助组织流传较广，加入者需交纳一次性入会费 100 泽码（古代罗马的一种青铜货币）和一瓶敬神的清酒，以及每月 5 阿司月费。会员死亡时，其家属可以获得 400 泽司葬祭费。古罗马士兵中流行的拉奴维姆丧葬互助会，参加者按规定缴纳费用，用以支付丧葬费用，并为阵亡将士的遗属提供生活费，形式类似于现代的养老保险。古希腊曾盛行过一种团体，即组织有相同政治、哲学观点或宗教信仰的人或同一行业的工匠入会，每月交一定的会费，当入会者遇到意外事故或自然灾害造成经济损失时，由该团体给予救济。在古埃及，修筑金字塔的石匠组成了互助基金会，为死去的成员提供丧葬费用。

进入中世纪，盛行于欧洲的基尔特（Guild）行会互助会成为社会保护的基本形式。作为职业相同的劳动者组成的团体，基尔特奉行互助合作原则，为成员提供疾病、火灾、被窃及死亡津贴。早期的私人自愿保险和近代以国家干预为特征的社会保险，均植根于基尔特制度。到了

16世纪，基尔特已经发展成了接近现代社会保险机构的互助组织。17世纪初德国北部盛行基尔特制度，成立了很多救助性质的火灾救灾协会，会员之间实行火灾相互救济。与此同时，英国基尔特组织推行"去政治化"的"自助"目标，为稳定当时英国社会秩序、缓解政府救济压力起到举足轻重的作用。但是，基尔特组织力量的不断扩展使政府感受到了威胁和推行规则的压力，最终友爱社（Friendly Society）迅速发展并取代了基尔特组织。近代友爱社是工人阶级的自愿互助组织，旨在满足成员社会经济需要、承保疾病及死亡风险，帮助成员获得有效的社会保障和救助。到1801年，英格兰和威尔士有7000多个友爱社，人数在60万—70万，到1874年友爱社数量变为3000多个，而人数增加到400多万人，筹集的保险基金超过1000多万英镑。这时的友爱社已具备一些近代保险制度的基本特征，如风险分散的集合组织、保险金给付结构、财务机制及精算技术基础等。

（三）技术基础

社会保障制度的各项技术性规定，均发源于西方商业保险规则和互助共济行为。例如，早在《汉谟拉比法典》中就记载有古巴比伦国王命令僧侣、法官及村长等对他们所辖境内的居民收取赋金，用以筹集火灾及其他天灾救济基金的内容。公元前916年《罗地安海商法》规定，凡因减轻船只载重投弃入海的货物，为全体利益而损失的，须由全体船主、所有该船货物的货主在内的受益人分摊归还。1666年"伦敦大火"过后，英国经济学家尼古拉斯·巴蓬的房屋火灾保险推行了差别费率的方法，房子越大、房价越高保费费率越高。1693年，著名的数学家爱德华·哈雷编制了世界上第一章生命表，为人寿保险奠定了数理基础，成为保险精算技术的发端。18世纪40—50年代，詹姆斯·多德森创立了均衡保险费的计算方法，辛普森根据均衡保费理论，利用爱德华·哈雷的生命表作成了依死亡年龄增加而递增的费率表。

保险从萌芽时期的互助形式逐渐发展成为冒险借贷、海上保险合约，再到海上保险、火灾保险、人寿保险和其他保险，并逐渐发展成为现代保险。在此过程中，社会保险保障的技术规则也得以集聚。生命周期表、精算技术、运用组合技术集中风险并有效分摊、风险转移技术、保险赔偿等在社会保障制度中都得以运用和发展。

二 社会保险的产生和发展（1883—1934年）

（一）德国

19世纪末，以社会保险制度为核心内容的现代社会保障制度开始在西欧国家出现。1883年，德国宰相俾斯麦主持颁布《疾病社会保险法》，对工资劳动者实行强制疾病保险。费用由雇主承担30%，雇工承担70%，国家予以一定补贴。疾病保险津贴标准相当于工资的50%，领取疾病津贴的最高时限为13周。1884年，德国《工伤事故保险法》颁布，规定费用全部由雇主承担，工伤事故标准为工资的2/3，最高领取时限为14周，工伤致死者家属可以领取相当于死者工资的20%作为补贴。1889年，德国推行《老年和残障保险法》，该制度适用于工业工人、农业工人、手工业者以及公务员，费用由国家、雇主和雇工三方负担，领取养老金的年龄为70岁，被保险者必须工作满24年方可领取养老金，养老保险由国家统一管理。[①]

德国之所以成为世界上最早建立社会保险制度的国家，这与当时该国社会政治经济背景是密切联系的。从政治上看，统一后的德国阶级关系复杂，政治流派繁多，宗教、方言、社会习俗以及文化等多方面存在差异和矛盾。劳动者一边遭受着资本家的剥削压迫，一边浸润在这个盛产哲学家的国度的无产阶级思潮里，工人运动此起彼伏。当时的"铁血宰相"俾斯麦奉行"攘外必先安内"的政策，希望通过"胡萝卜加大棒"的社会保险制度平衡各方的利益冲突。从经济上看，德国工业革命接近尾声，轻工业和重工业加速发展，到1870年，德国在世界工业总产量中的比重上升到13.2%，超过了法国，从而进入先进资本主义国家的行列，为建立社会保险制度提供了必要的经济基础。从理论基础上看，新历史主义学派主张国家积极干预经济社会生活，向劳动者提供强制性的社会保险制度，改善劳动者的工作条件和生活水平以缓和劳资关系，抑制工人运动。这一理论是为"胡萝卜加大棒"政策立论的，倾向于调和阶级矛盾，为德国建成社会保险制度奠定了理论基础。

---

① Gasten V. Rimlinger, *Welfare Policy and Industrialization in Europe*, America and Russia, New York, 1971, pp. 113-130.

(二) 英国

社会保险制度在德国取得成功后,欧洲各国纷纷效仿以建立本国的社会保险制度。1908年,英国通过《养老金法案》,规定实行免费性和普遍性原则的养老金制度。领取养老金者必须年满70岁,年收入不超过31英镑10先令,津贴标准是个人每周1—5先令,每对夫妇每周10先令。1911年,英国颁布《国民社会保险法》,建立健康保险和失业保险制度。健康保险制度适用于所有16周岁以上被雇用以及未被雇用但具有被保险人资格者,标准为男雇工每周10先令,女雇工每周7先令6便士。失业保险是英国社会保险制度发展的重要内容,适用于建筑业、工程建造业、造船业、机械制造业、铸铁业和锯木业。津贴申请人必须在过去5年内在相关行业内工作26周以上,以规定方式提出申请并在申请之日起一直失业,能够工作但未能得到合适的工作,其标准为每周7先令,12个月中领取失业保险津贴的时间不能超过15周。1920年,英国颁布《失业保险法》,规定每年收入不足250英镑的所有体力劳动者、非体力劳动者均可参加失业保险制度。之后多次修改法律,最终将津贴标准提高到每周30先令、适用范围扩大到农业工人。[①] 这些法律的出台标志着英国社会保险制度的初步建立。

(三) 法国

法国现代社会保障制度的主要来源是私营的行业保险,这个体制的形成与工业革命密切相关,是法国各阶层团体经过无数的冲突和谈判、无数的利益抗衡后最终固定下来的。法国工业革命的成就比英国和德国都低,社会问题也就没有英国、德国等国尖锐,通过政府推行社会保障、缓解社会危机的压力也就没有英国、德国大。再加上缺乏足够的物质基础和资本积累,政府财政收入难以将保障覆盖到全民,由工会等非政府组织分散风险在所难免,最终建立起行业保障。在该行业保障体系中,由雇主和雇员代表共同管理,就收费和支出标准等重大问题进行决策,法国政府则通过制定相应的法规和实施监督来管理社会保障运行。1850年,立法将互助与保险相结合的形式确认下来,承认了互助保险

---

① 丁建定:《英国社会保障制度的发展》,中国劳动社会保障出版社2004年版,第52—92页。

公司的地位。1898 年，法国颁布《工伤保险法》，给工人提供雇主承担费用的工伤赔偿，雇主一般将自己企业雇员的工商保险交由保险公司经营。1903 年成立了法国互助联合会，鼓励人们自动地组织起来防御在健康、养老等方面的风险。1930 年立法默认了农业工会与互助会的自治管理，因为当时"自治"的力量非常强大，他们控制了 2/3 的医疗保险和养老保险。[1]

（四）其他国家

其他西欧国家社会保险制度也陆续出现。1910 年，瑞典政府颁布了《养老金法》，正式建立养老金制度。1901 年，荷兰颁布了《工伤保险法》，又于 1913 年颁布了《疾病保险法》，规定雇工必须参加，津贴标准依照物价水平而定，将工伤保险和疾病保险协调发展。挪威于 1890 年颁布了《疾病保险法》，1892 年颁布了《养老保险法》，1894 年颁布了《工伤事故保险法》。1892 年，丹麦颁布了《疾病保险法》，1898 年出台了《工伤保险法》，1907 年《失业保险法》施行。瑞典于 1913 年颁布了《养老和残疾保险法》，规定雇主对年龄在 16 周岁至 66 周岁工资劳动者提供保险，1916 年又先后有《职业损伤保险法》和《年金法》出台。1907 年，有 8 个西欧国家建立了工伤事故保险制度，4 个国家建立疾病保险制度，1 个国家实施了强制性老年和残疾保险。到 1914 年，西欧建立工伤保险制度的国家达到了 13 个，疾病保险制度在 12 个国家推行，有 9 个国家实施老年保障制度。[2] 社会保险制度在西欧国家的出现标志着现代社会保障制度的发端。

三 社会保障制度的建立和发展（1935—1978 年）

1935 年美国《社会保障法》（*The Social Security Act*）的颁布是国际上社会保障制度建立的标志。这是第一次将"社会保障"一词正式使用在国家法律中，是世界上第一部具有综合保障特点的社会保障法律，对西方各国社会保障立法方面产生了重要影响，在社会保障立法历史上具有里程碑的意义。

---

[1] 钱运春：《法国社会保障体制的行业特点、形成原因和改革困境》，《世界经济研究》2004 年第 10 期。

[2] Gerhard A. Ritter, *Social Welfare in Britain and Germany*, Origins and Developments, New York, 1986, pp. 9–10.

(一) 社会保障制度的建立

国家社会保障制度的建立以美国《社会保障法》的颁布为标志。1929—1933年资本主义世界经济危机导致整个资本主义世界的经济衰退，美国生产总量急剧下降，社会危机剧增。由于企业破产导致大量工人失业，覆盖全美的罢工者要求政府提供生活津贴，阶级矛盾异常尖锐。经济学家凯恩斯主张实施扩张性财政政策以对抗经济萧条，通过政府干预手段提高社会总需求。这一主张得到时任总统罗斯福的支持，他推行新政，举办公共工程、促进就业。1935年8月14日，美国参、众两院通过了《社会保障法》。[①] 法案以老年人保障、失业保障和未成年儿童的保障为最重要的内容，要求为老人、盲人、受抚养和残疾儿童提供更为可靠的生活保障；为妇幼保健、公共卫生和失业补助法的实行做出妥善安排；规定对65岁以上的老年人提供救济金，对未满65岁死亡者提供一笔抚恤金，以作为其家属生活之用；为失业者发放失业保险金；对贫困的受抚养的儿童、残疾儿童、妇女保健以及致残者提供救助。《社会保障法》为美国社会带来了经济繁荣和社会政治的稳定。半个多世纪以来，该法历经多次修改，并制定了若干配套法规，但基本上是1935年版的延续、发展、扩大和调整。

(二) 社会保障制度的发展

受历史背景、文化传统和经济发展水平等因素的影响，各国制定社会保险制度有很大差异，但从社会保险制度发展为社会保障体系这一脉络非常清晰。第二次世界大战后"福利国家"运动兴起，引导许多国家逐渐形成了以救助、保险、福利为主要内容的现代社会保障体系。同时，进一步强化政府责任成为当时欧洲社会的共识，更多的国家以政府为主导出台社会保障立法。

1. 英国

英国继1925年颁布《寡妇、孤儿、老年人缴费养老金法》，规定雇

---

① 美国《社会保障法》共10章，前5章分别规定"授予各州的老年资助费""联邦的老年救济金""授予各州实施失业补助的补助金""授予各州救济受抚养的儿童之补助款""授予各州的妇幼福利补助费"。第6章规定"公共卫生工作"，第7章规定"成立社会保障署"，第8、9章两章分别规定"就业税"和"雇主应付之税款"，第10章规定"授予各州救济盲人的补助金"。

主和雇工各承担一半缴费义务后，1937 年又出台了《寡妇、孤儿、老年人自愿缴费养老金法》，向没有参加国民健康保险的较高收入人群提供缴费性养老金。1941 年，英国政府成立了社会保险和相关服务部际协调委员会，着手制订战后的社会保障计划。第二年，部际协调委员会提交了工作成果，即著名的贝弗里奇报告。1945 年，英国工党上台后，先后出台了一系列社会保障立法，如 1945 年《家庭补贴法》规定，从第二个孩子起，向每个孩子提供平均每周 5 先令的家庭补贴。1946 年通过了《国民卫生保健服务法》，建立普遍的国民保健制度，由医院和特殊服务、地方健康当局提供的服务、开业医生提供的一般医疗和牙科服务构成。1948 年《国民救济法》实施，为接受救济的夫妻提供标准为每周 40 先令的救济。①

2. 德国

德国《魏玛宪法》（1919）规定了联邦对涉及社会保险和公共福利的联邦立法权，为保持健康及工作能力、保护产妇、预防因老年和疾病导致的生活困难，应建立综合的社会保险制度。"二战"以后，德国的社会保障制度得到了进一步的发展和完善，内容更为丰富。1957 年颁布了《农民老年救济法》，将农民养老纳入社会保障，1969 年又颁布了《劳动促进法》。进入 20 世纪 80 年代，德国相继出台了一系列以社会保险为主的法律，如《文艺工作者社会保险法》（1983）、《健康改革法》（1988）等，形成了由社会保险法、社会促进法、社会补偿法（社会照顾法）和社会救济法构成的，一个多层次、内容完善、功能健全的社会保障法律体系。

3. 美国

美国通过的《社会保障法》修正案，将保障范围扩大到海员、银行职员和律师、自由职业者、家庭佣人等，提高了社会保障津贴标准，养老金待遇扩大到去世的被保险人的年幼孩子。1961 年《未成年儿童援助法》规定对抚养儿童的家庭提供援助，并增加了联邦政府用于老年援助、盲人援助和永久性完全残疾人援助的费用。1962 年，《公共福利

---

① 接受救济正常标准为每周 40 先令，特殊情况下标准可达每周 55 先令。单亲家长每周正常救济标准为 24 先令，特殊情况下为每周 39 先令。

法》增加了联邦政府用于其他社会福利的费用。1965年,《医疗照顾和援助法案》颁布,将美国医疗保障分为两部分,一部分是社会保险性质的医疗照顾,规定为每一位65周岁以上的老年人提供住院和医疗保险,其中住院保险实行强制性缴费原则,医疗保险实行自愿缴费原则;另一部分是社会救助性质的医疗援助,所需经费由各州和联邦政府共同承担,主要针对抚养未成年人家庭、盲人与永久残疾人等。

4. 日本

早在1929年,日本就颁布了《救护法》,规定为65岁以上没有抚养人的老人、13岁以下的儿童、孕妇、残疾人以及精神病患者提供救助,救助种类分为生活救助、医疗救助、生育救助等。1938年,日本又颁布了《国民健康保险法》,建立农民健康保险,实行自愿原则,被保险人家属列入被保险范围。1942年将自愿原则改为强制性原则。1958年,日本颁布新的《国民健康保险法》,要求在4年内实现"全民皆保险"的健康保险目标。1961年,日本政府规定结核病和精神病患者个人负担医疗费用的30%,政府和医疗保险机构承担70%,后来这项制度扩展到全民。1947年,日本颁布《失业保险法》,适用于雇用5人以上所有企业事业单位雇员,失业保险缴费率为工资的2.2%,雇工与企业各负担一半,失业保险基金的1/3由国家财政负担,津贴标准为工资的60%,领取失业保险津贴最高时限为180天。① 此外,日本在社会福利方面的立法也不断完善,先后颁布了《生活保护法》(1946)、《儿童福利法》(1947)、《残疾人福利法》(1949)、《社会福利事业法》(1951)、《精神病患者福利法》(1960)、《老年福利法》(1963)、《母子福利法》(1964)。

1929—1933年,处在两次世界大战之间的西方社会遭遇了资本主义世界历史罕见的周期性经济危机。英国工人失业人数曾接近300万,占劳动力总数的22%以上,德国失业人数一度达到700万—800万,约占全国劳动力的一半,法国失业者也曾达到半数。② 然而,即便如此,英国投保失业保险的劳工人口也不到60%,德国的失业参保率在40%

---

① 日本《失业保险法》的适用范围、支付标准、领取时限在后续法律修改中均有优化。
② 黄素庵:《西欧福利国家面面观》,世界知识出版社1985年版,第2页。

以上，欧洲其他地区失业保险的人数不过 1/4。① 严峻的失业形势冲击着欧美工业国家的政局，资本主义世界俨然岌岌可危。但是，社会崩溃却并未发生，有学者认为"是各国在大萧条之后纷纷设立了社会福利制度的缘故"。②

第二次世界大战以后到 20 世纪 70 年代初，是社会保障制度发展的黄金时期。很多西方资本主义国家在著名的贝弗里奇报告和福利国家理论的指引下，建立了"福利国家"的社会保障制度，政府财政支出增速普遍高于经济增长速度。到了 20 世纪 70 年代，通货膨胀加剧、失业人口继续扩大、人口老龄化进程加快，以及社会保险和福利项目增多、待遇水平不断上涨，"福利国家"政策已经超出了经济发展的承受能力，一系列社会问题逐渐显现，最终各国开始走上社会保障制度的改革之路。

四 社会保障制度发展的理论基础

社会保障制度的建立和发展离不开人类对理想社会的思考，这些思想的火花最终演化成为丰富的社会保障思想。

（一）传统社会保障思想

春秋时期百家争鸣的特殊环境促成了中国天文地理、哲学社会的飞跃发展。儒家学派代表人物孔子"平均、仁爱、富民、大同"的思想，是集中国古代社会保障理论之大成。《论语·季氏》记载："丘也闻有国有家者，不患寡而患不均，不患贫而患不安。盖均无贫，和无寡，安无倾。"他将社会安定和平均联系起来，以此解除贫困者的生存困难。《礼记·哀公问》曰："古之为政，爱人为大。不能爱人，不能有其身；不能有其身，不能安土；不能安土，不能乐天；不能乐天，不能成其身。"《论语·公冶长》载："老者安之，朋友信之，少者怀之。"孔子从"仁"的观点出发，提倡济众助人和对老幼的照顾。"大同"社会是孔子社会保障思想中最核心、最具价值的内容，《礼记·礼运》载："大道之行也，天下为公，选贤与能，讲信修睦。故人不独亲其亲，不独子其子，使老有所终，壮有所用，幼有所长，矜、寡、孤、独、废疾

---

① 艾瑞克·霍布斯鲍姆：《资本的年代：1848—1875〈导言〉》，江苏人民出版社 1999 年版，第 133—134 页。

② 同上书，第 137 页。

者皆有所养。"孔子主张共同劳动、共同消费，富贵共有、老幼共担的思想，是对中国早期社会福利目标的高度概括。

我国古代道家的杰出思想家老子提出"小国寡民"的思想，"虽有舟舆，无所乘之，虽有甲兵，无所陈之；使民复结绳而用之。甘其食，美其服，安其居，乐其俗"。虽然存在局限性，但饱含对人民衣、食、住、行进行基本保障的先进思想。同样还有东晋《抱朴子》记载鲍敬言的话，他指出远古之世，人们本无尊卑，"穿井而饮，耕田而食，日出而作，日入而息"，安居乐业。《孟子·滕文公上》里记载了孟子关于"出入相友，守望相助，疾病相扶持，则百姓亲睦"的思想。庄子"至德之世"里提出"居无思，行无虑，不藏是非美恶"，"财用有余而不知其所自来，饮食取足而不知其所从"，这些思想家推崇的理想社会是中国最早的社会保障思想的根源。

中国传统社会保障思想在近代也得以延续，如洪秀全关于"有田同耕，有饭同食，有衣同穿，有钱同使，无处不均匀，无人不饱暖"的平等平均的理想社会；康有为构想的"公养""公教""公恤"的大同社会；以及孙中山在长期的革命实践中阐述的"民本论"下的社会福利主张，认为国家应该运用其自身力量保障工农基本的社会福利，并提出了"进化之动力在互助而不在竞争"的观点，都成为中国现代社会保障制度建立的重要理论基石。

西方社会关于社会保障的思想源远流长。西方智者柏拉图在《理想国》中主张公正原则，消除暴力和贫困，讲求思辨、精神与物质世界的统一，并以此实现平等和社会秩序的和谐。之后，又出现了一些极具代表性的社会主义思想家，如英国托马斯·莫尔在《乌托邦》里提出，以公有制和平等原则建立的空想社会主义；意大利康帕内拉的《太阳城》同样描述了一个没有剥削，没有私有财产，产品按需分配的理想国家；还有圣西门、傅立叶、欧文批判的空想社会主义，意图建立人人劳动，男女平等，免费教育，工农结合，没有城乡和劳动差别理想社会以保障公民生产生活。这些思想里互助和财富公平分配的思想可以被视为福利国家社会保障体制的思想理论渊源。

（二）19世纪初社会保障思潮

现代社会保障制度的建立和发展需要依赖于国家的经济干预，这是过去上百年的时间里许多经济学派共同的理论观点。19 世纪 70 年代，德国新历史主义学派提出福利国家理论，主张国家干预经济，兴办公共福利事业以缓和阶级矛盾，是第一个系统阐述社会保障思想的学派。代表人物施穆勒主张对各种制度和有关法律进行改革，同时要推行广泛的社会政策，其目的在于促使财富生产和收入分配合理化，以满足公正及道德完善的需要。① 瓦格纳也强调政府干预，主张对银行、保险等行业实行国有化管理，建立强制保险制度并推行社会化计划；他还认为，社会救济是社会改良的主要支柱，应该通过国家的社会保险措施使国家的统治介入个人消费领域。② 新历史主义学派提出的这些福利国家理论，不仅为德国最早推行社会保险制度提供了依据，促使德国政府通过立法建立起强制性的、缴费义务和受保障权利对等的社会保障体系，而且更为西方资本主义国家举办社会保险，以及社会保障制度的发展方向奠定了重要的理论基础。

19 世纪 70 年代社会保障体系，英国经济学家阿尔弗雷德·马歇尔在其所作的演讲《工人阶级的未来》(*The Future of the Working Class*)（1873）中，关于"必须帮助工人阶级稳步地变为体面的绅士"的想法就已经涉及了社会权利问题。③ 1884 年 1 月，戴维森、悉尼·韦伯夫妇和文学家肖伯纳在伦敦成立知识分子团体费边社。④ 他们认为，社会主义是社会经济发展的必然趋势，但这种变革只能是群众心理缓慢地、逐渐地向着新的原则的转变，社会改革才能一点一滴地实现；一切重大的社会根本改革，必须是民主主义的、合乎道德的、符合宪法的、和平的变革，他们反对激进的、暴力的手段达成改革社会的目的。费边社不遗余力地向社会宣传他们的主张，最终促成了英国最低生活保障标准、资源的社会管理、以累进税缩小贫富差别、整顿教育等多项国家立法。19

---

① 谭崇台：《西方经济发展思想史》，武汉大学出版社 1995 年版，第 247 页。
② 顾俊礼：《福利国家论析》，经济管理出版社 2002 年版，第 5 页。
③ 杨敏、郑杭生：《西方社会福利制度的演变与启示》，《华中师范大学学报》（人文社会科学版）2013 年第 6 期。
④ 公元前 217 年，古罗马统帅 Q. 费边接替前任败将的职务，迎战迦太基的一代名将汉尼拔。费边采取了避其锋芒，用迅速、小规模进攻的策略，既避免了失败，又打击了对方，最终击败了汉尼拔。从此费边主义成为缓步前进、谋而后动的代名词。

世纪 80 年代，韦伯夫妇撰写了大量的文献论著来阐述社会改良主义思想，这些思想不仅为费边社会主义提供了理论和政策基础，而且对英国和国外的社会思想和工人运动产生了很大的影响。

(三) 现代社会保障思想

进入 20 世纪，西方各国的社会福利体系不断发展，逐步形成了颇具特色的福利经济学。代表人物庇古在其著作《财富与福利》(1912) 和《福利经济学》(1920) 中的观点是：社会经济福利在很大程度上受国民收入总量和国民收入在社会成员之间分配情况的影响。提出国民收入总量越大，社会经济福利就越大；国民收入分配越是平等化，社会经济福利也越大。根据边际效益递减，他认为合理的财富转移机制可以在社会财富总量不变的情况下实现社会福利总量的增加。因此，国家应该通过向高收入阶层征收累进所得税和遗产税的再分配政策，实现全社会收入均等化。

1936 年，凯恩斯在其著作《就业、利息和货币通论》中从有效需求的角度出发，认为只要设法提高资本和居民的有效需求，便可刺激投资增加、生产增加、供给增长，从而实现充分就业，走出经济危机。对于如何提高资本的有效需求，凯恩斯认为应该加大基础设施建设和各种福利设施建设，刺激资本投资热情；对于提高居民有效需求的建议是刺激人口自然增长率回升和生活水平的提高。如果说产生于 19 世纪 80 年代末的费边主义和 20 世纪 20 年代的旧福利经济学，是福利国家理论在德国以外的地区的扩张和发展，这些理论体系为"福利国家"的形成奠定了思想基础，那么 20 世纪 30 年代的凯恩斯主义直接催生了"福利国家"制度的建立。

1941 年，英国人威廉·贝弗里奇就英国的社会保障建设进行构思设计，最终形成了《贝弗里奇报告——社会保险和相关服务》。报告继承了新历史学派理论有关福利国家的思想，从英国现实出发，设计了一整套"从摇篮到坟墓"的福利国家的建设蓝图。报告认为社会保障制度既要满足全体居民不同的社会保障需求，也应确保每一个公民的基本生活。因此，报告以社会保险为核心内容，为公民提供 9 种社会保险待遇，以及全方位的医疗和康复服务；以社会救济为补充，保护因各种社会风险导致的每个贫困成员。基于权利义务对等原则，报告中建议实行缴费型社会保险，并在缴费标准、待遇支付上实行统一标准，落实适当的最低标准。认为政府要统一管理社会保障工作，通过社会保障实现国民收入再分配，提供各项社会服务并努力促进就业等。贝弗里奇报告被认为是社会保障发展史上具有划时代意义的著作，影响了英国、欧洲乃至整个世界的社会保障制度建设和发展进程，是福利国家的奠基石和现代社会保障制度建设的里程碑。

第四节 社会保障制度的功能

社会保障的根本原则是保障社会公平，使所有社会成员效用最大化。经济学家庇古教授在《福利经济学》一书中指出："社会保障政策可以扩大一国的经济福利，因为穷人得到效用的增加要大于富人效用的损失，使社会总效用增加。"

一 保障公民基本生活

我们常说："天有不测风云，人有旦夕祸福。"人生最大的悲欢离合莫过于生老病死，最大的风险不外乎幼无所长、壮无所用、老无新养、病无所护。没有社会保障，所有依赖于自然界和社会关系而存在的人，在遇到天灾人祸的时候就缺少自保的能力和手段，面对生老病死时显得无能为力。宋朝著名诗人陆游在《听雨》中"老态龙钟疾未平，更堪俗事败幽情"的描写，正是无数老年人生活困境的写照。任何社会都有因先天性疾病、残障或各种原因导致的无依无靠者需要社会救助。国家建立社会保障体系，保障公民的基本生活，免除劳动者的后顾之忧，既是社会保障最核心的功能，也是国家和社会应该承担的责任，是人权保障的重要内容，是社会进步的体现。如今，社会保障已经成为国际公约和绝大多数国家法律明确规定的公民的一项基本权利。

二 稳定社会公共秩序

19世纪末德国之所以最早建立社会保险体系，除了工业革命形成的经济基础和新历史主义学派带来的理论支撑外，也是维持德意志统一、缓和工人阶层斗争的必然选择。20世纪初，欧洲资本主义国家之所以纷纷效仿德国建立社会保障制度，也是为了巩固资本主义生产方式和资产阶级政权，缓和阶级矛盾，保持社会稳定。经济危机中受到重创的资本主义没有就此崩塌，也是得益于社会保障制度的推行。"二战"后，资本主义国家致力于社会保障体系建设，不断扩充保险项目并提高待遇水平，社会福利事业的发展为战后恢复重建提供了重要的制度保障。建立了社会保障制度的国家，都是通过保障人民的基本生活，以实现维护社会稳定的根本目的。进入 21 世纪，社会进步、科技发展，经济全球化和国家保护主义并存，面对越来越复杂的国际形势，各国都需要以稳定的政治局面和社会秩序应对各种突发事件，社会保障制度无疑扮演着重要的角色，是维护社会稳定、缓和阶级矛盾的"稳定器"。

三 推动经济健康发展

市场经济是充满竞争的经济，在推动企业规模发展和技术革新的过程中也滋生了市场的周期性风险和劳动者失业。当经济发展势头高涨时，社会保障可以通过调整社会保障费（税）率、待遇支付标准、保障水平等手段主动地调节社会总需求水平，减少经济波动。国家还可以通过生育、抚育子女和教育津贴等形式对劳动力再生产给予资助，以提高劳动力资源的整体素质。社会保障制度中的失业保险几乎都包含了职业培训、在职教育等内容，是改善就业结构，提高劳动者技能，稳定就业的重要手段。即便市场经济状况良好，失业保险补偿和再就业培训都可以为产业结构调整或技术优胜劣汰提供支持，有效地缓解企业压力，维护经济稳定。当经济衰退失业率上升、人民生活水平下降时，或者因为丧失经济收入或劳动能力陷入贫困时，失业保险、社会救助能维持劳动者自身及其家庭成员的基本生活，有效提高社会购买力，推动经济复苏。此外，社会保障基金的长期积累和投资运营有助于完善资本市场。经济合作与发展组织的统计数据显示，截至 2015 年，澳大利亚、加拿大、智利、丹麦、芬兰等国的养老基金占 GDP 的比重不断上升，其中加拿大比重已经上升到 83.439%、智利为 69.645%、丹麦为 44.858%。这意味着西方一些发达国家经济持续增长带来的繁荣与养老基金投入到资本市场紧密相关。[1]

---

[1] 邓大松：《社会保障概论》，高等教育出版社 2019 年版，第 33 页。

四 维护社会公平

联合国《人权宣言》中有关"福利条款"对这一权利进行了明确规定，如第 22 条提出："每个人，作为社会的一员，有权享受社会保障，并有权享受他的个人尊严和人格的自由发展所必需的经济、社会和文化方面各种权利的实现。"国家和社会有责任公平地保障每一个公民的基本生存权利，这是社会保障制度的首要目标。为此，各国规定符合法定条件的社会成员都属于制度的保障对象，对公民因意外灾害、失业、疾病等造成生活困难时都能给予公平公正的补偿或赔付；规定公民都有平等的享受教育、健康和最低生活保障的权利；明确了公平的医保、教育、失业等的参保、报销和救助标准。社会保障是市场经济国家保持社会公平的一个重要手段，全体制度覆盖人群本着权利义务对等的原则参保缴费，不仅能扩大基金规模，应保尽保，而且也能发挥国民收入再分配的功能，使社会成员风险共担，减少差别，缩小贫富差距，缓解社会矛盾。当然，社会保障是效率与公平兼顾的制度，对于补充性保险保障较少的低收入阶层和弱势群体有倾斜性的保护。

随着经济的发展和社会的进步，社会保障的内容在不断扩充，功能也越来越强大。为全体成员提供更广泛的津贴、福利设施和公共服务，也使人们尽可能充分地享受经济和社会发展成果，不断提高物质生活和精神生活的质量。

文献阅读

著名的贝弗里奇报告

"二战"后的英国国际地位明显下降，"世界工厂"地位丧失，海上力量被美国远超，国际金融地位削弱，美国取代英国成为最大的资本净输出国。英国工党领袖克里门特·艾德礼组建了英国战后首届政府，为了尽快振兴经济和改善社会状况，实行了以企业国有化、经济计划化和福利国家制度为主要内容的一系列改革措施。其中，福利国家制度的建设就是以贝弗里奇报告为"蓝图"进行建设的。

1941 年，英国成立社会保险和相关服务部际协调委员会，着手制订战后社会保障计划。著名经济学家贝弗里奇爵士受英国战时内阁部长、英国战后重建委员会主席阿瑟·格林伍德先生委托，出任社会保险和相关服务部际协调委员会主席，负责对现行的国家社会保险方案及相关服务（包括工伤赔偿）进行调查，并就战后重建社会保障计划进行构思设计，提出具体方案和建议。第二年，贝弗里奇根据部际协调委员会的工作成果提交了题为《社会保险和相关服务》的报告，这就是著名的贝弗里奇报告。

报告分析了英国社会保障制度的现状、问题，指出贫困、疾病、愚昧、肮脏和懒惰是影响英国社会进步、经济发展和人民生活的五大障碍，并对以往提供的各种福利进行了反思，并系统勾画了战后社会保障计划的宏伟蓝图。报告共分六个部分。第一部分概要介绍了社会保险和相关服务部际协调委员会的工作过程和整个报告的主要内容。第二部分审视了英国当时保障制度所存在的诸多问题，详细论述了报告所建议的二十三项改革的理由及具体建议。第三部分重点讨论了待遇标准和房租问题、老年问题以及关于伤残赔偿的途径问题。在大量调查统计数据的基础上，详细分析了劳动年龄人口、老年人、供养子女等不同群体对房租、食品、衣着、燃料等生活必需品的需求，由此得出了战后满足人们基本生活最低需要所需的保险待遇标准；根据英国人口老龄化现状及当前养老金制度存在的问题，提出了提高养老金标准、改革养老金制度的建议，并且提出在20年内将旧制度逐步过渡到新制度的具体设想，以及把退休作为享受养老金的必要条件的意见。第四部分主要涉及社会保障预算问题。分析了各方的缴费能力和意愿，提出了由财政、雇主、参保人三方共同缴费的缴费方案，且就各方应承担的比例作了具体划分；论述了工伤保险费的筹资问题，明确了事故和职业病高发的行业应承担额外的工伤附加费的原则和比例。第五部分为社会保障计划。提出通过社会保险、国民救助和自愿保险三个层次保障人们不同需要的重要观点。同时，在明确养老金、保险金、补助金及补贴等基本概念的基础上，将全部国民分为雇员、从事有酬工作的人员、家庭妇女、其他有酬工作的人群、退出工作的老年人、低于工作年龄的子女六个群体，分析了各群体的不同保障需求，并就其参保的待遇、缴费等有关问题进行了系统阐述。第六部分为社会保障和社会政策。详细讨论了子女补贴、全方位医疗康复服务和维持就业问题，提出把消除贫困作为战后的基本目标，即确保每个公民只要尽其所能，在任何时候都有足够的收入尽自己的抚养责任，满足基本的生活需要。

贝弗里奇在勾画社会保险计划时遵循三条原则。其一，既要充分运用过去积累的丰富经验，又不拘泥于这些经验；其二，把社会保险作为提供收入保障、消除贫困的一项基本社会政策内容；其三，确定了国家提供福利的原则是基于国家利益而不是某些群体的局部利益，社会保障必须由国家和个人共同承担责任，通过国家和个人共同的合作来实现。具体体现是，一方面在国家承担相应责任的同时，不应扼杀和替代个人在社会保障中的责任；另一方面，国家提供的基本生活保障水平不宜定得过高，而应给个人参加自愿保险和储蓄留出一定的空间。这些原则对我国目前的社会保障制度改革有着重要的指导作用。

贝弗里奇报告还具有以下几点特征：一是社会保障应该满足全体居民不同的社会保障需求。贝弗里奇不仅为公民设计了9种社会保险待遇，包括全方位的医疗和康复服务，以及为生活困难的人群提供国民救助。新的福利项目如为儿童提供的子女补贴，被认为是福利制度发展中的一个根本性突破，它打破了传统的家庭抚养职能，由国家直接代替家庭向非劳动人口承担部分赡养、抚养责任。二是保障每一个公民最基本的生活需求。三是在社会保险的缴费标准、待遇支付和行政管理方面实行统一标准。每人每周缴费，无论人们原来的收入如何，无论个人的情况及风险程度怎样，都必须强制参加保险，缴费费率相同，失业保险金、残疾保险待遇以及退休养老金等各种待遇也都应当实行统一的待遇标准，强制性的基本保险项目由国家实施。四是享受社会保障的劳动者应以劳动和缴纳保险费为条件。

贝弗里奇报告是社会保障史上具有划时代意义的著作，是20世纪资本主义发展史上一份较为完整的现代福利国家蓝图，它对英国、欧洲乃至世界社会保障制度的建设和发展进程产生了重大影响。时隔70年再回首，这份报告提出的诸多原则和观点从未过时，各种改革的设想和措施时至今日仍有一些国家在尝试和借鉴。同样，它对我国社会保障体系的建设和完善也能起到重要的指引作用。

第二章 社会保障模式和主要国家制度改革

社会保障模式是对不同社会保障的内在基本规定性及主要运行原则的理论概括，它反映一国在某一历史时期社会保障制度的路径选择。[①] 从20世纪40年代英国宣布建成"福利国家"以来，世界上众多国家都对社会保障体系建设进行了探索，依据本国社会经济水平界定了社会保障制度应涵盖的内容。历经多次调整和变革，已逐渐呈现出多元化的状态。从各国社会保障制度的功能定位、再分配目的、财务模式和保障水平来看，社会保障模式大体分为四种类型，分别是"社会保险型"社会保障模式、"福利国家型"社会保障模式、"个人储蓄保险型"社会保障模式、"国家保险型"社会保障模式。

第一节 社会保障模式

一 "社会保险型"社会保障模式

"社会保险型"社会保障模式又称"传统型"社会保障模式、"保险型"社会保障模式，或者"投保资助型"社会保障模式，是世界上最早的现代社会保障模式。该模式最早产生于德国俾斯麦执政时期，20世纪30年代经济大萧条期间和"二战"后被西欧、美国、日本等国家和地区效仿。"二战"后的德国经济、交通瘫痪，通货膨胀严重，为改变这种局面，德国政府在无限制的自由放任主义和极端的国家统制经济之间寻找第三条道路，经济社会政策都经历了不断地调整和改革。与此

---

① 陆雄文：《管理学大辞典》，上海辞书出版社2013年版。

同时，德国亟须完善的社会保障体系来确保市场竞争机制并维护社会稳定。最终，以"社会公正"为基本目标，坚持市场自由同社会公平相结合，用社会福利政策调整市场竞争对公平的扭曲，保障社会生产处于相对有序状态的"社会保险型"社会保障制度得以确立。德国倡导的有利于发挥市场机制的社会保障，强调个人的作用，认为个人应该承担比过去更多的社会保障责任，社会保障应该是一项由国家、非政府机构、个人共同参与的事业。这些理念和原则被世界众多国家广泛应用，美国、日本等国家也都相继形成了"社会保险型"社会保障模式。

（一）特点

1. 完善的社会保障体系

以面向劳动者建立各项社会保险制度为核心，以其他救助或福利性政策为补充，构建能够满足社会需求的完备的社会安全网，对公民的基本生活进行保障。

2. 基金来源多元化

不同的社会保障项目有不同的基金来源渠道，但主要由与收入相关的社会保险税（费）提供资金。社会保险税（费）要保持在收入再分配的合理范围内，每位投保雇员及其雇主都必须按一定的比例缴纳社会保险税（费），不足部分由联邦财政补贴。这是一种实现责任共担机制、个人与雇主投保辅之以国家资助的形式。

3. 实行完全社会统筹

该模式主张社会成员的互助共济、风险共担，因此并不为社会成员建立个人账户，只有是否缴纳了社会保险税的记录。筹集到的社会保险税形成整个社会的保障基金，在全部受保障人群中调剂使用，并可以实现代际或代内转移。

4. 权利义务相结合

每一位参保者享受保障待遇的条件是以合理缴税（费）为基础，是权利与义务相结合的体现。但缴纳税（费）水平并不直接反映出最终的待遇水平，参保者最终待遇与个人缴纳社会保险税（费）的金额、纳税（费）年限、劳动者收入水平和当地社会平均工资水平相对应，同时也随物价指数、通货膨胀率以及当地社会平均工资水平而变动。

（二）典型国家

德国社会保障制度实施保险原则、供养原则和救济原则。保险原则指参保者交纳保费是领取保险金的前提，领取的保险金额与缴纳的保费的多少有关；供养原则是指国家对一些为社会有杰出贡献的国民，将从税收中拨付一笔款项进行专门供养；救济原则是当国民无法获得社会保险或官方供养，或者获得的待遇不能满足其基本生活需要时，国家将从税收中划拨一部分资金作为救济金，保证其基本生活水平。

德国的社会保障制度包括社会保险、社会赔偿、社会救济、社会促进，其中以社会保险为核心内容。社会保险中包括养老、医疗、事故、失业、护理，并分设有专门的营运机构。资金筹集采取现收现付的方式，保障劳动者的基本生活水平。养老保险基金来源于雇员、雇主和国家三方，由于是以现收现付的方式进行社会统筹，所以实现了代际互助共济。医疗保险全民覆盖，法定医疗保险保障项目齐全，包括儿童预防免疫、慢性病检查等各种预防保健服务，以及牙科医疗和精神疾病医疗等，其财政支出几乎全部来自征收的医疗保险费；1994年更是建立了长期护理保险，住在养老院的老人和康复医疗机构的伤残病人所发生的护理费用，提供医师的诊断证明后均可得到护理保险基金的支付。工伤事故保险由雇主缴纳保险费，保障对象包括所有企业职工和农民，保障责任是预防工伤事故和职业病。

（三）"社会保险型"社会保障模式优缺点

"社会保险型"社会保障模式通过完全统筹的方式将参保人员的缴费进行代内和代际转移，实现了全体社会成员的互助共济。由于该模式不再仅仅强调政府的财政支持，还要求每一位参保人员都应合理缴纳社会保险税（费），不仅强化了个体责任，实现了权利义务的对等性，而且拓宽了社保基金的来源渠道，使基金的规模和来源都相对稳定，有利于制度的可持续性。但是，该模式的缺点也逐渐显现，主要是采取这种模式的发达国家虽然维持着低于"福利国家型"社会保障模式的福利水平，但是保障基金支出依然逐年攀升。由于国家财政对社会保障的转移支付较少，这意味着企业和个人要增加缴税（费）才能填补支出。而这些发达国家面临着严重的人口老龄化，劳动人口递减使每个在职人员必须承受更高的社会保险税负担，这种矛盾不断激化的结果就是进行制度的艰难改革。

三 "福利国家型"社会保障模式

1942 年经济学家贝弗里奇根据社会保险和相关服务部际协调委员会对英国社会保险问题调研工作的成果提交了《社会保险和相关服务的报告》，提出了建立覆盖全民的全面社会保障的设想，并许诺建成一套"从摇篮到坟墓"的社会福利制度。到 20 世纪五六十年代，英国等国家经济发展，国家富足，不同政党都以"为劳动者谋福利"为己任，国民更是把社会保障作为自己的一项生存权利，因而大大地推动了"福利国家型"社会保障制度建设，这一时期也成为世界社会保障制度发展的黄金时期。

（一）特点

1. 实行全民保障与全面保障

"福利国家型"社会保障模式以全民性和普遍性保障原则为核心，全体居民和公民无论其有无收入和是否就业，都可享有国家制定的各项福利保障政策，强调社会公平。该模式致力于为国民提供较高品质的生活，保障项目齐全，待遇水平高，几乎包含了民众生、老、病、死的一切福利。

2. 国家为直接责任主体

该模式中个人一般不需要缴纳社会保险税（费），而是国家承担着直接的财政责任、监督责任和运作管理责任，建立了国家与个人的直接责任联系。

3. 保障基金源于国家税收

社会保障金的来源主要是国家一般性税收，一方面通过对遗产和收入采取累进税率实现财富转移，另一方面要求企业负担较高水平的社会保障税（费）。因此，这种模式下政府的财政负担和个人、企业的税收负担都沉重，使个人对国家产生很强的依赖。

4. 国家设立统一的管理机构

实行这种模式的国家一般都由国家设立统一的管理机构，并设有多层次的社会保障法院监督执行。

（二）典型国家

1945 年，英国工党领袖克莱门特·艾德礼担任首相后，在政治、经济、文化、教育以及外交政策等方面进行了一系列的"民主社会主义"的改革和调整。为了强化国家对经济的干预，工党政府大力推行社会福利政策，并于1948年7月5日宣告建成福利国家，承诺给每一位公民"从摇篮到坟墓"的社会福利，该政策被称为"艾德礼政策"。

1. 英国

英国社会保障体系涵盖了国民保险、国民保健、社会补助、社会救济等内容，其中国民保险是一个由多种津贴和补助金构成的综合性社会保险制度。津贴分为缴费型和非缴费型，领取缴费型津贴以按期足额缴费为条件，非缴费型津贴是政府按需要发放的。目前英国有面向妇女、儿童、残疾人等的40多种各类津贴和补助，如产妇津贴、儿童监护津贴、护理津贴、退休金、失业津贴、低收入家庭补助津贴等。国民保健制度规定所有英国人都享受免费医疗，包括牙科门诊检查、儿童配镜等项目，对特殊人群如孕妇、儿童、退休者以及因医疗事故造成的病人还有特殊的保健支持。英国各地设有专门的卫生管理局和委员会，负责国民保健的具体实施，并在每个地区设有一个总医院，以及普通医院、诊疗所、卫生中心、精神病院等专科医院。社会补助主要为特殊人群提供福利设施和服务，如为失去工作能力的人提供住宅，为高龄老人提供护理和照顾，为儿童提供心理健康服务，解决精神病患者的特殊需求等。进入20世纪80年代后，英国人口老龄化问题凸显，高福利水平带来的财政负担越来越重，英国社会保障也步入改革时期。[①]

2. 瑞典

瑞典一直被称为福利国家制度的橱窗，其奉行的"从摇篮到坟墓"的社会福利制度是以高工资、高税收、高福利为支撑的。作为高度发达的国家，瑞典社会政策上明确为"实现充分就业，收入公正分配，共同富裕、人人价值平等"。因此，瑞典的社会保障以社会民主主义为基础，为全民实行普享的、全面的保障，是发达国家健全社会保障体系的楷模。瑞典社会保障最大特点就是强制性，人人都必须参加统一的社会保障系统，并能享受由国家统一提供的各种社会保障。其中，养老保险由保证养老金（主要保障对象是收入很低或没有工资收入的人）、收入型

---

① 郑春荣：《英国社会保障制度》，上海人民出版社2012年版，第30页。

养老金和基金制养老金、职业养老金、私人养老金构成，前三种为基本养老保险，第四种为补充养老保险，都属于国家法定的养老保险项目；私人养老金是通过个人购买商业保险，为将来自己的退休生活进行自愿储蓄。失业保险包括政府部门举办的普通失业保险和私营的失业保险协会举办的补充失业保险。医疗保险分为法定医疗保险和自愿医疗保险两种，人们在生病期间不仅可以享受近乎免费的治疗，而且还能从病休的第二天起领取到病休补贴。工伤保险包括了医疗费补贴、病假津贴、终身养老和抚恤金。瑞典社会福利政策涵盖老人福利、儿童福利、残疾人福利以及教育福利等。以教育福利为例，瑞典儿童除从小学到大学一律实行免费教育外，一年级到九年级学生可以在学校享受免费午餐，高中学生每个月可以领取一定数额的助学金，大学生每个月可获得助学金和低息学习贷款，国家还向低收入的有孩子家庭和低收入的退休者家庭提供住房保障。2005 年，OECD 组织 30 个国家的公共社会支出（Public Social Spending）占 GDP 的比重，瑞典以 33.6% 的比重位居 30 国之首，高出平均值将近 10 个百分点。[①] 但是，瑞典人所享受的社会保障制度完全是由自己所交纳的各种税费支撑起来的。据计算，瑞典人平均要拿出 60% 以上的收入交纳各种税费。近 20 年来，为减轻税收压力和增强瑞典产品的国际竞争能力，瑞典对社会保障制度进行了一些改革，但改革任重道远。

（三）"福利国家型"社会保障模式优缺点

"福利国家型"社会保障模式为全体国民提供了高水平的社会福利待遇，实现了福利的均等化。全体民众得到普惠的、全面的保障，是社会公平的表现。但是，这种高水平、全保障的模式也存在明显的缺陷。由于国民不需要在社会保障方面承担义务，反而参加工作的劳动者要负担各种各样的税费，造成了公民社会保障权利和义务的不对等性，以及劳动者和非劳动者权利义务的不对等性，打击了劳动者积极性，也进一步削弱了企业的竞争力。该模式以国家为责任主体，使个人保障依附于

---

① 公共社会支出的统计范围包括养老保险、医疗卫生支出、生育补贴、失业保险和积极就业政策支出、家庭最低收入保障、工伤伤残津贴支出以及住房保障支出等，但不包含政府教育支出。

国家，繁重的财政负担使政府不堪重负，影响了制度的可持续性。进入20世纪八九十年代，发达国家普遍面临日益严峻的人口老龄化，高福利、全类目的社会保障无法应对这一难题，制度改革势在必行。

四 "储蓄保险型"社会保障模式

"储蓄保险型"社会保障模式又称为"自我积累型""强制储蓄型"社会保障模式。该模式是指国家通过立法强制所有雇员和雇主根据一定的工资比例缴纳社会保险费，社会保险基金经过投资运营后将本金和收益一并存入雇员的个人账户中，用以支付雇员养老、住房、医疗、教育等项目的社会保障制度安排。目前，该模式主要是东南亚国家、拉丁美洲国家和部分非洲国家采用，以新加坡的中央公积金制度和智利的私人养老金制度为代表。

（一）特点

1. 实行个人缴费的完全积累

该模式为参保人员建立个人账户，国家通过立法强制规定由雇主和个人共同缴费或者由雇员个人独资缴费，并全部计入个人账户实现个人缴费的完全积累，有利于调动个人缴费的积极性。个人将来的待遇水平取决于个人账户的积累水平和基金运营的收益。

2. 强调雇主和个人责任

这种制度强调个人自我保障，需要雇主和雇员为员工的将来进行缴费积累，有的国家规定雇员对自己个人账户里的资金负责投资运营，因此个人承担主要的保障责任和基金运营风险。国家基本上不承担社会保障责任，主要扮演监督者的角色，仅在社会保险基金管理机构出现投资亏损的情况下为其提供最低额度的投资收益担保，或为社会保障待遇低于特定标准的参保者提供财政补贴。

3. 社保基金进入基本市场运营

无论是新加坡的中央公积金计划还是智利的个人储蓄计划，个人账户上的缴费积累都要进行运营以实现基金的保值增值。所不同的是，新加坡中央公积金计划是由政府投资公司秉持市场化的管理模式和专业化的投资理念投资运作，通过投资专家在世界范围内进行资金投资；而智利养老金领域的个人储蓄计划以私营化管理为基本特征，由缴费者自主选择一家养老金管理公司负责管理。

(二) 典型国家

1. 新加坡

新加坡的中央公积金制度形成于 1955 年，当时新加坡还是英国的殖民地，人民生活困苦，为了给工人提供退休保障，开始推行强制储蓄计划。后来保障范围不断扩大，最终演变为涵盖养老、医疗、住房、教育、投资等内容的社会保障制度，所以本质上是一项强制储蓄计划。该计划是以公积金为主体，以其他保障措施为辅助的综合性社会保障体系，要求每个国民不分职业，只要是受雇员工，雇主与雇员都要缴纳薪水的一定比例到员工的账户内，缴纳比率在员工年龄超过 50 岁后会逐渐下降。计划主要分设了四个账户：普通账户（Ordinary Account）、专门账户（Special Account）、医疗储蓄账户（Medisave Account）和退休账户（Retirement Account）。普通账户和专门账户设立于 20 世纪 70 年代。普通账户的公积金可用于购置政府组合房屋（简称组屋，类似我国经济适用房）、人寿保险、子女教育支出、信托股票投资等。专门账户用于为公积金成员积累退休金，提供养老保障。医疗储蓄账户 1984 年建立，为公积金成员及其直系亲属支付住院、门诊医疗服务、缴纳疾病保险费等。退休账户于 1987 年引入，资金来源于专门账户。

截至 2012 年 6 月底，新加坡中央公积金规模为 2192.67 亿新元，而 2011 年新加坡 GDP 为 3268 亿新元，中央公积金是 GDP 的 0.67 倍。从各账户的规模来看，截至 2012 年 6 月底，普通账户累计结余 888.84 亿新元；专门账户累计结余 507.48 亿新元；医疗账户累计结余 569.77 亿新元。[①] 结余基金规模过大影响了社会消费能力。此外，由于公积金缴费的工资基数不同，计划内会员的账户累计差异较大。2012 年新加坡结存公积金款超过 3 万元的 11 万名会员（占会员数的 6.6%），总共积累了 65 亿新元（占结存总额的 41.7%）。而结存不到 500 新元的 39 万名会员（占会员总数的 23.1%），总共积累了 7000 万元（占结存总额的 0.5%）。这使众多会员开始顾虑公积金制度能否为每一个雇员提供公平有效的社会保障。

---

① 新加坡中央公积金管理局网站，http://mycpf.cpf.gov.sg/CPF/About-Us/CPF-Stats/CPF-Stats2012q2.htm。

2. 智利

智利是拉丁美洲最早建立社会保障制的国家。20 世纪 80 年代以前，智利实行以高福利、现收现付为特征的养老保险制度。由于缴费率过高、企业负担重、逃缴费现象普遍以及养老金给付水平盲目提高、公立管理机构效率低下等原因，1979 年皮诺切特政府开始推行养老金制度的私有化改革，将传统的现收现付制公共养老金制度改革为私人管理的强制性基金积累制。该制度规定，1983 年 1 月 1 日以后参加工作的所有正式部门雇员都要加入计划，而自雇者和非正式部门的从业人员采取自愿加入的方式。养老保险由雇主履行代扣代缴义务，按月从缴费工资中扣除 10% 并直接存入由雇员自己选择的养老基金公司管理的个人账户；退休时养老金给付由账户积累转化为年金或按计划领取。由于账户透明，多缴多得，税收减免优惠也极大地调动了参保人员的缴费积极性。

20 世纪 90 年代智利养老金参与了国有企业私营化改革，投资回报率高于工资增长率，智利平均养老金替代率明显上升。在 1981—2001 年，智利养老金制度改革通过影响储蓄和投资、劳动力市场和全要素生产率等因素，对 GDP 增长率的贡献率为 0.49 个百分点，大约占这 20 年经济增长率的 1/10，养老金累计平均每年的投资回报率为 10%（UF 单位衡量），剔除管理费用因素后的净回报率为 9.3% 左右。① 高额回报率使养老金资产快速增长，到 2004 年年末，养老金资产已达 608 亿美元，占当年 GDP 的 67%。②

（三）"储蓄保险型"社会保障模式优缺点

强调个人责任，有利于激励雇员参保，实现权利义务对等，社会保障待遇和自己缴费多少直接关联，能激发劳动者参保积极性。在满足一定条件时，积累制养老金制度变革可以提高国内储蓄水平，激励劳动就业增加，提高资源配置的经济效率，从而对一个国家的经济增长产生促

---

① Solange Berstein, Guillermo Larrain, etc. *Chilean Pension Reform: Coverage Facts and Prospects*, Superintendence of AFP, 2005.

② 张洪涛、孔泾源：《社会保险案例分析——制度改革》，中国人民大学出版社 2008 年版，第 83 页。

进作用。① 缴费基金实行个人账户下的资金积累，在应对人口老龄化的冲击时优势明显。缺点是这种模式的个人账户积累没有资金横向转移的机制，减弱了国民收入再分配功能和互助共济的社会保障效果。计划里会员缴费全部记入个人账户的做法过分强调效率，而忽视了公平，也会使收入低、个人账户缴费积累少的会员对制度丧失信心。推行这种模式的国家对基金的使用和领取规定较严格，大量的累计结余对国民的当期消费造成冲击，不利于刺激国内有效需求。另外，该模式的基金运营也是存在风险的，政府鼓励会员购买政府或私营企业的各种股票、债券进行投资，或者由雇员自己选取基金管理公司运营基金，存在一定的风险，降低了基金安全性，损害部分会员的利益。而且私人养老金管理公司之间的恶性竞争导致基金管理费用居高不下，养老金市场与其他金融市场的分割阻碍了统一的金融市场形成。

五 "国家保险型"社会保障模式

"国家保险型"社会保障或称社会主义国家社会保障，由苏联在20世纪初期创立，随后被东欧国家和包括我国的亚洲社会主义国家效仿。这种模式与高度集中的计划经济体制相适应，是一种政府包办、强调国家和企事业单位责任，惠及全体劳动者及其直系亲属的保障模式。其理论基础是马克思的社会主义公有制理论，即社会保障扣除理论和列宁提出最好的保障是国家保险。

（一）特点

实行高度的集中统一领导。"国家保险型"社会保障模式主要是以国家为主体来推行社会保障事业，由国家统一制定法律、统一领导、统一收支标准、统一管理。

国家为主要责任主体。社会主义中央计划经济（苏联、东欧）体的社会保障都是国家保险制，社会保障费均由国家（通过对国营企业职工工资总额的一定比例的扣除）或企业、单位负担，资金来源于全社会的公共资金，无偿提供，个人不负担任何保险费。

保障项目全面、待遇水平高。计划经济体一般都实行平均主义，劳

---

① 张洪涛、孔泾源：《社会保险案例分析——制度改革》，中国人民大学出版社2008年版，第83页。

动者工资收入偏低，但国家和单位提供的社会保障项目几乎囊括了国民生活的各个方面。保障待遇偏高，如公费医疗、低房租等。这些待遇不仅面向劳动者本人，而且提供给劳动者直系亲属相应的待遇。待遇不与缴费多少相关联，而与劳动贡献挂钩。

工会参与社会保障管理。该模式下各级工会组织代表国家政权机构管理社会保障事宜，劳动者可以通过工会向社会保障管理施加影响，同时基层工会也参与企业单位缴费基金的筹集和发放。

（二）典型国家

苏联是世界上第一个建立社会保障制度的社会主义国家。1970年7月15日，苏联颁布《劳动立法原则》，规定了各类社会保险的待遇，宣布劳动义务和劳动权利密切关联。1977年10月7日通过的《苏维埃社会主义共和国联盟宪法》确立了统一的苏联公民社会保障制度，逐渐形成了以退休金制度、补助金制度、医疗保健制度及抚恤金制度为一体的社保体系。其社会保险受保对象不仅覆盖全民，而且社会保险金额由国家交付，受保条件相当松，受保待遇相当高。根据1986年的统计材料，全苏联的社会保障经费660亿卢布，其中93%是由国家负担的，另外7%则是由集体农庄承担的。

苏联的社会保障制度主要包括退休金制度、补助金制度、医疗保健制度和社会服务制度。退休金制度包括职工老年退休制度、集体农庄庄员退休制度、对国家有特殊贡献的功勋退休制度、科学工作者退休制度、专门业务退休制度（如教育工作者、医务人员、艺术工作者、军人等）、残疾退休制度。系统、全面的补助金制度主要有暂时无劳动能力的补助金、怀孕和生育补助金、多子女和单身母亲的补助金、丧葬补助金、职业再教育补助金、低收入家庭（低保家庭）儿童补助金等。医疗保健制度是以提供社会服务为主要内容的医疗保健制度，包括医疗服务、劳动保护（包括改善生产的卫生条件、安全技术）、疗养制度三个部分。医疗保健事业由国家经营，所有费用由国家负担，人人都可以享有免费的、完善的医疗和药物补助。抚恤金制度是除退休金、补助金、医疗保健服务外无劳动能力者获得的其他所有帮助，主要是伤残抚恤金和遗属抚恤金。苏联高福利保障到了后期也出现了"养懒汉"、制度内官员"寻租"腐败、财政负担较重等问题。

（三）"国家保险型"社会保障模式优缺点

与福利国家一样，这种模式追求社会公平，是典型的计划经济体制的产物，具有鲜明的时代特征。在社会发展的初期能激发劳动者积极性，促进生产力发展。但是，该模式忽视社会效率，过分强调公平，长期下去国家财政和单位负担过重，降低劳动者积极性，消磨企业生产效率，逐渐失去竞争力，影响整个社会经济的发展。由于社会成员对国家和单位的依赖性过高，劳动者逐渐习惯于社会保障的"大锅饭"，也不利于个体成员的自我发展。一般来说，当基本社会保险项目保障水平过高，包揽的项目太全时，对补充性保障的挤出效应比较明显，这不利于国家建立多层次的社会保障体系。

第二节　发达国家的社会保障改革

一　发达国家社会保障制度目前存在的问题

国家干预与经济自由不仅是宏观经济领域的永恒主题，也是社会保障理论长期争议的焦点。进入20世纪70年代后，西方发达国家陷入了一系列危机，福利制度造成国家财政的巨大负担，社会经济效率下降，但维持高保障水平付出的代价并没有换回这些国家希冀的充分就业景象。相反，社会问题越积越多。

（一）社会保障成本不断攀升

1. 高保障水平的福利支出使财政不堪重负

从OECD主要国家公共社会支出占GDP的比例可见，法国、德国、意大利、日本、西班牙、瑞典、英国以及美国在2005年的平均水平为22.24%，到了2015年这一比例上升至24.84%[①]，主要发达国家的社会保障支出不断上涨。

---

① 公共社会支出的统计范围包括养老保险、医疗卫生支出、生育补贴、失业保险和积极就业政策支出、家庭最低收入保障、工伤伤残津贴支出以及住房保障支出等，但不包含政府教育支出，以及民间社会支出占GDP的比例。

表2—1　　　　　　　主要发达国家社会保障支出变化

国家	年份			
	2005	2010	2015	2016
法国	28.7	31	32	32
德国	26.2	25.9	24.9	25.1
意大利	24.2	27.1	28.5	28.3
日本	17.2	21.3	21.9	
西班牙	20.4	24.7	24.7	24.3
瑞典	27.3	26.3	26.3	26.4
英国	18.3	22.4	21.6	21.2
美国	15.6	19.4	18.8	18.9

资料来源：OECD 网站统计数据，https：//stats.oecd.org/Index.aspx? DataSetCode = SOCX_ AGG。

2. 人口老龄化提高社会保障支出水平

人口老龄化是发达国家普遍面临的社会保障难题，而人口预期寿命的延长和不断下降的新生儿出生率是老龄化的主要原因。1960 年 OECD 国家 65 岁时剩余预期寿命的平均值为 13.7 年，1990 年增长到 15.9 年，2020 年增长到 19.8 年，预计到 2050 年将达到 22.6 年。尽管预期寿命的增速小幅减缓，但增长的趋势不会改变，预期寿命将持续增长。过去 40 年，OECD 国家反映人口老龄化程度的指标抚养比显著上升，由 1980 年的 20 上升至 2020 年的 31.2。根据联合国人口前景中期预测，OECD 国家平均抚养比将持续上升，至 2050 年达到 53.4，部分国家如日本（80.7）、韩国（78.8）、意大利（74.4）将超过 70。[1] 人口老龄化问题进一步推高了各国社会保障的支出水平。

3. 失业率上升

在 20 世纪 70 年代以后，一些国家经济的不确定因素增加，个人就业的稳定性弱化，失业率长期居高不下，一些没有技能的人在经济不景气的时候就成为失业者，英国 90 年代失业率最高时达到 15%。此外，

---

[1] 《养老金概览：OECD 和 G20 国家各项指标》（*Pensions at a Glance：OECD and G20 Indicators*）。

国家高福利也产生了一大批经济不活动人口，他们不积极寻找工作，而是等待国家提供各种生活保障。2007年11月，英国处于工作年龄的成年人中经济不活动人口占比达到21%。[1] 各国每年也要为这部分人口负担不小的开支。

（二）过度福利破坏了社会经济发展

一些国家执政党把社会保障作为改革民生的噱头，导致福利供给过剩，造成一些劳动者不愿意参与劳动。人们习惯于依靠国家与政府，是对自立、自主、自我负责和自我实现精神的破坏，也是对社会文化价值的损耗。同时给企业也造成了压力，市场上可用劳动力减少，其工作热情减弱，既抬高了企业的用工成本，又降低了企业的生产效率，从而削弱了企业的市场竞争力和投资热情。

（三）社会保障制度未能适时调整

贝弗里奇报告中设想的国家高福利是以稳定的家庭社会状况和增长的经济基础为前提的。当时英国社会的家庭状况是男性外出工作、女性操持家务，男性失业率和生病概率都较低，传统上人们结婚早且人口出生率高，离婚率低使单亲家庭子女少，男性人口平均寿命59.4岁（1940年）。但是，随着社会经济的发展，到了20世纪70年代，这些特征都出现了大的变化。进入21世纪，情况就完全改变：离婚率大幅度上升，2001年离婚率是1960年的6倍，儿童成长于单亲家庭的比重高达24%；人口出生率明显下降，单身家庭数量的比重从1950年的5%上升到2007年的30%，其中一般是单身独居的老人；男性和女性人口的预期寿命延长到2007年的78岁和82岁；失业人口不断上升，其中单亲父母的失业率高达45%。[2] 发达国家的家庭特征和社会结构在社会保障制度建立后的30年时间里发生了翻天覆地的改变，相应人群在社会保障体系中找不到对应的制度，或者保障力度微弱，这成为制约发达国家社会保障制度的重要因素。

二 发达国家社会保障改革的理论准备

发达国家社会保障问题的显现，制度改革成为必然趋势。1979年，

---

[1] 郑春荣：《英国社会保障制度》，上海人民出版社2012年版，第15页。
[2] 同上书，第13页。

英国保守党上台执政，以哈耶克、弗里德曼等为代表的新保守主义理论成为正统。该理论反对任何形式的政府干预，认为国家福利造成了社会分裂和资源浪费，并使经济变得无效率，提出要削弱政府在福利供应中的主导作用，代之以补充性作用。他们认为，国家干预下的社会福利制度为了维护社会公平，不得不提供全面普遍的福利与服务，将所有公共产品和公共资源在公共领域进行分配，从而舍弃了一些可能产生一定效率的做法，因而社会保障制度陷入危机不可避免。他们主张福利服务应实行市场化与自我负责，降低国家的作用，让市场发挥基础性、主导性作用，要树立个人自主精神和自我保障意识。

20 世纪 30 年代的福利经济学和凯恩斯主义经济学对英国社会保障制度建设及福利国家的形成起了很大的作用，国家干预主义的社会保障思想在很多发达国家不同程度地得以应用。盛行于 70 年代的新保守主义理论强调市场机制作用的主张，又在很大程度上推动了英国福利制度的改革。20 世纪 80 年代末，英国新保守主义的自由化、私有化政策造成了新的经济衰退，社会公众对不断削减的福利支出怨言颇深，社会学家安东尼·吉登斯关于第三条道路的思想得以实践。他主张走"既非福利国家，也非自由放任"的道路，在经济、教育、培训等领域实施政府投资和个人投资，建立拥有积极福利政策的投资型国家，进一步推动养老保险的私有化和社会化。① 这一理论影响深远，被英国、美国、德国等国所实践。

三 发达国家社会保障制度的改革措施

无论是"福利国家型"还是"投保资助型"社会保障模式，制度改革的过程都是不断地平衡权利与义务、公平与效率的关系，以及处理好政府、企业、个人在社会福利中所应扮演的角色的问题。

（一）改革缴费与给付制度

1. 扩充社会保障基金规模

提高社会保险缴费率是扩充保障基金规模最直接的方式。德国在 20 世纪 90 年代末社会保险缴费率有所提高，最高时达到 42.1%；90 年

---

① ［英］安东尼·吉登斯：《第三条道路——社会民主主义的复兴》，郑戈译，北京大学出版社 2000 年版，第 121 页。

代由于东西德合并，失业保险费率一度达到6.5%，2008年这一比例下降为3.3%；长期护理保险在1995年设立时的缴费率为1%，2013年达到2.05%，2019年上升到3.05%；医疗保险缴费率也不断上升，到2011年达到15.5%。日本是全球老龄化程度最高的国家，在进行社会保障与税制一体化改革中，通过增加消费税来筹集资金（目前达到10%），为企业员工设置的厚生养老金的保险费逐年提高（2017年为18.30%）。① 有的国家采取了提高或取消缴费工资的上下限的办法。美国自1990年将社会保险税上调至12.4%后税率基本维持这一水平，但应税工资增幅较大，最大应税工资年增幅在3%—6%。1945年缴费工资上限由3000美元提高到1990年的51300美元，2018年上涨为128400美元。② 有的国家开始增加社会保障收费，如对镶牙、补牙、成人配镜等社保项目收费，或者对个人所获得的社会保障收入，尤其是失业保险金和养老金开始征收个人所得税。此外，在很多国家将基金筹集的制度从现收现付制转变为完全积累制或半积累制以后，企业和个人的缴费被投入资本市场运营，所获收益也是基金的重要来源之一。

2. 缩减社会保障基金支出

缩减社会保障项目范围和覆盖面，放弃普遍性原则，适用选择性原则，把一些过去受保障的项目剔除，强调对真正需要帮助的低收入者的保障，这是从社会公平向整体效率的转变。20世纪90年代，德国大幅削减之前在法定费用控制之外的医院开支，例如牙齿的矫形和修补费削减10%，处方和非处方的药品价格在两年内分别削减5%和2%。③ 荷兰则取消了残疾人的抚恤金，将残疾人福利从残疾前收入的80%下降为1984年的70%。一些国家通过提高退休年龄、改变计发办法的方式降低了保险金的给付水平。意大利将退休年龄提高到64岁，参保不低于20年才具有享受老年保险的资格，从而缩短老年人领取养老金的年限；计发办法上把老年保险工资基数从"退休前5年的平均收入"改为"参保每一年的平均指数化收入都考虑在内"。英国将"有效缴费

---

①② 朱小玉、关博等：《社会保险费率调整的他国镜鉴：从全球趋势到典型国家经验》，载《社会保障研究》2020年第1期。

③ 十国社会保障改革课题组：《西欧发达国家社会保障制度及政策的最新改革动向》，《经济学动态》1994年第3期。

年"的最低限额规定为 10 年以上，没有提前退休政策。发达国家社会保障的管理成本一般较高，精简机构、减少管理费用开支、提高服务效率，也一定程度上减少了社会保障基金支出。

(二) 发挥市场机制的作用

安东尼·吉登斯关于发挥市场的作用，实现养老私营化的理念得到美、德等国家的认可，一些国家开始采用扩大福利供给领域市场经济成分的方式提高福利供给效率，缓解政府财政压力。例如，英国鼓励私人进行多领域投资，通过各种优惠政策鼓励私人机构参与社会保障管理与运营，作为国家福利保障的补充；引入市场机制，通过招标等途径促进竞争，推动养老保险和医疗保险的私营化发展。美国实行高度竞争性和市场化的商业医疗保险体系，由商业保险公司承担医疗保险项目，利用市场机制提高保险公司运营效率；通过结盟形式实现医疗服务机构和医疗保险机构的一体化，使医疗服务机构也参与市场竞争，促进私营医疗服务的发展。[1] 失业保险方面，失业保险基金的管理由政府逐步向民间或私营化转移，扩大私营保险基金的自营收入，允许基金私营化投资。

(三) 基金筹集转向部分积累制

面对人口老龄化和社会成员自我发展不足的困境，发达国家仅对税率、税基进行调整的现收现付制使继续上调税负的空间越来越小。如果不进行基金筹集模式的改革，老龄化严重的国家将无法保证年青缴费一代在老年时的养老待遇，而年青的一代也开始担心自己将来的待遇。为此，一些国家开始将财务制度由现收现付制向部分积累制转变。

以美国为例，2001 年以前，美国的社保基金经营管理采用现收现付制，美国联邦社保基金（OASDI）的可持续性要靠不断上升的缴费率来支撑，从 1939 年的 2% 逐步增加到现在的 12.4%，测算到 2030 年则需要上升到 16.83% 才能收支平衡。另有研究发现，"二战"后 50 年间扣除通胀因素，投入于美国标准普尔 500 股票的年均收益率为 7% 左右，投入于债券的年均收益率为 3.3%。按此收益率，目前工作的一代人只需要将其工资的 3.1% 拿出来做一个 60% 股票和 40% 债券的组合，未来

---

[1] 蒋菲：《国际医疗保障制度市场参与改革的经验与启示——以美、英、德为例》，《特区经济》2012 年第 9 期。

67 岁退休时就可以拿到与目前占工资 12.4% 的 OASDI 基金所获金额相等的退休金，所以人们对现收现付的 OASDI 越来越缺乏信心。2001 年年底，由民主、共和两党各 8 名成员组成的"加强社会保障总统委员会"发布了《总统委员会报告》，提出了类似统账结合的改革方案。

（四）改革社会保障管理手段

发达国家在社会保障管理改革上有多种路径。

1. 改革管理模式

有的国家实行高度统一的集中管理。如英国中央政府负责统一制定重大的全国性社会保障政策，具体事务绝大部分由中央政府在各地的派出机构承担，地方政府只是根据自身财力大小提供一些补充性的、地方性的社会服务。有的国家成立专门的机构负责各类保障资金筹集、支付保障津贴、管理保障对象等，集中管理、分工协作。如美国的社会保险计划（联邦养老保险 OASDI 计划由社会保障局管理，联邦医疗保险由健康与人力资源部管理，以及联邦/州失业保险由劳工部管理）均以工薪税形式征集，并纳入各计划在财政部所属的基金专户，统一由联邦政府设立的信托基金托管委员会实行经营管理和运作。

2. 建立多层次的社会保障体系

各国尤其在养老、医疗方面多倾向于发展由基本、补充、商业保险构成的多层次的保障体系，抵御各类社会风险。

3. 提高管理效率

一些国家将多种福利项目整合为一个缴费计划，如英国的新国民保险中包含求职补贴、就业和支持补贴、丧亲津贴等，日本的国民健康保险中包括医疗、高龄支援、看护三个项目，都是分开核算、合并缴费。这样将一个缴费端口对应多个支付出口的做法，有利于统筹运作，简化管理流程，提高管理效率。[①]

4. 创新社会保障管理工具

法国一些地区应用的高效卡可以使医生、药剂师直接了解持卡者具有的权利范围，并用电子计算机登记服务和办理交易，免除填表等繁杂

---

① 朱小玉、关博等：《社会保险费率调整的他国镜鉴：从全球趋势到典型国家经验》，《社会保障研究》2020 年第 1 期。

手续，节约大量的管理费用。1991年秋法国全国患病保险基金会对1000名高效卡进行民意调查，约68%的持有者使用过该卡，78%的人觉得容易使用。

（五）促进就业以减轻社保负担

发达国家通过优化产业结构入手改造传统产业，发展电子、通信、能源、生物技术等新兴产业，从而创造更多的就业岗位，减轻社保压力。美国降低企业所得税、加强科研、在职培训对中小企业进行扶持。法国1999年颁布的《福利改革法案》，把"帮助和鼓励人们通过工作来摆脱贫困对福利的依赖，并获得体面的生活保障"作为首要目标。日本加强了对劳动者的培训和再培训提高劳动者的适应性，减少结构性失业。据统计，日本每年有100万人接受再培训，80%以上的人通过再培训找到了新的工作。英国不再通过"授之以鱼"的方式发放失业救济金，而是以"增加社会服务不增加津贴"的办法提供就业岗位，通过增加人力资本投资、就业技能培训等方式推动个体的社会参与度。欧洲非标准形式从业人员（包括兼职工、临时工和自雇人士等）数量不断增加，占到OECD国家全部就业人员总数的1/3以上，新的工作形式中自雇人士享有的公共养老金水平往往低于标准形式从业人员的待遇水平。

（六）提倡效率兼顾公平的保障

发达国家改变了过去普遍的全面的保障，开始提倡效率兼顾公平的社会保障政策。美国社会保险第一支柱实行现收现付的方式，缴费标准因收入、年龄、职业和家庭状况而异，第二和第三支柱规定了缴费上限，对总缴费额进行限制，防止保障待遇差距过大，在关注效率的同时兼顾了公平。

第三节　我国社会保障制度改革

一　我国社会保障体系的发展历程

社会保障作为新中国社会经济发展相伴而生的一种制度安排，历经70年的制度变迁，从单一保障制度到多元化、多支柱的保障体系，从职工福利保障发展到覆盖全社会成员的战略规划，我国的社会保障从无到有、成就斐然。纵观 70 年的发展历史，我国的社会保障发展历程大致分为两个阶段，即改革开放前的国家单位保障制度和改革开放后的国家社会保障制度。

二 国家单位保障制

（一）含义

国家单位保障制的社会保障制度是我国计划经济的产物，属于社会主义制度的有机组成部分。国家单位保障制是由国家推动制度建设，在强调国家、单位、个人利益高度一致的原则下，由国家与单位共同扮演着社会保障供给者和实施者的角色，共同承担保障责任。所有社会成员被分割在各个单位里，如在城市里各种机关、事业单位、企业单位工作就业的劳动者，以及农村里各人民公社、生产大队或生产小队、集体组织的农民，他们与所在单位构成不可分割的联系，单位保障劳动者基本生活，劳动者无缴费义务并无偿地享受着社会保障待遇。这是一种新型的国家单位保障模式。

（二）形成

国家单位保障制是借鉴了苏联国家保障模式而发展起来的。1949 年 12 月和 1950 年 6 月，政务院发布《关于生产救灾的指示》和《关于救济失业工人的指示》，对新中国成立以来的灾民、失业人员、老弱病残实施救助和照顾。1951 年出台的《中华人民共和国劳动保险条例》，针对城镇职工举办集体劳动保险事业，由企业按月缴纳相当于各该企业全部工人与职员工资总额的 3%，作为劳动保险金，其中 70% 支付作为基金调剂金，为支付工人职员按照本条例应得的抚恤费、补助费与救济费之用；另 30% 上缴全国总工会形成劳动保险总基金。这一时期国家的主要任务是制定政策、直接供款和组织各项政策的实施；城镇单位和农村集体则分别承担着缴费、实施保障政策和救济"五保户"的责任。

三大改造完成以后，我国实行计划经济体制，国家与单位互相联系，在城镇的国有企业和农村的人民公社二分天下，国家、单位、个人利益完全一致，社会保险是社会主义优越性的体现。分布在这些企业和人民公社中的劳动者是社会保障制度的完全享受者。1957 年，《工人退休、退职处理规定》出台，企业职工退休养老成为一种独立的制度安排，农村也初步建立了县、乡（公社）、村（生产队）三级医疗保险网络。但是，这些保障措施在之后的十多年时间里有所停滞，直到1978年才逐渐恢复。

（三）特点

我国早期形成的国家负责、单位包办的国家单位保障制，基本形成了机关、事业单位工作人员的社会保险和提供给城镇居民的价格补贴，以及困难补助、敬老院等为主的民政福利、农村救灾救济和军人保障等较为全面的社会保障体系，这种制度安排为早期社会经济发展做出了重大的贡献，但企业却负担了过多的保障责任，企业提供的保障只有内部员工可以享受，企业与企业间的待遇水平并不相同，具有明显的封闭性和板块分割特点，不利于社会的公平。

三 国家社会保障制

1986年，我国第七个五年计划开始实施，其中社会化保险制度成为社会保障制度改革的重点。通过社会化保障制度的实施，社会保障成为一个独立于企事业单位之外的社会系统。

（一）含义

根据制度建设方案，国家社会保障制中国家仍主导着社会保障制度的建构，社会性则体现在通过立法组织中国社会的政府、企业、社团、个人等多个主体参与，并共同分担社会保障责任，多种社会主体提供各项保障服务，资金的筹集向多渠道拓展，个人也要承担一定的缴费义务。

（二）发展历程

1. 背景

20世纪80年代初国家实施的经济体制改革，使社会结构发生了深刻的变化，城市中多种经济并存，私营经济体走上历史舞台，国营企业不得不参与市场竞争，国家、单位、个人利益逐渐分离。在农村，家庭联产承包责任制的兴起削弱了集体经济的联系，"五保"制度修改。所有这些新的变化动摇了国家单位保障制的经济基础和社会基础。此外，国家单位保障制本身也存在缺陷，由于单位提供的保障长期处于板块分割和封闭运行的状态，对享受者而言不公平，对企业而言统筹能力下降。到了80年代末，社会保障制度不得不从国家单位保障制向国家社会保障制转变。

2. 转型历程

1986—1993年，国家相继出台了《国企实行劳动合同制暂行规定》(1986)、《国企职工待业保险暂行规定》(1986)、《关于企业职工养老保险制度改革的决定》(1991)和《国企富余职工安置规定》(1993)，国有企业改革势在必行。为了减轻国有企业负担，就必须将企业承担的退休职工、疾病、伤残等各项福利保障责任推向社会。这一时期虽然国家单位保障制得以延续，但国家社会保障制已经成为国有企业改革重要的配套性措施，推动国有企业改革和消除农村贫困的制度安排的作用初现。

1993年，党的十一届三中全会颁布的《中共中央关于建立社会主义市场经济若干问题的决定》，是推动我国社会保障社会化改革的纲领性文件。根据决定，国家推动建立多层次、多支柱的统账结合的社会保障体系，内容涵盖保险、福利、优抚、救助等多个方面，拓宽了筹资渠道，规定了个人应承担的缴费义务。随后的几年，养老和医疗体制不断完善，多项社会保险制度进一步规范，城镇居民最低生活保障确立，农村"五保"供养更加健全。这时的社会保障制度已经成为市场经济体系的重要支柱，虽然国家单位保障制依然存在，但其地位已明显弱化，国家社会保障的作用凸显。

到了20世纪末期，社会保障作为独立于企事业单位之外的社保体系的地位进一步加强。1998年，国务院机构改革中保留了民政部，新建劳动保障部对社会保障事务进行统一管理；同年，推动下岗职工再就业工作，深化住房体制改革；1999年《失业保险条例》《保险费征缴暂行条例》《关于进一步深化城镇住房制度改革加快住房建设的通知》等制度相继出台。社会保障已经超越了片面为国有企业改革配套和单纯为市场经济服务的局限，开始作为一项基本的社会制度安排而不断完善。

(三) 制度特点

1. 国家社会保障制是一种全社会化的制度

国家主导建立、政府监督管理、企业个人缴费、社会各方参与，这种责任共担机制可以提高制度本身的可持续性，增强承受风险的能力。

制度重视各方参与的同时,强调劳动者权利义务的统一和自我保障,有较广泛的群众基础。

2. 国家社会保障制强调水平适度的保障

社会保障水平具有一定的刚性,随着人民生活水平的提升,保障水平也会大幅度提高,从而带来较大的财政负担。因此,我国的社会保障水平注重与生产力水平和经济发展程度相适应的适度性保障。

3. 国家社会保障制是多层次的制度安排

为了防止单一的保障制度造成社会保险项目的支付风险,国家近些年在不断完善社会保障制度的过程中,逐步建立起了包含养老、医疗等的基本保障,年金、大病保险等的补充保障以及自愿购买商业保险的多层次的社会保障体系,增强了制度保障的有效性和资金收支的合理性。

第三章　社会保障基金

第一节　社会保障基金概述

"社保基金"是一个被简化了的统称，人们通常将它理解为"国家在社会保障方面的全部资金的总和"，认为它是"社会保险基金""社会统筹基金"或者"全国社会保障基金"，这些解释都不尽准确。

一　社会保障基金概述

（一）概念

社会保障基金是为实现各项社会保障制度，通过法定的程序，以各种方式建立起来的，用于特定目的的专项积累，全国社会保障基金和社会保险基金是其重要的组成部分。全国社会保障基金是社会保障基金中的一类基金，属于国家的战略储备基金，社会保险基金是社会保障基金的重要组成部分。社会保障资金是比社会保障基金的空间范围和时间范围更宽泛的概念，社会保障基金是社会保障资金里投资运作的那部分积累。

（二）特点

1. 国家法定性

社会保障基金是国家通过法律明确规定下来的，为了保证社会保障制度顺利实施而建立的专用资金。其筹措、运营和待遇发放都有明确的法律法规，社会保障基金的性质、来源、建立账户和资金归集都必须符合法律规定的方式和流程，对于基金监管的部门、基金运作参与主体也都有相应的法律法规加以约束。也就是说，社会保障基金从筹集到发放的每一个环节都有严格的法定性，任何组织、机构和个人都必须遵守。

2. 互助共济性

社会保障的基本功能是社会的互助共济，因而社会保障基金是为实现这一功能服务的。国家设立的失业保险雇主和雇员都应该按一定的比例缴纳失业保险费，形成失业保险统筹基金，在劳动者失业时可以申领失业保险金和失业救济金，这种全员共同缴费，实现资金集合，发放给一定时期内无法就业的人以解决其暂时的生活困难，是互助共济功能的体现。

3. 专款专用性

为了保证社会保障基金的安全性，很多国家都进行专项管理。基金征缴后存入专项账户，尤其在养老金等主要险种上基金实行专户运营，待遇必须专户支出，不准许账户之间进行拆借。例如，美国政府主导的社保计划产生了三个社会保险信托基金，分别是社会保障信托基金、医疗保险信托基金和失业保险信托基金。其中联邦社会保障信托基金通过向雇主和雇员征缴工薪税形成，由财政部下设的信托投资基金理事会运营，专项用于保障退休、遗属和伤残人士的基本生活。

二　社会保障基金分类

（一）按照防范风险分类

根据国际劳动组织《社会保障最低标准公约》的规定，社会保障基金主要有九类资金，分别是老龄、遗属、残疾、医疗、疾病、生育、工伤、失业、家庭。世界各国都根据本国情况设立相应的基金类别，如美国的老年遗属残障保障金基金、德国的医疗保险基金等。

（二）按照基金投资运营管理分类

社会保障基金主要分为全国社会保障基金、社会保险基金等。其中，全国社会保障基金是为了应对人口老龄化高峰期，确保养老金支付的战略措施之一。社会保险基金是为了解决公民生、老、病、死的基本生活问题而筹措并直接向受保障人群支付的资金。两者是社会保障基金的不同分支。

1. 全国社会保障基金

2000年8月，国家组建了社会保障基金理事会，全国社会保障基金同步设立。作为国家社会保障的战略储备基金，由中央财政预算拨款、国有资本划转、基金投资收益和国务院批准的其他方式筹集的资金构成，由全国社会保障基金理事会直接管理和运营。该基金不直接向受保障人群进行分配，而是专门用于人口老龄化高峰时期的养老保险等大规模社会保障支出的补充和调剂，具有抵御支付风险、应急支付、填补地方社会保险基金支付困难的功能。

2. 社会保险基金

社会保险基金的资金主要来源于单位和个人的缴费，其次是财政补贴、运营收益等。社会保险基金筹集的资金由地方政府部门管理，用于支付当地参保人群养老、疾病、残障等的基本生活保障待遇。目前，我国各省份社会保险基金的累计结余都有相应的投资渠道，如购买地方债、进行实体经济投资、存入银行等，部分省份将社会保险基金的结余委托给全国社保基金理事会进行投资运营。

（三）按照社会保险基金功能分类

从功能上看，社会保险基金可以进一步分为多个基金项目：基本养老保险基金、基础养老金基金、基本医疗保险基金、年金基金、个人账户基金、工伤保险基金、失业保险基金和生育保险基金等。其中，基础养老金基金是单位、企业缴费以及财政补贴等形成的社会统筹基金，是基本养老保险基金剔除个人账户基金积累之后的结余。年金基金和个人账户养老基金都是为建立多层次的养老保障体系、防范人口老龄化而设立的专项积累，年金基金由单位和雇员共同缴纳形成，是基本养老金的补充基金；个人账户养老基金主要是缴费工资和比例形成的个人账户积累。生育保险于2019年与基本医疗保险合并，在职工基本医疗保险统筹基金待遇支出中设置生育待遇支出项目，生育医疗费用和生育津贴等待遇所需资金从职工基本医疗保险基金中支付。工伤保险基金和失业保险基金由于实行现收现付制的资金筹集模式，基金的累积结余投资运营规模远小于养老、医疗等基金。这些分项目的社会保险基金都可以实现投资运营，其收益也是社会保险资金的重要来源渠道。

（四）按基金来源分类

社会保障基金按基金来源可以分为财政型社会保障基金、征缴型社会保障基金以及混合型社会保障基金。财政型社会保障基金主要是中央和地方政府的财政拨款，主要存在于国家社会保障战略储备基金、社会保险基金补贴、社会救助、军人保障、社会福利事业等。主要来源于国家税收的财政型社会保障资金属于公共产品，财政预算一般本着按需分配的原则进行分配，在经济发展水平不同的地区有所差异。征缴型社会保障基金是政府按照社会保障相关法律法规，强制要求雇主、雇员和规定范围的国民缴纳社会保障费或税而形成的社会保障基金，主要存在于社会保险基金、住房公积金等保障项目。混合型社会保障基金的资金来源主要是国家财政拨款、向受益者收费、接受社会捐赠、发行福利彩票等，其渠道多样化。当然，无论各社会保障项目资金来源于何种渠道，最终都会以符合其保障功能的形式发放给个人，如社会保险资金以发放津贴为主和服务为辅的形式为参保人员提供基本生活保障，而社会救助资金和物质并重，社会福利以提供相关服务为主。

（五）按基金所有权分类

从基金所有权的归属看，社会保障基金可以分为公共基金、个人基金和机构基金。公共基金的所有权不是归于某个人或者机构，而是属于参保人员共同所有，例如，基本养老和医疗保险基金中属于社会统筹的部分，以及失业保险、工伤保险、全国社会保障基金都属于此类。个人基金的所有权归于个人，但又不同于个人的银行存款，它根据法律规定存于个人名下但只能用于特定用途，不能随意提取，我国养老和医疗保险由个人缴费部分即为此类，可以作为个人财产被继承。机构基金如单位为职工建立的福利基金，主要是由雇主缴费而形成，其所有权可以约定，企业所有员工平等地享受相应的福利。

第二节 社会保障基金筹集

社会保障基金筹集，是指由专职的社会保障机构按照法律规定的比例向计征对象征收社会保障费（税）的一种行为，它是关系到能否建立充足和稳定的社会保障基金的重大问题，是社会保障基金管理的重要环节。

一 社会保障基金的筹集原则

在实践中，社会保障基金的筹集要遵循以下原则：

（一）确保社会保障制度正常运行的原则

社会保障基金的筹集，必须确保社会保障制度的正常运行。因此，在基金来源渠道上应有多种准备，既要保证基金来源渠道畅通，使参保人员强制缴费和财政补贴按时到位，又要充分合理地划转国有资产；在基金筹集的量上，要坚持"收支平衡，略有结余"的原则，维持基金短期和长期的收支平衡；既要支撑社会保障基本功能的实现，又要具备抵御突发应急风险的战略储备功能；在基金筹集方式上应当与制度模式相适应。

（二）妥善处理积累与消费关系的原则

社会保障基金的筹集，必须妥善处理积累与消费的关系。尤其是在基金积累制模式下，基金的积累会将一部分当前的消费推迟到未来，在宏观经济需求大于供给的情况下，较多的积累有利于缓解求大于供的状况；但是，在宏观经济供给大于需求的状况下，较多的积累则不利于经济的发展。因此，要根据经济发展的不同阶段和宏观经济的形势，科学确定社会保障基金中积累部分的比重。社会保障基金的积累不应该削弱居民正常的消费需求，受保职工的缴费负担不应在其全部费用支出中占有过高比例，更不能造成低收入者缴费负担过重而影响正常生活的情况。

（三）有利于资源有效配置的原则

社会保障基金是用于抵御风险的，但是，抵御风险的程度可以是不同的。抵御风险需要一定的成本。经济学证明，随着风险程度的降低，降低风险所需的成本递增。成本实际上也是资源的一种表现形式，如果我们将资源投入一种用途，就会失去将资源投入另一种用途所带来的收益。所以，在资源有限的条件下，我们必须权衡资源的投入方向。既要权衡安全审慎原则下基金存入银行时通货膨胀抵销的银行利息收益，又要防范基金进入资本市场的高风险损失，这是效率原则的集中体现。

（四）与经济发展水平相适应的原则

社会保障基金的筹集还取决于一国的社会保障水平，它代表着一个国家为其公民所提供的保障的程度和水平，是社会保障体系中的关键要素，直接反映着社会保障资金的供求关系，并间接反映着社会保障体系的运行状况。在经济发展水平不高的国家，社会保障水平不能太高。必须将发展经济放在首位，只有经济发展了，社会保障基金才有更可靠的来源。

二 社会保障基金筹集

(一) 社会保障基金的筹资方式

1. 征税

征税方式即征收社会保障税。社会保障税,也称工薪税,它是为筹集社会保障基金而向雇主和雇员依据工资总额和个人收入征收的一种税。以征税方式筹集社会保障基金的优点是:具有强制性、公平无偿,是国家职能的体现,众多国家都在法律文件中明确规定纳税是每一个公民的义务,因而征收面广;保险项目简单明了,"社会保险税"的征收、管理和支出规则有章可循,缴税资金来源固定;征管机构、征收标准、征收手段统一规范、公开透明,有利于公民对保障金的使用进行监督。不足之处在于税收形成财政资金后只能通过年度预算来安排社会保障财政补贴,且通常以年度收支平衡为基本目标,无法实现社会保障基金积累,难以抗拒周期性社会风险。如一旦遇到经济危机导致大批工人失业,或者人口老龄化趋势加快,均可能因缺乏社会保障基金积累而对国家财政造成巨大冲击。

据统计,全世界有170多个国家建立了社会保障制度,其中有130多个国家开征了社会保障税(含工薪税、社会保险税等)。通过征税方式筹集的社会保障税是政府财政收入和政府预算的重要组成部分,其收支由政府统一管理,占国家总税收和GDP的比重呈上升趋势。① 美国是世界上最早采用税收手段筹集社会保障基金的国家,其联邦社会保障基金(OASDI)主要是通过国内税务局征收社会保障税形成。瑞典的养老金体系包括国家基本养老金(NDS)、职业养老金和个人养老金三部分,职业养老金和个人养老金采取收费方式征集,而国家养老金采取税收方式征集。英国的养老金体系由三部分构成:国家基本养老金以及与养老金计划相关联的补充收入(SERPS)、职业养老金计划和个人养老金计划。其中,国家养老金和SERPS都由国家管理,通过工薪税筹资,雇员和雇主的缴税都进入国家保险基金。

征税方式通常只与现收现付型社会保障制度相适应,而不能适应完

---

① 邓大松:《社会保险》(第2版),中国劳动社会保障出版社2009年版,第130页。

全积累型社会保障制度的要求。

2. 缴费

缴费方式，是指由政府职能部门依据有关法律规范，强制向企业和劳动者个人征收，并用于特定社会保障项目的基金筹集方式。社会保障基金的缴费方式包括统筹缴费和强制储蓄。统筹缴费是由雇主或雇主和雇员缴费，资金主要形成社会统筹资金，由政府指定的专门机构负责营运和管理，独立于财政预算系统之外，实行专款专用，不足部分由财政补贴。强制储蓄也是由雇主雇员共同缴费或雇员独自缴费，所筹资金存入个人账户，不进行统筹管理，政府对个人账户基金的支配权极其有限，这种筹集方式对应的是完全积累制的社会保障基金筹资模式。

国外很多发达国家社会保险项目中部分计划也是以缴费方式筹集资金的，例如，美国、英国、瑞典等国家的职业养老金计划和个人养老金计划等。德国的社会保险基金虽然采取收费方式征集，但其社会保障费却具有与税收相同的强制性。我国社会保险各险种，如基本养老、基本医疗、年金和工伤失业等保险制度中由企业单位为员工负担的部分，均按工资总额乘以一定比例上缴社保经办机构，最终进入社会统筹基金。实行强制储蓄的国家，如新加坡，雇主和雇员分别按工资总额和员工自己工资收入的一定比例，向员工的个人账户缴存，这种储蓄是强制性的，国民不能提取并用于社会消费。

一般地，有些国家对基金征缴没有专门立法，社保经办机构收取"社会保险费"的权力大多通过地方或部门颁布管理条例的方式予以实施，因而"社会保险费"征缴基数的核算存在一定的灵活性。从征管效率来看，"社会保险费"在征收机关、征收标准、征收制度上都难以统一，征收权力受到很多因素的干扰和制约。基于此，缴费方式筹集社会保险基金很容易陷入征缴成本上升的困境，据统计，我国社会保险费的征缴成本在4%—5%，远高于实行社会保险税的国家的1%—2%的征缴成本。

(二) 社会保险基金筹集模式

社会保障项目中，社会福利、社会救助等资金主要来源于财政补贴、基金运营收益等，因而属于财政预算项目，与基金筹集模式联系不大。而社会保险基金中包含有大量的企业、单位和个人缴费，这就涉通过何种筹集模式获得基金的问题。

1. 现收现付制

现收现付的基金筹资模式是一种以近期横向收支平衡和以支定收、略有结余为原则的基金筹集模式。它是由社会保险管理机构先确定近期所需支付的待遇总额，以支付总额和工资总额的比值确定略有结余的提取比例，再按提取比例分摊到各个参保单位和个人。所以，该模式要先做出预算，并根据上年度开支总额和本年度的增减额进行调整加以确定，以支定收，不做积累。美国联邦社会保障计划从1939年推行之初对养老金的发放，一直应用现收现付模式，预测认为到2030年都不会出现大的困难。[①]

现收现付筹资模式的优点：一是当期收取当期发放，基金只有很少量的结余，因此不需要考虑保值增值的问题，可以有效避免通货膨胀等风险；二是所有缴费最终形成社会统筹基金，可以在社会成员之间调剂使用，能够实现社会保障的互助共济的功能；三是这种模式不需要为参保人员建立个人账户，也不用对结余进行管理，因此操作简便、管理成本较低；四是费用征缴的基础是当期的支付需求，因而可以通过调整缴税额度和征税比例达到收支平衡。但是，这种模式的缺点也是比较明显的。由于缴费只形成社会统筹基金，没有个人账户积累，因而对个人激励性不强；当人口老龄化形势日趋严峻的时候，抵御风险的能力较弱，更容易对财政补贴形成冲击；没有多余的基金可投资运营，难以增加基金规模。

2. 完全积累制

完全积累制是以实现远期纵向平衡为原则的社会保险基金筹集模式，实质是个体一生中的跨时性收入再分配。国家通过立法强制要求雇

---

① 联邦社保基金（OASDI）在美国社会中扮演重要角色。但目前，美国65岁以上人口数量占全国人口总数的17.4%，预测到2030年，美国65岁以上人口将占到总人口的30%。随着人口老龄化的加剧，基金支出压力增大，2008年国际金融危机以后，美国的平均退休年龄提高到了67岁，但是，纳税人口在减少，供需缺口不断加大，到2041年社保基金的历年积累将全部耗尽。联邦社保基金的可持续性主要是靠不断上升的缴费率来支撑，而缴费率已从1939年的2%上升至目前的12.4%，预计到2030年则需上升至16.83%，到2078年则需达到19.29%，才能保持收支平衡。

主和雇员或者雇员自己按工资总额的一定比例定期缴纳并记入个人账户，用以保障个人的基本生活。新加坡模式是一个涉及养老、医疗、住房、教育等多项内容的综合性社会保障计划，政府投资管理公司负责中央公积金在国际资本市场进行投资组合，实现基金高收益化运营。智利模式则是以完全积累制筹集的养老金计划，主要由缴费者个人选取基金管理公司并委托其运作自己的养老金账户积累。两种模式都需要以基金的保值增值为核心任务。

完全积累制的优点：一是为每一位参保会员建立了个人账户，个人缴费能清楚地在账户上得以反映，因而透明度很高，保障效果立竿见影；二是成员将来可以得到什么样的待遇，直接和自己的缴费水平挂钩，多缴多得，激励性好；三是该模式是以个人为中心的闭环保障，受人口年龄结构影响较小；四是账户积累的资金可以进入市场，可以通过运营带来更高水平保障。缺点是：由于会员的账户积累只用于自己或家人的基本生活保障，不能在全社会成员之间调剂使用，因而互济性弱，这也是众多国家对该模式批评的一个主要原因；需要为每位会员建立账户，管理成本高；基金进入资本市场运营具有一定风险，保值增值难度大。

当然，这种模式需要平衡基金积累和有效需求之间的关系。新加坡公积金积累规模庞大，而政府又不允许国民动用这笔储蓄用于社会消费，结果就是过度储蓄而消费不足，限制了国内消费并进一步影响经济发展。30年来几次修改中央公积金条文后，除允许会员动用公积金购买政府组屋、私人住宅以及用于家庭医疗保险外，还鼓励会员购买政府或私营企业的各种股票、债券进行投资。这些种类的投资在提高收益可能性的同时，降低了基金安全性，不断上升的投资风险会损害部分会员的利益。

3. 部分积累制

部分积累制又称"部分基金制""混合制"，是将近期横向收支平衡原则与远期纵向收支平衡原则结合起来的筹资模式。部分积累制包括在现收现付的基础上增加一定比例的积累和实行社会统筹与个人账户相结合的基金积累两种管理方式。第一种方式是在现收现付的框架中，按照"以支定收，略有结余，留有部分积累"的原则，将当年未支付完的资金积累起来，形成基金并在支付高峰期时用来补充当年收不抵支的缺口。第二种方式是将收缴的社会保障资金分为社会统筹账户和个人账户两部分，社会统筹账户按以支定收，不留结余的现收现付方式筹集；个人账户则实行完全积累。

部分积累制可以集中现收现付制和基金积累制的优点，并有效克服两者的缺点，既能够根据短期支付需要进行社会统筹，又可以形成适度积累。积累部分通过投资运营实现保值增值，可以减轻下一代的负担，缓解代际之间的矛盾。但是，这种模式也增加了更多的基金管理成本，管理手段较为复杂。

中国基本养老保险及基本医疗保险实行的是社会统筹与个人账户相结合的模式。1993年11月，在党的十四届三中全会决议中，首次提出了"社会统筹与个人账户相结合"的原则。1995年3月，国务院发布《关于深化企业职工养老保险制度改革的通知》，明确基本养老保险实行社会统筹和个人账户相结合的制度，并逐渐形成基本养老保险、企业补充养老保险、个人储蓄保险的多层次养老保险体系。1998年12月，《国务院关于建立城镇职工基本医疗保险制度的决定》颁布，中国城镇职工基本医疗保险开始实行社会统筹与个人账户相结合。

三 社会保障基金来源渠道

（一）雇主雇员缴费（税）

这是世界上大多数国家社会保险基金来源的主要渠道。雇主和雇员按一定的方式和比例分摊缴费，方式和分摊比例依各国政治、经济有所不同。许多国家由企业负担主要部分，个人负担小部分费用，这两部分缴费占到许多国家收缴基金中的较大比例，政府则采取直接投入或承诺在基金出现赤字时予以弥补。当然也有如智利养老金计划里规定仅由个人缴费的情形。以我国城镇职工基本养老保险收入为例，其中征缴保险费约占85%，财政补贴约占15%。[1]

（二）政府财政补贴

国家通过国民收入再分配渠道获取税收产生财政，政府再以财政拨

---

[1] 林采宜：《社保基金的缺口究竟有多大》，第一财经网站，https://www.yicai.com/news/100153577.html，2019年4月2日。

款的形式，依法向社会保障基金拨付财政，依照按需分配的原则实施国家对社会保障基金账户的资助。英国的医疗保险制度是一种筹资和服务相统一的全民保健计划，公共医疗服务机构为全体国民提供基本上是免费的医疗卫生服务，经费90%来源于财政，10%由个人负担。2010年前后，我国为了实现制度全覆盖而建立的城乡居民基本养老保险和基本医疗保险，基金的个人缴费收入有限，其支出长期依赖财政补贴。

不同社会保险项目的资金来源渠道不完全相同。绝大多数国家的财政都对社会保障基金承担责任，有的是直接拨付，有的是弥补缺口。从分项目来看，多数国家的养老和医疗保险费是由政府、雇主、雇员共同承担的。失业保险费多由雇主负担，国家给予补贴，雇员有缴费的，也有不缴费的。工伤保险费多数由政府和雇主负担，雇员不缴费。

（三）基金运营收益

社会保障基金营运收入是社会保障基金的来源之一。随着一些国家向部分积累制转变，基金积累规模不断扩大，基金投资营运的收入必然成为社会保障基金的重要来源。20世纪80年代，智利实行私营养老金制度改革，从1981—2006年，智利养老基金累计平均每年的投资回报率为10%，剔除管理费用因素后的净回报率为9.3%[①]，养老基金投资积累为智利带来了巨大的基金资产。据初步核算，2019年我国社保基金投资收益额超过3000亿元人民币，投资收益率约15.5%；截至2019年年末，全国社保基金资产总额2.6万亿元，累计投资收益额1.25万亿元，年均投资收益率8.15%。[②] 极大地充实了基金规模，缓解了财政压力。

（四）募捐和国际援助

社会上一些私人企业、团体组织的捐赠和援助，也是社会保障基金的来源渠道之一。

四 我国社会保障基金来源

我国社会保障基金来源主要介绍全国社会保障基金和社会保险

[①] 张洪涛、孔泾源：《社会保险案例分析——制度改革》，中国人民大学出版社2008年版。

[②] 全球财富管理论坛2020年首季峰会，https：//www.sohu.com/a/366383296_115362。

基金。

（一）全国社会保障基金

全国社会保障基金的来源主要是中央财政预算拨款、中央财政拨入的彩票公益金、国有股减持或转持划入资金或股权资产、经国务院批准的以其他方式筹集的资金、基金投资收益等。其中，彩票公益金是养老服务体系建设的重要资金来源，它是按照国家规定发行彩票取得销售收入扣除返奖奖金、发行经费后的净收入，在中央与地方之间按 50∶50 的比例分配。上缴中央的那部分彩票公益金，在社会保障基金、专项公益金、民政部和国家体育总局之间，按 60%、30%、5% 和 5% 的比例分配。其中，分配给中央专项彩票公益金，用于国务院批准的社会公益事业项目；分配给民政部，按照"扶老、助残、救孤、济困、赈灾"的宗旨，由民政部安排用于资助为老年人、残疾人、孤儿、有特殊困难等人群服务的社会福利设施建设和受助对象直接受益的项目。根据这一比例，2018 年分配给社保基金会 358.45 亿元用于补充全国社会保障基金。

（二）社会保险基金

我国社会保险基金一般有四个来源：一是由企业、机关事业单位按本单位职工工资总额的一定百分比缴纳的保险费，以及参保员工按其工资收入（无法确定工资收入的按职工平均工资）的一定百分比缴纳的保险费，由城乡居民按当地缴费档次缴纳的固定金额保险费；二是政府对社会保险基金的财政补贴；三是社会保险基金运营收益，如银行存款利息或投资回报及社会捐赠；四是彩票公益金中地方政府划入的金额以及地方国有企业的国有资产划转。近些年，彩票公益金越来越成为我国社会保险基金的重要资金来源。国家信息中心经济预测部数量模型测算结果显示，"十三五"期间，公共财政用于养老支出的资金规模年均增长 13.0%，高于同期公共财政支出增速。到 2020 年，公共财政用于养老支出的资金规模将达到 246 亿元。彩票公益金用于养老支出的资金规模年均增长 21.2%。到 2020 年，彩票公益金用于养老支出的资金规模达到 520 亿元左右。①

---

① 胡祖铨：《我国养老服务业的财政性资金投入规模研究》，国家信息中心网站，http://www.sic.gov.cn/News/459/5000.htm，2015 年 6 月 30 日。

第三节 社会保障基金运营

一 社会保障基金运营目的与原则

社会保障基金运营是社会保障基金管理机构或受其委托的机构，将社会保障基金投资于国家法律或政策许可的金融资产或实物资产并获取收益的行为，它是在确保安全性的基础上充实基金规模的重要手段。

(一) 社会保障基金运营目的

1. 保值

随着基金筹集模式从现收现付向积累、半积累制转变，基金累积结余会逐渐增加并长期存续，不断递涨的基金累积和通货膨胀造成的基金贬值的矛盾会一直存在。经济学家研究发现，在一国经济增长与通货膨胀之间存在正相关关系，经济增长率与通货膨胀率之间的对比关系大致在1:0.6，高的经济增长率都会伴随较高的通货膨胀率。因此，如果不能使基金运营收益抵消通货膨胀的损失，就会在一定时期后倒逼保险缴费率上升。因为随着通货膨胀，社会保障基金贬值，人们生活费用逐渐增加，使依靠社会保障基金生活的那部分人群需要领取更多的保险金才能维持原生活水平不变，而要满足这部分基金支出负担，就不得不提高保险缴费率。为了削弱通货膨胀带来的负面影响，而不增加参保缴费和财政的负担，就只能设法使基金保值增值。

2. 增值

国家的整体经济水平上升后，国民收入以及分配到劳动者身上的劳动报酬随之提高，在一定程度上推高了物价水平。为了保障被保险者的基本生活，使之在不同物价水平下能够维持必要的生活资料和对应的生活水平，必须定时或不定时地随物价的上涨调整和提高保险待遇，这是全民共享经济发展成果的必要体现，也是社会保险制度要体现公平的要求。要达成这一目标就必须增加社会保障基金支出。另外，很多国家社会保障基金存量巨大，不进行投资运营也是资源的巨大浪费，而通过投资充实社保基金规模无疑是符合市场规律的。

（二）社会保障基金运营原则

1. 安全性和法制性原则

社会保障基金无论从收支的过程来看，还是从具体运营的操作来看，都潜伏着风险。基金规模越大，基金风险也越大。风险一旦发生，直接影响社会保障对象待遇的实现，影响国民经济和社会的稳定。因此，国家必须实施有力监管，确保基金运营的安全性和法制性，保证基金的安全和完整。同时，基金投资应实现多元化，通过多元化投资组合合法、合理规避风险，保证基金的安全性。

2. 社会效益和长期收益原则

在确保基金安全的前提下，社保基金的运营应力求获得一定的社会效益和经济收益，这是基金保值增值的基本要求。社会保险基金投资不能为追求高额利润而冒很大的风险，但也不能为了投资安全而不考虑收益。只有当基金投资收益率高于通货膨胀率时，基金才能真正实现经济收益，促进经济增长。也只有把社保基金收益变现为提供给受保障人群的各项服务和资金补偿时，才能真正提高社会成员的生活水平，促进社会进步。

3. 资金运行的稳定性和流动性原则

一般社保基金规模巨大，其投资必须具备稳定性，否则对一国的资本市场冲击较大。保证基金投资在不发生损失或资产转让成本低于资金拆借成本的条件下可以随时变现，以满足随时可能支付的需要。为此，基金投资时应有妥善的计划、精确的计算，根据各种保险金支付需要，确定变现的额度和资金融通的灵活性。

4. 资金使用的专项性原则

社保基金作为具有专项用途的资金，一般进行专款专项管理，主要用于支付与社会保险项目有关的各种待遇支出，账户之间不能随意拆借、挪用。

（三）社会保障基金运营方式

1. 集中垄断式运营

这种方式是指中央政府通过强制手段，将参保人的社会保障缴费集中到公共管理的基金，政府社会保障部门直接负责该基金的运营。如新加坡、马来西亚都是这种运营方式。美国自1990年年底以来，预缴的老年、遗属、伤残保险缴税总额由财政部在每季度的首日将其自动划入相应的信托基金。该基金由挂靠在财政部的信托基金管理理事会负责评估基金的收支状况、投资管理、基金长（75年内）短（10年内）期预测，并提出投资征缴方案等。

2. 分散竞争式运营

这种基金运营方式仍然由政府统一征缴投保人的社会保障缴费，但是会公开选择若干家经营良好的基金公司投资管理基金。或者将基金集中后，按照投保人个人选择，在几家基金公司中进行选择。这种方式避免了政府垄断投资运营的行政性弊端，还能发挥规模投资效益，赋予投保人一定的自主性。目前，世界上多数国家的社保基金运营都选择这种方式。

二　社会保障基金投资方向

（一）购买政府债券

政府债券主要包括国库券、基本建设债券、财政债券、金融债券、国家重点企业债券、地方企业债券等。其中，国库券由国家政府部门发行，国家财政做担保，利率比同期银行存款略高，是一种风险小、收益高的投资工具。将社保基金投资于政府债券是众多国家最普遍的一个投资方向。美国根据《社会保障法》《国家税收法》等法律，对联邦社保基金的投资运作基于审慎、安全原则而规定了较严格的限制：基金不可"入市"，不可用于购买股票，或进行委托投资、房地产开发等投资，只能投资于美国政府发行的债券或由政府担保本息的证券，美国财政部获得授权发行的特种债券，在初次发行中只能由信托基金购买。此外，英国、瑞典及一些拉美国家等也将大量社保基金用于购买政府发行的公债。

（二）购买股票

股票是持有人对股票发行单位资产所有权的证明文件，随着公司市值的增长，投资股票的红利收益也会增长。社会基金购买股票是最能够抵制通货膨胀对资产贬值影响的投资工具之一。随着人口老龄化问题日益严峻，各国要求社保基金增值的意愿越来越强烈，更多的国家愿意将社保基金投资于资本市场以获得高回报率，并通过投资组合分散风险。美国私人养老计划（如401K计划）的基金投资形式多样化，员工可以根据自己的风险偏好以及风险承受能力进行不同的投资选择，如股票型基金、债券型基金、平衡型基金、指数基金，甚至最保守的货币市场基金和最激进的新兴市场基金。2012年7月，我国全国社会保障基金入股建信人寿，成为建信人寿第三大股东。当然，一些国家会对社保基金购买公司债券、股票等设置限额以防范风险。

（三）存入银行

银行存款尽管收益率较低，但却是一种相对无风险的投资，存取期限和存款方式都比较灵活。基于安全审慎的原则，各国对社保基金存入银行的投资限额较宽，为了体现对社会保障事业的支持和资助，存入银行的各社会保障基金享有优惠利率，特别是在通货膨胀水平比较高的情况下，存入银行的社会保险基金可获得保值补贴。因此，社会保险基金中的风险准备金和"略有结余"的那部分资金，都可以选择活期存款或短期定期存款的方式存入银行，定活两便，安全稳定。

（四）投资于符合政策导向的项目

社会保险基金投资于土地开发、住宅建设、医院及其他医疗设施建设，老区改造和新市区建设等。一般来说，投资于该有形资产项目的基金份额相对较少，但也有一些拉美国家为抵御高通货膨胀对基金的不利影响，会将较大比例的社会保障基金投资于有形资产或者不动产项目。不动产是指土地、住宅、厂房等不易变现的财产，对不动产的投资其收益来源主要有两个方面：一是通过出租不动产获得的租金收入；二是通过买卖不动产获得的价差收益。由于不动产也具有很好的抗通货膨胀能力，所以我国的全国社保基金把不动产投资当作一个重要的投资方式。

（五）各类贷款

这主要是指将社保基金投入如住房贷款、个人贷款及工商业贷款等项目。如投向住房贷款，既可以体现投资收益，又能实现住房社会保障目标；投向商业性贷款，可以促进国有企业发展并实现保值增值。

目前，社会保障基金的投资呈现了比较明显的国际化趋势，倾向于在国际资本市场上进行投资，将境内投资和境外投资紧密结合，分散风险的同时获取了更优质的投资组合，其中股票投资比例有所上升，投资日趋多样化，追求综合收益率。

三　我国社会保障基金运营

（一）管理机构

1. 全国社会保障基金理事会

全国社会保障基金理事会成立于 2000 年 8 月，负责管理运营全国社会保障基金，并接受地方政府委托负责投资运营地方社会保险基金。2018 年根据国家机构改革方案，由国务院管理调整为由财政部管理，承担基金安全和保值增值的主体责任，作为基金投资运营机构，不再明确行政级别。全国社会保障基金理事会定期向社会公布基金收支、管理和投资运营的情况，国务院财政部门、社会保险行政部门、审计机关对全国社会保障基金的收支、管理和投资运营情况实施监督。2016 年 5 月正式实施的《全国社会保障基金条例》规定，全国社会保障基金理事会将全国社会保障基金委托其他金融机构进行投资的，应当选择符合法定条件的专业投资管理机构、专业托管机构分别担任全国社会保障基金投资管理人、托管人，分别签订委托投资合同、托管合同。

2. 基金投资管理人

全国社会保障基金投资管理人负责运用全国社会保障基金进行投资；按照规定提取全国社会保障基金投资管理风险准备金；向全国社会保障基金理事会报告投资情况；法律、行政法规和国务院有关部门规章规定的其他职责。2002 年年底，社保基金理事会首批评定南方、博时、华夏、鹏华、长盛、嘉实 6 家基金公司成为社保基金管理人，中国银行、交通银行为基金托管人。

3. 基金托管人

全国社会保障基金托管人应安全保管全国社会保障基金财产；按照托管合同的约定，根据全国社会保障基金投资管理人的投资指令，及时办理清算、交割事宜；按照规定和托管合同的约定，监督全国社会保障基金投资管理人的投资；执行全国社会保障基金理事会的指令，并报告托管情况；法律、行政法规和国务院有关部门规章规定的其他职责。

（二）投资结构

社保基金会采取直接投资与委托投资相结合的方式开展投资运作。直接投资由社保基金会直接管理运作，主要包括银行存款、债券、信托贷款、资产证券化产品、股票、证券投资基金、股权投资、股权投资基金等。委托投资由社保基金会委托投资管理人管理运作，主要包括境内外股票、债券、养老金产品、上市流通的证券投资基金，以及股指期货、国债期货等，委托投资资产由全国社保基金理事会选择的托管人管理。

第四节 社会保障基金的给付

一 社会保障基金给付原则

（一）统一性原则

社会保障基金的待遇给付标准一般是由国家法律政策规定的，在给付过程中必须严格按照国家的法律政策统一执行。如果给付标准不统一，势必造成地区、单位、个人之间的待遇水平差异，从而造成社会保障制度的不公平性，增加制度推行难度，影响法律的严肃性，更会加剧不同单位劳动者之间的矛盾，引发劳动者对制度的质疑。

（二）适度性原则

社会保障基金的给付应遵循适度的原则。待遇标准不能过低，过低就不能实现保障年老、疾病、失业、工伤等情况下人们基本生活的功能；但给付标准也不能太高，否则会使人们懒于寻找工作、不能摆脱对保障待遇的依赖。因此，社会保障基金的支付既要维持合理的待遇水平，满足社会成员基本生活需要，又不能超越生产力发展水平及各方面的承受能力。

（三）与时俱进原则

社会保障基金给付必须与时俱进，这里说的与时俱进有两层含义：一方面，对于社会保险参保者来说，具有重要意义的不是社会保险基金给付的名义货币量，而是实际货币量，即社会保障基金给付必须考虑通货膨胀的影响，物价上涨必然导致社会保障基金待遇贬值，因此在社会保障基金给付时必须将通货膨胀的因素考虑在内；另一方面，国民经济发展得越快，社会保障能力也应不断加强，这样才能够让民众共享国民经济发展的成果。因此，应随着国民经济的发展逐步提高基金给付水平。

二 社会保障基金给付类型

（一）按给付周期分类

分为一次性给付和定期给付。一般长期性保障都是采取定期给付方式，如养老保险、由工伤导致的伤残补贴等。短期性保障则多采用一次给付方式，如短期病假补贴、死亡丧葬费、一次性抚恤金等。定期给付一般每月一次，每次给付金额相等。

（二）按给付方式分类

分为固定金额给付和固定比例给付。固定比例给付适用于享受社会保障各项目待遇前有劳动收入的社会成员，如养老保险、失业保险等常采取这种方式。国家通常根据经济发展状况和不同的保险项目，确定各个保险项目的保险金支付比率，以被保险人停止工作前某一时期的平均工资或某一时点上的绝对工资为基数，根据被保险人资格条件的不同，乘以一定的百分比来确定。享受社会保险待遇水平的高低，与其在此之前的货币收入高低直接相关。固定金额给付是将领受待遇的人按一定标准、条件分群，同一范围内的人群享受相同的固定金额待遇。

（三）按照给付标准分类

分为工资比例制和均一制。工资比例制又称"工资相关制"，其保险金给付标准是以被保险人停止工作前某一时期的平均工资收入或某一时点上的绝对工资收入为基数，根据被保险人的资格条件，乘以相应的比例确定。均一制的社会保险金给付标准与工资比例制的不同之处在于，它不以被保险人停止工作前的工资收入为计算基数，而是规定某些统一的资格条件，如缴纳保险费的期限和数量（所有成员同意绝对额标准，不与工资挂钩）、就业年限（或工龄）以及其他收入的水平等。凡符合规定条件者，可按同一绝对额标准给付待遇。

三 社会保障基金给付模式

（一）待遇确定制

预先确定每位参保人的社会保险金待遇标准，做出给付承诺，再计算满足承诺的待遇标准所需的缴费水平，待遇标准与个人工资水平、社会平均工资水平、缴费年限，缴费基数等有关。基本与现收现付的资金筹集模式相关联。

（二）缴费确定制

基本上与完全积累制的筹资模式相联系。一是智利模式，近十个拉美国家采用了这种模式。个人缴费完全进入个人账户，国家提供几个投资基金，由个人来决定投资组合，基金管理人负责具体运作，亏损盈利都由个人来承担，国家不承担任何责任，未来的养老金给付水平几乎完全取决于缴费积累和投资收益（减去管理费用），二是新加坡的"中央公积金制"，这种模式在保障项目的待遇给付上也是与缴费水平和基金运营收益关联的，其收益率由国家根据投资收益情况统一确定，但在基金投资方面则完全由国家来运作。在英国前殖民地国家中大约有10个是采用这种模式，他们将基金投资于股市、购买政府债券、进行基础设施投资等。

（三）混合型

混合型的社保给付模式也可以分为两大类：一是半积累制，它由两部分组成，一部分待遇实行"缴费确定"，另一部分实行"待遇确定"。对于实行半积累制的国家来说，具体制度细节也是千差万别的。从理论上讲，目前中国社保制度的设计框架就是混合型性质的。社会统筹部分是待遇确定制，个人账户部分是缴费确定制。二是"名义缴费确定型"，也称"名义账户制"。"名义账户"制的账户系统将现在个人缴纳的工资比例和企业配比全都记入个人账户，其仅仅是一种"记账"的管理方式，而不需实际存入缴费，在给付方面则是缴费确定型的，领取养老待遇时将严格按缴费记账的积累数量给予退休津贴，将缴费与未来津贴紧密联系起来。欧亚六国近几年来带头采用了这种崭新的制度，它对一些转型国家很有吸引力。欧亚六国采用的名义账户制度中，有的国家将社保基金完全由中央政府来控制，有的国家将其分为两部分，一部分由国家统筹并统一投资，另一部分划给个人账户，留给个人进行投资，由个人进行决策。

资料与案例

全国社会保障基金理事会

全国社会保障基金理事会（以下简称社保基金会），法定英文名称为 National Council for Social Security Fund, PRC（缩写：SSF），其成立于 2000 年 8 月。

社保基金理事会主要职责是：管理运营全国社会保障基金；受国务院委托集中持有管理划转的中央企业国有股权，单独核算，接受考核和监督；经国务院批准，受托管理基本养老保险基金投资运营；根据国务院批准的范围和比例，直接投资运营或选择并委托专业机构运营基金资产，定期向有关部门报告投资运营情况，提交财务会计报告，接受有关部门监督；定期向社会公布基金收支、管理和投资运营情况；根据有关部门下达的指令和确定的方式拨出资金；完成党中央、国务院交办的其他任务。

社保基金会的组织架构是根据中共中央和国务院批准的《全国社会保障基金理事会职能配置、内设机构和人员编制规定》和《全国社会保障基金理事会章程》，在借鉴国际养老金管理机构经验的基础上设置的。理事大会由理事长、副理事长、理事组成，是社保基金会的最高权力机构，主要负责基金的重大战略决策和社保基金会的重大事宜决策。理事长、副理事长由国务院任命，理事由国务院聘任。理事长是社保基金会的法定代表人。

社保基金会现设综合部、规划研究部、基金财务部、证券投资部、境外投资部、股权资产部（实业投资部）、法规及监管部、风险管理部、养老金管理部、养老金会计部、信息技术部、机关党委（人事部）和机关服务中心等职能部门（见图 3 - 1）。

社保基金会设立四个非常设机构，即投资决策委员会、风险管理委员会、内部控制委员会和专家评审委员会。投资决策委员会是社保基金会投资决策机构，主要审议战略和年度资产配置计划，审定风险政策与风险预算，审定重大投资决策事项。风险管理委员会是社保基金会风险管理的专门议事机构，主要审议风险管理制度、风险政策、重大投资和重大风险的评判标准，审议资产配置和重大投资的执行及效果评价等事项。内部控制委员会是社保基金会内部控制的决策机构，主要审议内部控制基本制度、基础性业务制度、专项制度等规范性文件，社保基金会内部控制重大事项部署安排和年度工作计划等决定，内部控制风险事件定责追责决议等事项。专家评审委员会是社保基金会选聘委托投资管理

```
                    ┌──────────┐
                    │  理事大会 │
                    ├──────────┤
                    │  理事长   │
                    └────┬─────┘
    ┌──────────────┐    │    ┌──────────────┐
    │ 投资决策委员会├----┼----┤ 风险管理委员会│
    └──────────────┘    │    └──────────────┘
    ┌──────────────┐    │    ┌──────────────┐
    │ 内部控制委员会├----┼----┤ 专家评审委员会│
    └──────────────┘    │    └──────────────┘
```

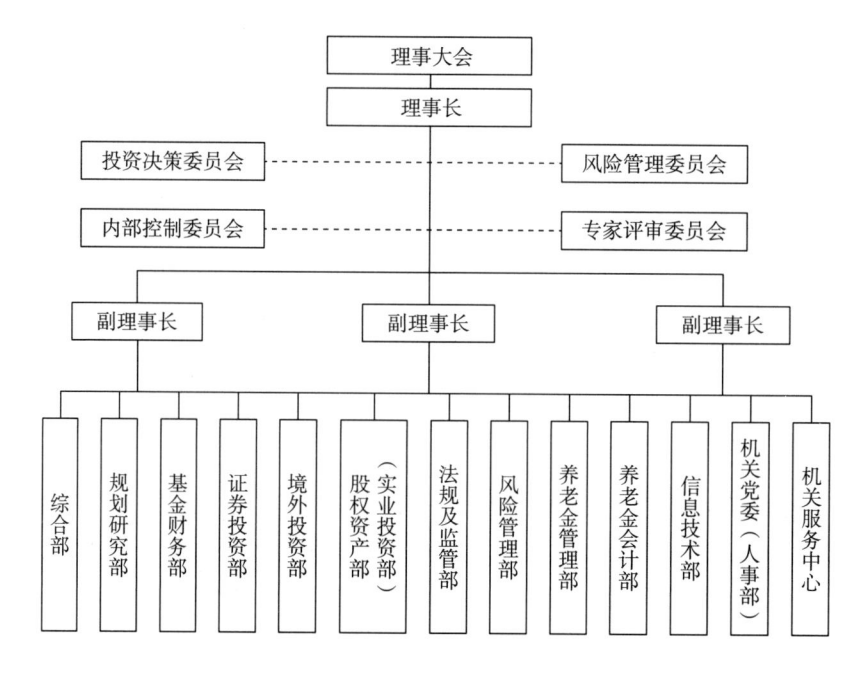

图 3-1　社保基金理事会组织架构

（组织架构下设：副理事长三位，分管综合部、规划研究部、基金财务部、证券投资部、境外投资部、（实业投资部）股权资产部、法规及监管部、风险管理部、养老金管理部、养老金会计部、信息技术部、机关党委（人事部）、机关服务中心）

人或托管人时设立的评审机构，由社保基金会内外部专家构成，按照社保基金会确定的评审标准和程序评审提出投资管理人或托管人的排序名单。

社保基金会理事会受托管理的资金有：

（1）全国社会保障基金（以下简称全国社保基金）。该基金是国家社会保障储备基金，用于人口老龄化高峰时期的养老保险等社会保障支出的补充、调剂。全国社保基金由中央财政预算拨款、国有资本划转、基金投资收益和以国务院批准的其他方式筹集的资金构成。

（2）个人账户中央补助资金。该基金是社保基金会受相关省（自治区、直辖市）人民政府委托管理的基本养老保险个人账户中央补助资金及其投资收益（以下简称个人账户基金）。根据财政部、人力资源社会保障部《做实企业职工基本养老保险个人账户中央补助资金投资管理暂行办法》和社保基金会与试点省（自治区、直辖市）人民政府签署的委托投资管理合同，个人账户基金纳入全国社保基金统一运营，作为基金权益核算。

（3）部分企业职工基本养老保险资金。经国务院批准，根据社保基金会与山东省人民政府签订的委托投资管理合同，山东省人民政府委托社保基金会管理部分企业职工基本养老保险基金结余资金及其投资收益（以下简称地方委托资金）。地方委托资金纳入全国社保基金统一运营，作为基金权益核算。

（4）基本养老保险基金。该基金是各省（区、市）人民政府根据2015年8月17日国务院印发施行的《基本养老保险基金投资管理办法》，与社保基金会签署委托投资管理合同，委托社保基金会管理的基本养老保险部分结余基金及其投资收益。受托管理的基本养老保险基金实行单独管理、集中运营、独立核算。

（5）划转的部分国有资本。根据2017年11月9日国务院印发的《划转部分国有资本充实社保基金实施方案》，由国务院委托社保基金会负责集中持有的划转中央企业国有股权，单独核算。

根据《基本养老保险基金投资管理办法》第八章第四十六条规定，社保基金会作为受托机构，每年一次向社会公布基本养老保险基金资产、收益等财务状况。

基本养老保险基金受托运营年度报告（节选）

（2018年度）

社保基金会根据《中华人民共和国社会保险法》、国务院印发的《基本养老保险基金投资管理办法》以及国务院、人力资源社会保障部与财政部的相关批准文件对基本养老保险基金进行受托运营。人力资源社会保障部会同财政部对基本养老保险基金的管理和投资运营情况进行监督。

根据《基本养老保险基金投资管理办法》第六章第三十四条规定："养老基金限于境内投资。投资范围包括：银行存款，中央银行票据，同业存单；国债，政策性、开发性银行债券，信用等级在投资级以上的金融债、企业（公司）债、地方政府债券、可转换债（含分离交易可转换债）、短期融资券、中期票据、资产支持证券，债券回购；养老金产品，上市流通的证券投资基金，股票，股权，股指期货，国债期货。"

基本养老保险基金通过适当方式参与投资国家重大工程和重大项目建设，也可在国有重点企业改制、上市时进行股权投资，范围限定为中央企业及其一级子公司，地方具有核心竞争力的行业龙头企业，包括省级财政部门、国有资产管理部门出资的国有或国有控股企业。

基本养老保险基金资产独立于全国社保基金、划转的部分国有资本和社保基金会、社保基金会选聘的投资管理人、托管人的固有财产以及社保基金会选聘的投资管理人管理和托管人托管的其他资产。基本养老保险基金与全国社保基金、划转的部分国有资本、社保基金会单位财务分别建账，分别核算。

2018年年末，基本养老保险基金资产总额7032.82亿元。其中，直接投资资产2456.13亿元，占基本养老保险基金资产总额的34.92%；委托投资资产4576.69亿元，占基本养老保险基金资产总额的65.08%。基本养老保险基金负债余额793.41亿元，主要是基本养老保险基金在投资运营中形成的短期负债。基本养老保险基金权益总额6239.41亿元，其中，委托省份基本养老保险基金权益6232.95亿元，包括委托省份划入委托资金本金6050亿元，记账收益181.08亿元，风险准备金1.87亿元；基金公积2.58亿元（主要是可供出售金融资产的浮动盈亏变动额）；受托管理基本养老保险基金风险基金3.88亿元。2018年，基本养老保险基金权益投资收益额98.64亿元，投资收益率2.56%。自2016年12月受托运营以来，累计投资收益额186.83亿元。

第四章 社会保障管理和水平

第一节 社会保障管理

社会保障管理是由国家和政府及社会组织制定有关社会保障的法规、政策,并根据这些政策法规对各项社会保障活动进行合理组织、协调的一项综合性系统工程,它是由若干子系统组成的大系统,涉及政治、经济、社会劳动者等各个方面。因此,社会保障管理必须遵循公共经济与管理规律,任何不顾实际情况,违反客观规律的做法,都会使社会保障事业遭受严重的损害。我国的社会保障制度改革虽然起步较晚,但是改革进程非常快,社会保障体系逐步完善,社会保障管理在吸收借鉴国外成功经验的基础上,制度体系、经办模式和管理水平得到了显著提高。

一 社会保障管理主体

(一) 国家(政府)

国家和政府是特殊的社会保障管理主体和责任主体。一是社会保障制度制定者。主导社会保障体系顶层设计,促成社会保险、社会福利、社会救助等各项法规政策的出台,组建社会保障管理部门,负责推动各项地方社会保障项目的落实。二是社会保障管理者。国家直接参与了社会保障活动,并对社会保险、社会福利、社会救助、军人保障等各项社会保障制度的实施给予财政上的支持。由于国家主体地位特殊,其大部分功能是通过各级政府来体现的,因此各级政府也成为社会保障法律体系中的特殊主体,而各级政府的主体地位又是通过各级政府的职能部门来体现的。三是社会保障管理的监督者。政府通过人社、卫健、民政等职能部门实施社会保障监督，其在部门协调、政策落实、基金运作、待遇保障等各方面起到重要的监管作用。

（二）实施机构

实施机构是作为执行国家社会保障方针、政策的职能部门而依法成立的，其直接承担着实施各项社会保障事务，依法实施日常管理，如依法向企业、个人等征收社会保险费，承担养老、医疗、救助等特定保障项目的管理职能，并接受政府、社会的监督，因而是社会保障法律体系中的当然主体。财政、民政、人社、卫健、税务等部门，依法贯彻、实施并监督社会保障的决策、规划，对受保障人实施保护，对违反社会保障法的行为进行行政处罚；社保经办中心是依法设立的非营利机构，负责办理参保登记，记录缴费，管理个人账户，确认并支付待遇，管理社会保险资金，提供查询等。这些主体行使上述权利，既不是一种特权，也不是什么恩赐，而是一种社会义务。2019年7月，国家成立由民政部、发改委等21个部门组成的养老服务部际联席会议，发挥各地区、各部门社保信息沟通和相互协作的桥梁作用。

（三）受托机构

受托机构是接受社会保障管理机构委托，参与社会保障法律关系，提供相应保障服务和业务的机构，如医疗服务机构、公共福利设施单位、各种社会福利院，以及参与社会保障基金管理和运作的金融机构、审计机构等。目前，国内公办社会保障服务机构无法满足人们对各项服务的需求，政府通过购买第三方服务的方式引入一些民办机构提供服务保障，这些民办机构也称为社会保障管理体系中的受托机构。各级政府通过出台服务标准并以合同形式规范其服务项目和水平。此外，以合同委托实施基金运作的机构，如全国社保基金理事会、被评定为基金管理人的基金公司和被授权托管基金账户的银行，它们负责各类社会保障基金的筹集、管理、投资及支付，并接受国家相关的监督。

（四）缴费义务人

社会保障缴费义务人是指负有社会保障义务的组织和个人，即用人单位、职工与自愿投保人。其中，用人单位包括各种类型的行政机关、企事业法人，以及合伙企业和个体工商户等特殊自然人主体。这些单位或组织不仅承担着一定的向社会保障机构提供基金的责任,而且要承担诸如职工福利、集体福利的管理与实施责任,从而对社会保障有着直接的义务,也是社会保障法制关系中的当然主体。国家通过立法强制用人单位参加社会保障法律关系,行政机关、企事业单位按规定为劳动者办理社会保险、缴纳社会保险费,要求社会保障机构提供社会保障政策的咨询,就与本单位有关的社会保障争议提出仲裁或诉讼,监督社会保障机构及工作人员的工作等。职工和自愿投保人根据权利义务对等的原则,也是缴费义务人,应在承担相应的缴费义务之后才能获得各项社会保障待遇和服务。

(五) 受益人

劳动者既要缴纳一定的资金,成为缴费义务人,又能按规定获得一定的保障待遇,成为保障体系中的受益人。社会保障管理与服务的对象都是面向城乡居民与劳动者,这些人和他们供养的亲属是社会保障直接的受益者,是社会保障法制关系中的当然主体。按照我国宪法的规定,每个公民都可享受社会保障的权利,都是社会保障法律关系的主体。这一点体现了我国社会保障法律制度的普遍性原则,同时也符合国际人权公约的基本要求。在我国,城镇中以工资收入为主要生活来源的劳动者和个体劳动者,是强制性参加社会保险项目的受益人;自愿参加城乡养老保险、合作医疗保险的居民也是社会保险项目的受益人;残疾人、农村"五保户"、城乡特困户等特殊群体公民以及复员军人、退伍军人和军属、烈属等,是社会福利、社会救济、优抚安置的覆盖对象。这些社会成员在碰到自然灾害及丧失劳动能力或丧失劳动机会,失去生活来源时,享有向社会保障机构申请领取社会救助、社会保险及其他待遇的权利,以及有请求提供社会保障政策的咨询及其他服务事项的权利。

二 社会保障管理内容

社会保障管理活动主要包括行政管理、基金运营以及相应的监督监管。

(一) 行政管理 (administration)

社会保障行政管理是行政部门制定社会保障法律、拟定基本法规,依法行使对社会保障事务的管理与监督权力的过程。

（二）财务管理（fund management）

社会保障财务管理包括社会保障基金管理、社会保障待遇管理、社会保障基金运营的监管，一般由专门的社会保障基金管理机构进行管理运营。我国财政部下设的全国社保基金理事会是负责全国社会保障基金投资运营的专门机构，地方政府可以委托社保基金理事会运营地方社会保险基金。

（三）其他社会保障管理（提供服务）

主要包括社会保障服务管理、人力资源管理等。社会保障服务管理主要针对提供服务的对象，如养老服务机构、医疗服务定点机构、劳动鉴定机构、职业培训机构等，管理部门一般通过标准化管理和服务监督落实各项管理措施。此外，还有特殊服务对象，如社区。

三　我国社会保障管理中的问题

（一）行政管理职责不清

社会保障管理部门在全国不完全统一。如城镇职工养老保险、集体职工养老保险和失业保险由人社部门管理；部分农村较困难人群和失地、半失地农民的养老保险缴费补贴由民政部门政策规定。城镇居民基本医疗保险、职工基本医疗保险由人社部门管理，农村居民新型农村合作医疗保障则由卫生部门管理，目前这些管理部门的医保管理职责正在向卫健委整合，地方机构职能还处于调整磨合阶段。2019年，社保缴费由税务机关征收，税务机构需要建立一整套缴费标准和系统，这需要一个过程。由于社会保障种类繁多，又属于不同的主管部门和不同的统筹层次，监管主体间职能重叠交叉，难免出现职责不清、协调机制力度不够、政策上存在冲突现象等问题。随着社保基金管理体制的变化，除社保经办机构外，财政、税务、银行等部门相继介入社保基金日常管理，这些部门和机构的参与使基金监督工作环节增多，目前的法规条例在管理层次、效力以及权威性方面是不够的，减弱了法制约束力。

（二）基金管理水平不高

虽然国家致力于社保基金省级统筹，但实际上一些地区的部分社会保险项目仍然停留在市县级统筹的层面。基金管理层次多、管理主体接触面大，这无疑增加了监管的难度，降低了监管效率和权威性。受限于较低的社会保障统筹层次，地方上解的养老保险基金较少，基金归集难度较大，一定程度上影响了养老保险基金入市运营的规模和收益率，造成资源浪费、基金贬值。管理手段比较单一，主要通过行政命令的方式推动政策执行，缺少自下而上总结实践经验并改革管理措施的路径，往往会造成实务工作烦琐、管理资源浪费、管理效率低下的隐患。另外，基金按照保险项目征缴，需要建立多个征缴端口和操作流程，这给基层基金征缴管理部门也带来了巨大的工作量。

（三）管理配套措施不完善

一是社保机构的信息化建设不够规范。目前，国家尚未开发统一的社会保险业务信息化软件和财务管理软件系统，各地社会保障信息系统格式不一、口径不一、标准不一，各行其是，这给管理部门的数据汇总和共享带来不便。加之社保部门经费不足，造成社会保险费征管信息网络建设滞后，甚至严重影响业务工作的开展，造成统计数据信誉度、准确度差。二是社会保障人力资源管理措施不完善。多省、市、县都配备了专职的社保专干，但对工作人员的社保业务培训比较缺乏。

第二节　社会保障水平

社会保障制度的建立并不等于一切问题的解决，社会保障制度能否真正长期有效发挥"安全网"和"稳定器"的作用主要依赖于适度的社会保障水平。社会保障水平问题是社会保障理论与实践中的重要问题，确定适度的社会保障水平有助于社会保障基本目标的实现，社会保障水平的适度与否，将决定着这一制度的成败，这是一个关系社会经济稳定发展、公民福利的切实问题。

一　社会保障水平的含义

社会保障水平是指在一定时期内一个国家或地区的社会成员所享受社会保障的高低程度，它代表着一个国家为其公民所提供的保障的程度和水平。社会保障水平是社会保障体系中的关键要素，直接反映着社会保障资金的供求关系，并间接反映着社会保障体系的运行状况。

二　社会保障水平的特点

（一）动态性

社会保障水平会随着社会结构的变化、经济的发展、人口结构的变化以及社会保障制度本身的变化而变化。在规定的考察时期内，通过对社会保障水平的实际变化状况的对比分析，可以对社会发展与社会保障运行进行统筹分析与政策调整。

（二）刚性趋势

经济水平的不断提升，将导致待遇支付不断提高而不是下降，社会保障规模往往趋于扩大，保障水平往往呈刚性上升趋势，在这一过程中社会保障体系越来越完善。通过社会保障水平的纵向比较可以很好地反映出这一发展过程。

（三）适度弹性

社会保障水平过高或过低，都会对社会保障制度本身和经济的发展带来负面影响。社会保障水平应处在一个适度范围之内，在这个范围之内，社会保障制度能够良性运行，并能够促进社会经济的协调发展。

三　社会保障水平分类

穆怀中教授认为，社会保障水平是相对于国民经济发展程度而言的，因此它属于一个相对性范畴。社会保障水平是社会保障的关键要素，它是体现社会保障程度的指标。在相同条件下，社会保障水平越高，人民生活的保障程度也就越高。他将社会保障水平分为社会保障总支出水平、社会保障分项支出水平。

邓大松教授将社会保障水平分为社会保障工资比重系数（社会保障总支出与工资总额的比重）、社会保障的财政支出比重系数（财政社会保障支出与财政总支出的比重）和社会保障国内生产总值比重系数（社会保障支出总额与国内生产总值的比重）。其中，社会保障工资比重系数用以测定企业、事业单位、部门行业等的社会保障支出水平，它是劳动生产要素分配层次上的收入在分配项目及其程度的表达方式。

刘钧教授把社会保障水平具体化为三个方面的内容：一是社会保障缴费水平；二是社会保障给付水平；三是社会保障各项目的给付水平。社会保障缴费水平是指企业、职工所承担社会保险缴费的能力；社会保障给付水平是指国家给予社会成员提供保障待遇的总体水平,通常用社会保障支付的资金占 GDP 的比重来衡量;社会保障各项目的给付水平是以每一社会保障项目支付的资金占 GDP 的比重来衡量。无论哪个指标,都从不同侧面反映了社会为公民提供保障的能力。

四 社会保障水平主要指标

(一) 财政社会保障支出水平

"财政社会保障支出"是财政口径的社会保障支出水平,即政府通过财政预算安排,并用一般税收收入进行支付的社会保障支出。该指标立足于政府责任,以社会保障为目的,以一般税收支出为特征,以财政预算为载体。与"公共社会支出"和"社会保障总支出"两个相关指标相比,其统计口径最小。我国主要是用这一指标分析社会保障支出水平。社会保险支出独立专账管理,主张维护社会保险基金的自我平衡和可持续性。

财政社会保障支出水平 = 财政社会保障支出/财政总支出 ×100%

(二) 公共支出水平

"公共社会支出"包括政府一般税收支付的社会保障支出和社会保险支出,是政府和社会对家庭和个人提供的福利供应支出,其内容涵盖老年、遗属、劳动残障、保健医疗、家属、促进就业、失业、住宅以及其他 9 个项目。该指标立足于公共,即政府和社会在社会保障方面的支出,以政府一般税收支出和社会保障税费收入支出为特征,包括了强制性和非强制性公共社会支出,但不包括私人社会保障支出。该指标是三个相关指标中的中等口径指标,OECD 成员国家多用这一指标反映政府的社会保障责任(见表 4 - 1)。当公共支出水平数值越大,表明政府财政支出中用于社会保障的份额越多,政府所承担的社会保障责任越重。

公共社会保障支出水平 = 公共社会支出/财政支出 ×100%

表 4 - 1　　　　　　OECD 国家公共社会保障支出水平

国家	年份							
	1995	2000	2005	2010	2015	2016	2017	2018
澳大利亚	16.9	18.3	16.7	16.6	18.5	17.8	—	—

续表

国家	年份							
	1995	2000	2005	2010	2015	2016	2017	2018
加拿大	18.4	15.8	16.1	17.5	17.6	17.4	17.3	—
芬兰	28.9	22.6	24	27.3	30.4	29.8	28.9	28.7
法国	28.3	27.6	28.7	31	32	32	31.8	31.2
德国	25.2	25.4	26.2	25.9	24.9	25.1	25.1	25.1
希腊	16.6	17.8	19.9	24.9	25.4	25.7	24.8	23.5
意大利	21.1	22.7	24.2	27.1	28.5	28.3	28.1	27.9
日本	13.3	15.4	17.2	21.3	21.9	—	—	—
韩国	3.1	4.5	6.1	8.2	10.2	10.5	10.6	11.1
新西兰	17.7	18.2	17.8	20.4	19.2	18.9	18.6	18.9
挪威	22.5	20.4	20.7	22	24.7	25.7	25.3	25
波兰	21.8	20.2	20.8	20.6	20.2	21.2	21	21.1
西班牙	20.7	195	20.4	24.7	24.7	24.3	23.9	23.7
瑞典	30.6	26.8	27.3	26.3	26.3	26.4	26.1	26.1
英国	16.7	16.2	18.3	22.4	21.6	21.2	20.8	20.6
美国	15.1	14.3	15.6	19.4	18.8	18.9	18.9	18.7
总计	18.0	17.4	18.2	20.5	19	20.5	20.2	20.1

资料来源：OECD 网站，https：//stats.oecd.org/Index.aspx?DataSetCode=SOCX_AGG#。

（三）社会保障总支出水平

社会保障总支出水平是指全社会用于社会保障方面的支出，包括政府预算内的社会保障支出、政府预算外的社会保险支出、慈善等社会资金用于社会保障的支出。该指标立足于政府、社会和市场，以社会保障税费支出、政府一般税收支出以及私人捐赠、社会组织福利支出为特征，包括了全部公共社会支出和私人社会支出。由于该指标能够准确地反映一国或地区经济实力的总体状况，同时在做国际或地区比较时具有较强的可比性，所以学术界广泛运用这一指标。作为全口径的社会保障水平衡量指标，社会保障支出总额是指一定时期内一国家或地区实际支出的各种社会保障费用总和，国际上通常把它划分为社会保险（面向全社会劳动者）、社会福利（面向全民）、社会救济（面向贫民）三大领域，具体包括养老、残障、死亡、疾病、生育、医疗护理、失业，家庭津贴，工伤及其他社会救助五个方面的支出。

社会保障总支出水平＝社会保障支出总额/国内生产总值×100%

一个国家的社会支出包括政府财政的社会支出即"公共社会支出"和政府之外的社会支出即"私人社会支出"两个部分。"社会保障总支出水平"指标与"公共社会支出水平"指标相比，多统计了"私人社会支出"项目。在过去西方"福利国家"体制下，民间社会支出的社会福利效益常常被忽略，将总体社会福利水平等同于政府社会支出的水平。但随着各国民间社会力量在社会公益事业和福利性社会服务方面的作用越来越大，国际上越来越多地强调从政府和民间两个方面的社会支出去衡量一个国家的总体社会福利水平。但是，有些国家的民间社会支出水平很低，有时也会忽略不计，直接用政府的社会支出去代表总体社会福利水平，例如在我国这两个指标差距不大。

（四）社会保障分项目支出水平

社会保障分项目支出水平用以判断社会保障各项目在整个保障体系中的地位，并可以通过横向比较发现不同类型社会保障模式中在保障项目上的侧重点和共同趋势。以北欧五国和美国、德国为例，能分析出这些国家在社会保障方面的支出有以下特点：一是老年、遗属、残障保险项目或年金（日本的年金支出仍以养老保险为主）支出和医疗保险支出普遍是各国的最主要支出项目；二是各国社会保险项目支出水平的差异受到人口老龄化、社会制度建设的影响，近些年项目支出结构和水平都在不断调整（见表4-2）。[①]

社会保障分项目支出水平＝每一社会保障项目支出额/国内生产总值×100%

（五）社会保障税费收入水平

社会保障费（税）占财政收入的比重更多体现的是社会保障筹资结构，其数值越小，表明社会保障税费收入相对于财政收入越少，政府

[①] 邓大松、杨燕绥：《社会保障概论》，高等教育出版社2019年版，第181—183页。

表4-2 北欧五国及美国、德国社会保障分项目支出水平

内容		养老、遗属、残障	健康医疗	失业	家庭住房	其他福利
美国	1995年	46.99	45.33	1.45	3.67	2.56
	2000年	47.78	45.00	0.99	4.17	2.06
	2005年	44.16	49.57	1.11	2.51	2.65
	2010年	42.30	48.22	3.72	2.30	3.46
德国	1995年	52.38	31.47	5.79	7.87	2.49
	2000年	54.04	30.30	5.44	8.02	2.20
	2005年	51.25	29.51	6.24	9.10	3.90
	2010年	50.23	31.72	5.05	9.06	3.94
瑞典	1995年	48.80	21.70	11.80	11.40	6.30
	2000年	52.10	27.10	6.50	9.80	4.50
	2005年	54.90	25.90	6.10	9.40	3.70
	2010年	56.30	24.90	4.50	10.40	3.90
丹麦	1995年	48.30	17.80	14.70	12.40	6.80
	2000年	50.00	20.20	10.50	13.20	6.10
	2005年	51.90	20.80	8.60	12.90	5.80
	2010年	52.60	22.50	7.50	12.40	5.00
芬兰	1995年	47.70	20.90	14.40	13.40	3.60
	2000年	49.70	23.80	10.40	12.50	3.60
	2005年	50.10	25.90	9.30	11.60	3.10
	2010年	51.30	25.20	8.20	11.20	4.10
挪威	1995年	47.90	26.80	6.70	14.10	4.50
	2000年	47.20	34.20	2.70	12.80	3.10
	2005年	49.80	32.00	2.70	12.20	3.30
	2010年	49.00	31.60	3.20	12.50	3.70
冰岛	1995年	41.60	37.90	4.40	12.90	3.20
	2000年	45.00	39.20	1.30	11.70	2.80
	2005年	46.20	34.80	1.80	13.90	3.30
	2010年	37.50	35.30	6.80	12.90	7.50

资料来源：(1) 欧盟数据库，2012。(2) 日本国立社会保障人口问题研究所：《社会保障费统计资料》平成9年（1997年）版，第5页。(3) Social Security Bulletin, U.S.A, 1950-1985, 第64页。

一般税收或其他渠道支付的社会保障资金越多。有学者认为，财政社会保障支出或公共社会支出占财政支出的比重更能体现政府所承担的社会保障责任，因为只有政府实际支付了社会保障资金，才代表着政府责任的履行。① 根据世界银行和OECD提供的数据，2010年德国"社会保障费占财政收入的比重"是54.94%，而"公共社会支出占财政支出的比重"是57.8%，这说明德国占财政支出57.8%的公共社会支出中，绝大部分是通过社会保障税费支付的，用一般税收支付的公共社会支出仅约2.86%。相比之下，新西兰"社会保障费占财政收入的比重"是0.15%，"公共社会支出占财政支出的比重"是46.7%，这表明新西兰的社会保障税费收入相对于政府财政收入仅为0.15%，而占财政支出46.7%的公共社会支出绝大部分是依靠政府一般税收或其他资金。

社会保障税费收入水平＝社会保障税费总收入/财政收入×100%

社会保障水平实际上是由一系列指标来完整描述的，不应把社会保障水平单一指标简单地等同于社会保障水平主指标。

五 社会保障水平指标应用中注意的事项

1. 关于社会保障支出的项目口径问题

国际上对于社会保障的统计范围并无统一标准，有关国际组织的统计口径也不一致，其差异主要集中在医疗卫生、就业促进、教育（职业技术教育和学前教育等）和住房保障方面。例如，国际货币基金组织IMF统计政府支出职能分类的十个大类中有三个与社会保障相关："住房和社会福利设施""医疗保健"和"社会保护"，其每个大类下所包括的具体内容都与我国不同。

2. 关于社会保障支出的实施主体问题

社会保障的实施主体有政府公共部门和私人部门，私人部门主要指私人捐赠和社会组织提供的福利等；实施形式有强制性和非强制性。世界银行仅统计政府强制性社会保障，而OECD公共社会支出包括强制性和非强制性支出，OECD和EU（欧盟）还分别按公共与私人、强制与非强制进行统计，欧盟则将社会保障管理费作为一项支出单独统计。因

---

① 林治芬：《社会保障资金管理》，科学出版社2015年版，第25页。

此,我们在进行政府社会保障财政责任国际比较时,必须注意其社会保障的统计口径差别。

3. 关于政府对社会保险的管理方式

由于各国政府对社会保险的理解和定位不同,因此对社会保险的预算管理分为四类:第一,纳入政府预算内管理。欧洲福利国家多将社会保险视为国家社会福利责任,故将其收支全部纳入政府预算内统计。第二,政府预算外管理。美国将 OASDI 公共强制性社会保险纳入财政预算,但对其实行独立于政府一般收支项目的预算外管理。第三,专项预算和公共预算共同管理。日本认为,社会保险遵从保险的一般原理,应以其基金自我平衡为主,因此仅将政府对社会保险基金的补助纳入财政预算,同政府支付的其他社会保障项目一同在财政预算内管理;而社会保险项目实行特别账户单独管理。第四,新加坡、智利等国家认为社会保险是个人的事情,由市场完全运作,因此与政府预算无关。综上所述,世界各国的社会保险支出,或全部地、或部分地在政府预算中,又或者被完全排除在政府预算之外,也是我们在进行政府社会保障财政责任国际比较时必须要注意的。2001 年,IMF 的《政府财政统计手册》将社会保险列入政府收支统计范围,国际上现有的政府社会保障支出统计也大多包含社会保险支出。

第三节 社会保障水平的适度性

社会保障制度建设是各国社会经济繁荣发展的重要保障,但社会保障制度的建立不等于保障功能的实现,其基本职能和功能实现与否,关键要看社会保障水平是否"适度"。

一 社会保障水平的适度性

一国推行"适度"的社会保障水平,保障功能才能发挥效用。适度的社会保障水平能够满足人民基本生活需求,推动社会生产力发展、提高生产效率,对国民经济发展产生积极的作用。因而,社会保障水平适度性的评价非常必要。而判断保障水平是否适度的标准,就是既要有利于保障社会稳定，又能促进经济发展；既有利于社会公平，又有利于提高生产效率；既要保障公民基本生活，又能激励公民的劳动积极性，最终实现社会的稳定和文明，促进社会繁荣进步。

（一）社会保障水平是质与量的统一

任何事物都是质与量的统一体，社会保障水平也不例外，它仍是质与量相统一的范畴。从质上讲，社会保障水平反映国民收入分配中社会保障具有的份额和现实的保障水平。作为宏观性、整体性指标，社会保障水平要与国民经济发展水平相适应，在保障公民的基本生活、保护劳动者积极性的基础上，推动社会经济向前发展；同时，社会保障水平也要与国民经济发展程度相平衡，其社会保障费用支出应与生产力发展水平等各方面的承受能力相吻合。从量上讲，社会保障水平主要以各保障水平指标衡量，如用社会保障总支出/GDP的比值的"高""低"进行判断。

（二）质与量统一的结果是"度"

社会保障水平的"度"是指保持社会保障水平质和量的限度与幅度，也即社会保障支出水平在多大限度内既能保障公民的基本生活，又能激励公民积极劳动，推动社会经济健康、持续发展，超过了这个限度就会对公民的劳动积极性、对社会经济持续健康发展产生不利影响。社会保障水平的"度"存在临界点，存在于上下临界点之间的范围，就是"适度"的社会保障水平。

二 社会保障水平"度"的衡量

社会保障制度的建立不等于社会保障功能的实现，只有当保障措施维持在一定适度的水平上才能实现社会保障功能，从而对国民经济发展产生积极的作用。从量上看，社会保障支出水平应该与实际需求相适应，并基于对经济发展的预测和 CPI 指数的考量，其支出下限应该达到最低生活保障标准和基本生活标准，其支出的上限应该能应对未来一段时期的生活需求。

当社会保障水平不适度时，都无法实现社会保障的功能，相反还会对社会经济发展产生负面影响。社会保障水平不适度主要包含两种情况，即过低的社会保障水平和超高的社会保障水平。社会保障水平过低，即社会保障支出水平不足，则会使需求者得不到应有的保障。社会保障水平也并非越高越好，社会保障增长速度主要取决于国民收入水平以及国民经济增长速度，超越于国民经济增长的社会保障水平，即便很高，也是不可取的，这样容易养懒汉，使劳动者陷入贫困陷阱和失业陷阱。总之，过低的或者超高的社会保障水平都无法实现社会保障功能，我们应致力于研究和提倡适度的社会保障水平。

从全世界范围来看，社会保障整体水平还不高。根据国际劳工组织《2014年全球社会保护报告》，目前全球仅有27%的人口拥有较为完备的社会保障，约39%的人口没有医疗保障，近49%的达到退休年龄的人口没有退休金，有72%的劳动者无法享有法律规定的失业保障待遇，有60.6%的劳动人口未能享有工伤保障，有48%的老年人口没有养老金。可见，低下的社会保障水平是世界人类发展水平整体提高的重要障碍。

三 社会保障水平的制约因素

社会保障水平的制约因素可以从供求角度进行分析。

1. 经济规模与经济发展水平

经济规模与经济发展水平是制约社会保障水平的最根本因素。一国或地区所能提供的经济资源总量，作为社会保障支出的最终来源，其规模必然从根本上制约着社会保障水平的高低。经济与社会保障的相互关系是十分复杂的，经济因素决定社会保障制度与水平；而社会保障制度一旦产生，就具有自身发展的规律，其发展也会反过来影响经济，两者是相互影响的关系。

2. 政治、社会结构

政治因素对于社会保障制度的发展以及社会保障水平会产生影响。西方国家多党竞争的政治制度，使各党派为了争取选民的支持而承诺较高的社会保障水平，不可避免地导致了社会保障水平攀升的"登台阶"效应。社会结构对社会保障也产生影响，例如，我国城乡二元的社会结构造成社会保障制度的分割和城乡社会保障水平的较大差异。

3. 制度年龄和人口结构

制度年龄是指社会保障制度建立的时间长度。制度年龄越长，社会保障水平越高；反之，社会保障水平越低。社会保障水平与一国的人口结构有着密切的关系，随着全球人口老龄化浪潮的来临，社会保障水平将不可避免地抬升。根据回归方程计算结果，老年人口或离退休人口及其保险支出水平是制约社会保障水平的基本变量，离退休保险福利每提高 1 个百分点，社会保障总水平就上升 1.115 个百分点，这说明人口老龄化对社会保障水平的推高作用比较明显。[①]

4. 历史、人文等特殊因素

社会保障水平的高低受到本国独特的历史、人文因素的影响。例如，美国是一个充分宣扬个性自由的国家，它的经济最大可能地按照自由市场经济的方向发展。人们认为，国家对于社会保障的过多介入，是对公民自由选择权利的侵犯，因而，美国至今没有建立如其他发达国家一样包罗万象的完整的社会保障体系，这在表面上是与它强大的经济不相符的。

四 社会保障水平的意义

（1）客观描述社会保障程度的高低，并进行国际间、地区间的比较，探索、总结和运用社会保障制度发展与运行的自身规律。

（2）通过增加设置不同的控制变量，可分类计算出一种社会保障制度内部行业、各地区甚至各群体之间的社会保障水平子指标，进行综合的分析比较，促使社会保障制度的结构合理化与内部优化。

（3）运用定性、定量分析相结合的方法，通过对社会保障制度自身运行预期的经济、社会效应的分析，确定社会保障适度水平，评价社会保障运行状况，并根据具体情况进行调整与控制。

（4）社会保障适度水平与社会保障自身发展趋势、社会经济发展趋势相结合，可建立"社会保障警戒模型"，构成社会保障预警系统核心，用于预测社会保障的未来趋势，避免出现社会保障的财务危机，促使社会保障制度运行与社会、经济发展的良性互动。

---

① 邓大松、杨燕绥：《社会保障概论》，高等教育出版社 2019 年版，第 186 页。

第四节 我国社会保障水平

根据 2018 年 8 月公布的全国人力资源社会保障统计数据，截至 2018 年前 8 个月，全国各项社会保险基金支出达到 41136.3 亿元。这一数据相比去年同期增长了 18.49%，相比 2016 年同期增长了 51.41%。其中城镇职工基本养老和城乡居民基本养老两项保险基金支出合计 29260.4 亿元，相比去年同期增长了 18.3%，相比 2016 年同期增长 51.79%。前 8 个月养老保险基金收入为 33497.6 亿元，同比增长了 20.22%，收入增速高于支出增速。社保基金收支发生较大幅度增长，主要原因在于制度保障水平的提高和待遇对象的增加。

一 我国社会保障支出项目

我国社会保障支出主要有社会保险、社会福利、社会救助、社会优抚四项，其中，社会保险项目支出主要是养老、医疗、工伤、失业、生育等。在统计年鉴中，养老支出一般分列在如离退休养老保险福利、在职职工保险福利（包括医疗费、工伤保险、生育保险等）、孤老残和养老福利院费用等不同的项目里。医疗保障支出单独核算，但也是预算内财政社会保障支出的一部分。此外，中国以前实行的事业单位职工无偿使用公有住房、享受价格补贴政策，尽管这些没有被《中国统计年鉴》列为社会保障项目支出，但实际上也属于社会保障支出内容。①

二 我国社会保障支出统计口径

我国社会保障水平统计指标主要使用"财政社会保障支出水平""社会保障各项目支出水平""社会保障总支出水平"等指标。

（一）财政社会保障支出水平指标

当前，我国保持经济持续健康发展，促进社会公平、构建和谐社会是今后很长一段时间的重要任务。社会保障作为重要的稳定机制，是实现这一目标的主要途径。近些年来，国家不断转变政府职能，加大对社

---

① 邓大松、杨燕绥：《社会保障概论》，高等教育出版社 2019 年版，第 181—183 页。

会保障的财政投入。"财政社会保障支出水平"这一指标能清晰地反映政府在社会保障方面的扶持力度。改革开放以后,我国政府对财政社会保障支出的概念界定和统计口径有所不同。1978—1997 年,城镇国有、集体企业负责所属职工及其家属的养老、医疗、就业、住房等保障,农村则依靠集体经济和家庭为农民提供各项社会保障服务。因此,这一阶段各级政府财政直接支出的社会保障费用仅限于各项抚恤、社会福利救济支出。[①] 1997—2006 年,我国逐步建立起城镇职工和城镇居民的养老、医疗、失业等社会保障制度,国家财政进行大量补助,所以这一阶段财政社会保障支出主要包括抚恤和社会福利救济费、行政事业单位离退休费、社会保障补助支出三项。2007 年以后,我国将抚恤和社会福利救济费、行政事业单位的离退休费、社会保障补助支出三项与其他一些支出合并为"社会保障和就业支出",其中包括了对社会保险基金的补助、行政事业单位的离退休费等若干子项目。换句话说,1998—2006 年,我国包含的三个项目的财政社会保障支出在 2007 年以后专指社会保障和就业支出。[②]

(二) 社会保障各项目支出指标

社会保障各项目支出水平是社会保障各项目支出额与 GDP 的比重。由于统计年鉴中通常把社会保险和社会福利合并在一起,把离退休职工与在职职工的养老保险福利费分开单独统计,就形成了《中国统计年鉴》中五项社会保障支出:离退休养老保险福利费、在职职工养老保险福利费、孤老残和养老福利院费、社会优抚费、社会救助费。由于统计口径的不同,各项目支出水平有小、中、大三项:不含住宅投资和价格补贴的保障水平为"小口径"指标,只包含住房投资的保障水平为"中口径"指标,包含了住房投资和价格补贴的保障水平为"大口径"或"全口径"指标。

[①] 这一阶段行政事业单位的离退休费用从 1997 年才开始在财政支出中单独列出,此前一直从属于抚恤和社会福利救济费支出项目。

[②] 徐倩、李放:《我国财政社会保障支出的差异与结构,1998—2009 年》,《改革》2012 年第 2 期。

(三) 社会保障总支出水平

我国社会保障总支出水平将各项财政和非财政社会保障支出均统计在内，具体包括社会保障和就业支出、医疗保障支出、住房保障支出、社会保险支出、住房公积金、学前教育支出、彩票公益金支出、医疗保障外的卫生支出等项目。一般地，我国社会保障方面的公共支出可用下式计算：

社会保障公共支出 = 财政预算内社会保障支出（含社会保障和就业、医疗保障、住房保障三方面）+ 社会保险支出 + 社会卫生支出 − 社保基金财政补助

由于我国民间福利供应也很薄弱，其主要的构成是"民间慈善捐赠"和"社会组织福利性服务供应"，但总额微小，所以公共支出水平指标与社会保障总支出水平指标基本接近。根据《中国慈善发展报告（2015）》的统计，2014 年我国全年慈善捐赠的总额为 1046 亿元，这个数据约占当年 GDP 的 0.16%；根据民政部公布的数据，2014 年全国社会组织增加值仅为 638.6 亿元，即使全部都是福利性服务，也只占 GDP 的 0.1% 左右。将这两项加在一起，我国 2014 年有组织的民间社会支出占 GDP 的比例最多不超过 0.3%，对总体保障水平的贡献基本上处于可以忽略不计的状况。这一点从我国"公共社会支出"和"社会保障总支出水平"两个指标差异不大上可以印证。

三 我国社会保障支出水平

2008—2017 年，我国财政社会保障和就业支出增长了 3.62 倍，全国住房保障支出增长了 3.17 倍，全国医疗保障支出增长了 5.16 倍。社会保险基金支出中，养老保险基金 2017 年支出 40423.7 亿元，医疗保险基金支出 14421.8 亿。这些数据可以反映出我国社会保障水平增速较快，尤其是近两年国家加大了在养老和医疗方面的财政补贴力度（见表 4-3）。以 2017 年为例，我国社会保障公共支出为 102339.53 亿元，扣除财政对社会保障补贴重复计算部分的 12472.74 亿元（其中对基本养老保险基金的补贴 7448.66 亿元和对基本医疗保险基金的补贴 5024.08

亿元），占全国财政支出 203085.49 亿元的 44.3%[①]，这一水平已经远高于我国社会保障水平上限。

表 4-3　　2008—2017 年我国社会保障支出水平　　单位：亿元

	财政社会保障和就业支出	住房保障支出	医疗保障支出	社会保险基金支出	社会保险基金	
					养老保险基金支出	医疗保险基金支出
2008 年	6804.29	—	2825.04	9925.1	7389.6	2083.6
2010 年	—	1990.4				
2017 年	24611.68	61331.62	14450.63	57145.6	40423.7	14421.8
增长倍数	3.62	3.17	5.16	5.76	5.47	6.92

可见，我国财政社会保障支出水平和公共支出水平都呈现快速增长趋势，而预算内财政医疗保障支出和社会保险基金中养老、医疗支出增长幅度较大。虽然这两类支出在广义上均可以纳入社会公共支出，但它们还是具有不同的特点。政府财政性社会支出是由政府控制的，其支出水平和变动较为直接地反映了政府社会政策的目标、方向、要求及其变动情况，并且具有较大的弹性；而社会保险支出则是由社会保险制度决定的，其支出规模及其变动主要受人口老龄化和退休人员规模增减的影响。尽管社会保险支出也受政府的调节，但与财政社会支出相比，社会保险支出受政府调节的空间较小。

文献选读

"十三五"期间我国社会保障的趋势与任务[②]

胡鞍钢　杨竺松　鄢一龙

"十三五"时期，我国社会保障体系转型发展将进入社会保障体系

[①] 数据依据我国财政部《2017 年全国财政决算》及民政部、人力资源和社会保障部的有关事业发展统计公报等资料整理计算得出。

[②] 胡鞍钢、杨竺松等：《"十三五"时期我国社会保障的趋势与任务》（节选），《中共中央党校学报》2015 年 2 月。

全面完善的阶段。人口老龄化、城乡一体化的快速推进以及转型期城乡社会风险趋于显化，对我国城乡社会保障体系建设提出了新的更高的要求。加快建设和完善覆盖城乡的社会保障体系，不仅能够为经济社会转型升级提供强大助力，而且真正将国家利益和人民利益统一起来，强化人民个人与国家整体之间的利益共同体关系，进一步体现社会主义制度的优越性，推动中国社会迈向共同富裕的大同世界。

一 "十二五"规划目标完成情况评估

截至2015年年底，新型农村社会养老保险覆盖率达100%，新农合、城镇职工养老和医疗、工伤、失业参保率逐年上升，为"十三五"时期进一步全面提高社会保障体系质量奠定了坚实的基础。

"十二五"期间，部分社会保障财政支持标准发生了变化，从保障水平和保障机制来看，城乡社会保障标准不断提高，城乡平均保障标准相对差距从2011年以来逐步缩小。我国在不断提高绝对保障水平的同时致力于进一步完善保障机制，以社会保障为杠杆，撬动基本公共服务均等化、城乡一体化的发展。

从公共财政投入社会保障规模看，社会保障与就业类支出"十二五"期间年均增幅达到16.2%；年度公共财政社会保障与就业类支出相当于当年GDP的比例从2008年的2.17%提高至2013年的2.53%。三年来，社会保障与就业类支出占各级公共财政总支出比重保持在10%以上。"十二五"期间，我国公共财政补助社会保险基金额度逐年加大，社会保险基金重要性不断提高，公共财政补助对社会保险基金收入的贡献水平有所提高，公共财政在发挥"兜底"作用（提供城乡最低生活保障）方面注重城乡均等，各级政府在社会保障领域承担起更大责任。

从社会保障方面的整体公共支出情况看，2008年，我国社会保障方面公共支出为20647.6亿元，到2013年就达到了59019.5亿元，其间年均增幅达到23.4%，约为同期我国GDP年均增速的2倍；也正是在这5年间，我国社会保障方面总体公共支出相当于GDP比重从2008年的6.57%增至2013年的10.04%，这意味着中国人类发展水平的巨大提升。

二 "十三五"社会保障发展的机遇与挑战

"十三五"时期,从社会保障发展的机遇来看:首先,当前我国已经基本建立起了完整的社会保障体系,党的十八届三中全会《中共中央关于全面深化改革若干重大问题的决定》又提出了"建立更加公平可持续的社会保障制度"的相关改革部署,为中国社会保障的进一步发展提供了最大机遇;其次,中国国家能力尤其是财政汲取能力的增强,以及未来相当一段时期内经济还将保持持续中高速增长,加之用于社会保障事业的公共支出占GDP比重还将进一步提高,有条件为社会保障制度的发展与完善提供必要的财力支持;最后,城乡一体化发展将为中国社会保障制度的持续变革提供外部压力。

从挑战来看,首先,我国的超大人口规模以及人口老龄化、老龄人口数量快速增长所带来的压力,在短时间内难以化解;其次,随着城镇化的快速推进,从农村向城镇、城镇与城镇之间的大规模人口流动,以及就业岗位对劳动者的黏性下降,使我国人口总体呈现出高流动性特征,对社保资金征缴和社保福利供给带来困难;最后,我国社会保障发展长期形成的利益失衡与利益固化藩篱,以及体制性障碍造成的路径依赖不易突破,现行社保制度存在的缺陷不易弥补。

三 "十三五"时期社会保障基本思路、目标与重点任务

从"城乡一体、提高质量、健全体系、促进公平"基本思路出发,"十三五"时期我国推进城乡社会保障体系建设的重点任务是:以增强公平性、适应流动性、保证可持续性为重点,统筹推进城乡社会保障制度改革;坚持法治先行,大力推进城乡社会保障一体化建设。

改革和完善企业和机关事业单位社会保险制度,在推进事业单位分类改革的基础上,推进机关事业单位社会保险制度改革;建立兼顾各类人员的社会保障待遇确定机制和正常调整机制,合理确定社会保障水平,实现社会保障待遇与经济社会发展相联系的持续、有序、合理增长;完善社会救助体系,健全社会福利制度,支持发展慈善事业,做好优抚安置工作。此外,同步推进与社会保障发展密切相关的配套改革,如户籍制度改革、公共财政体制改革、城乡土地制度改革、城乡公共卫生事业改革、社保基金进入资本市场运营机制改革等。

要根据社会保障制度的类型实现最广泛的覆盖，其中基本养老和基本医疗保障制度要覆盖城乡全体居民，工伤、失业、生育保险制度要覆盖城镇所有职业群体，实现人人享有基本社会保障的目标。根据我国经济社会发展状况合理确定社会保障待遇水平，保障基本的生活需求，正确引导公众社会福利诉求，规避社会福利陷阱。

要着眼于社会保障基金的长期平衡，加强社会保障费用征缴，抓住经济平稳较快发展的有利时机，扩大社会保障基金筹资渠道，进一步充实已经建立的全国社会保障战略储备基金。建立社会保险基金投资运营制度，在确保当期养老金发放和保证基金安全的前提下，积极稳妥推进基金投资运营，适当拓宽基本养老保险基金投资渠道，探索新的投资运营方式，切实加强基金监管，确保社会保障基金安全和保值增值。

建立更加便民快捷的服务体系，加强社会保障规范化、信息化、专业化建设，建立标准统一、全国联网的社会保障管理信息系统，力争实现全国范围内社会保障可异地领取，建立覆盖全民的社会保险登记制度。全面推行社会保障"一卡通"，努力实现参保人员"记录一生，保障一生，服务一生"。

社会保险作为社会保障体系的核心内容，是由政府举办的、具有强制性和安全性的社会经济互助和风险预警制度，它关系到国家、地方、用人单位和个人的切身利益，是一项极其重要的利国利民安全工程。从各国社会保险制度的发展实践来看，经济发展水平不同，各国在一定时期所能提供的保障水平存在较大的差别，社会保险实施的范围、内容也不尽相同，但总的来说包括养老、残障、遗属、疾病、生育、工伤、失业和家庭津贴等保险项目。随着世界人口老龄化程度不断加深，养老保险制度建设和改革已成为全球性的难题。

第五章 养老保险

第一节 基本养老保险概述

一 基本养老保险的概念与特征

（一）概念

国家和社会根据一定的法律法规，依法征缴养老保险费，并于劳动者达到法定退休年龄或因其他原因而退出劳动岗位后，由社会保险机构或由其指定的其他单位按规定给付养老年金，从而保障其基本生活的一种制度安排。目前，众多国家建立的养老金制度包括公共养老金制度（国家养老金、基本养老金或国民养老金等）和私人养老金计划（企业年金、职业年金、商业养老保险等）。一般地，公共养老金制度具有法律强制性，而私人养老金计划具有自愿性。

（二）特征

1. 强制性

养老保险制度由国家通过立法创建、强制实施的，制度框架覆盖内的企业单位和个人都必须参加，强制缴费。基本上公共养老金制度和部分国家的私人养老金计划都具备强制性。另外，虽然一些国家对部分群体实行自愿参保原则，但这些人一旦参保，就必须按规定履行缴费义务。

2. 互济性

实行现收现付或半积累制基金筹集模式的国家，社会养老保险基金一般由国家、单位和个人三方或单位和个人双方共同负担，其中有一部分会形成社会统筹基金。该统筹基金向符合待遇领取条件的老年人发放，是在全社会老年人中间调剂使用，这不仅能解决同一地区行业、企业、个人负担不平衡的问题，还能在不同地区、不同人之间互助互济。

3. 社会性

为了确保制度的公平性，基本养老保险制度会在全社会成员中普遍建立，覆盖全体劳动者甚至全社会成员，是一项集待遇给付、服务管理于一体的复杂系统，因此，需要调动全社会资源积极参与养老事业，其影响力大、波及面广、时间持久，具有很强的社会性。

4. 专项保障性

养老保险惠及全体老年人，待遇给付持续时间长，费用支出庞大，因此社保基金理事会和地方政府等都设立了专门机构，将养老基金实行现代化、专业化、社会化的统一规划和管理，以保障老年人的基本生活。

（三）养老保险的功能

1. 保证劳动力再生产

养老保险制度通过代内再分配使不同社会、经济地位的劳动者的收入趋于"均等化"，保护劳动生产力和劳动者生产积极性。利用养老保险延迟消费的功能，可以使劳动者在生命的不同阶段都能实现消费效益最大化。养老保险代际再分配功能，通过正常的代际更替，是财富从年轻一代向老年一代进行再分配，更能实现代际之间劳动力的保护。

2. 维护社会安全稳定

养老保险为老年人提供了基本生活保障，使老年人老有所养。随着人口老龄化的到来，老年人口也越来越多，养老保险保障了老年劳动者的基本生活，等于保障了社会相当部分人口的基本生活。同时，也为参加养老保险的在职劳动者提供了对未来年老生活的良好预期，免除了后顾之忧，有利于社会稳定。

3. 促进经济健康发展

养老保险制度兼顾公平与效率，这与经济健康发展的需求是一致的。劳动者退休后领取的养老待遇，与其在职劳动期间的工资收入和缴费关联，这能提高企业乃至整个社会的经济效率。老年人年老退休，新成长劳动力顺利就业，能促进就业结构合理化，推动产业技能更新换代。通过养老保险缴费筹集到的养老保险金规模巨大，不仅能为资本市场注入资金，还能实现对实体经济、不动产项目的投入。国家可以通过对规模基金的运营、配置和利用，实现对国民经济的宏观调控。

二　养老保险的理论基础

养老制度与国家政治经济有直接的利益相伴和互动联系，政治学理论和经济学理论对社会养老保险制度的形成与发展都有着深远和重要的影响。政治学理论着重研究养老保险制度的历史变迁与制度绩效，证明了政治决策是养老保险制度变迁的内生力量。经济学理论，如亚当·斯密的自由主义理论、凯恩斯理论、福利经济学理论、新古典经济学理论、新自由主义经济学理论、马克思主义的社会再生产原理和国家保障理论等，将研究的重点放在养老保险制度与宏观经济变量之间的关系上，从资源配置、收入分配、经济增长等方面分析养老保险制度安排与储蓄、家庭消费、社会福利水平等的互动关系。

（一）储蓄的生命周期理论

经济学家 F. 莫迪利亚尼在1975年发表的《二十年后的储蓄生命周期假说》中认为，消费者总想把他一生的全部收入在消费上作最佳的分配，使他在一生的消费中所获得的总效用达到最大，得到一生的最大满足。为此，消费者将选择一个与过去平均消费水平接近稳定的消费率，在他的一生中，按这种稳定比例均匀地消费其总收入，消费并不会受短期收入的影响。为了在退休时也能保持退休前的生活水平，消费者需要在工作期间进行大量储藏，储蓄动机主要是为了实现消费效用最大化。莫迪利亚尼把人的一生分为两个阶段，挣钱时期和退休时期，在挣钱时期进行储蓄，不断增加财产，而在退休时进行负储蓄，不断消耗财产。就全社会来看，在某一时间内，既存在大量就业人口，又存在一定的退休人口，就业人口的收入要大于退休人口，就业人口进行正储蓄，退休人口进行负储蓄，就业人口数与退休人口数直接影响着社会的总储蓄。

（二）隐含协议理论

德国经济学家马肯诺思提出，所有受益人的消费必须来自当期的生产,不管从个人角度看是积累的基金还是储蓄,当前消费的唯一来源只能是当期生产,没有其他来源。不管养老金制度的形式怎样,所有的养老受益都必须由在职劳动的一代来支付,尽管个人当前进行储蓄以备将来养老之需,但届时只能由那些处于劳动阶段的社会成员来提供消费。美国经济学家萨缪尔森在马肯诺思观点的基础上,系统地提出了"隐含协议理论",认为每一代人只在生命的工作阶段创造消费品,在他们具有生产能力的阶段,通过赋税形式将所生产的一部分产品交给国家,用于赡养退休的一代人。他们之所以愿意这样做,是因为国家可以与每一代人达成隐含协议,当他们支付退休一代的收入时,他们就取得了一种权利,即当他们也退休时,下一代人将用自己创造的生活资料养活他们。因此,萨缪尔森认为,纳税人支付退休者的收入就是和国家之间形成一种隐含的交换,以支付的收入换取政府的预期承诺,即政府将一直通过强制措施向所有劳动者的下一代人征税以支付退休者的收入。

(三) 世代交迭理论

"世代交迭模型"最早由萨缪尔森创立,之后经学者的不断修正,被广泛地应用到通货膨胀、收入分配等研究领域,尤其是货币经济学中最常用的模型之一。该模型将生命周期简单地划分为两个阶段,即年轻和年老阶段。并且认为在第一阶段中,将收入用于消费的边际效用等于以货币形式储蓄并在第二阶段用于消费的边际效用,它是对斯德劳斯基模型中条件的一种修正。该理论模型后被美国经济学家彼得戴蒙德进行了进一步修正,认为每一代人在其生命的不同周期都可以与不同代人进行交易,其基本形式是一个跨时代的一般均衡模型。这一模型考虑了不同代际间经济个体的差异,将其划分为不同群体,改变了以往研究中让经济个体遵循相同经济决策方式的缺陷,因而更能分析和解决不同年龄段人群的经济行为差异对宏观经济运行的影响,现已成为分析养老保险的主要工具。

三 养老保险待遇资格与给付

(一) 享受养老保险的资格与条件

世界上大多数国家的养老保险给付条件都是复合型的,即参保者必须同时符合两个或两上以上的资格条件,才能领取养老金待遇。

1. 年龄和投保年限

这些国家一般规定劳动者达到法定领取待遇的年龄和参保缴费的年限时，即可按月获得养老保险待遇。法国人口老龄化伴随着经济衰退，因此一直致力于养老金发放办法的改革，不仅将退休年龄提升为 62 岁，并且员工只有工作到 64 岁、投保缴费年限达到 37.5 年后才能领取全额养老金，投保年限不能达到规定的将减发养老待遇。德国规定享受养老金的条件为年满 63 岁、投保 35 年或年满 65 岁、投保 15 年；美国规定享受条件为年满 65 岁，年满 60 岁至 64 岁的老年人减发养老金待遇。

2. 年龄和工龄条件

适用这种规定的国家将领取养老保险待遇的资格确定为同时满足退休年龄和劳动工作时间的要求，这主要是苏联和东欧一些国家采取的规定。如苏联规定劳动者享受待遇的条件为男年满 60 周岁、工龄满 25 年，女年满 55 周岁、工龄满 20 年，方可申请领取养老保险待遇。对某些从事特殊工作的被保险人，如从事危险、有害身体工作的人，退休年龄和工龄可放宽 5—10 年；工伤或职业病患者、残废军人，退休及领取养老金时，可不受年龄与工龄的限制。

3. 年龄、工龄和投保年限条件

实行这种规定的国家要求待遇领取者必须符合规定的年龄、工龄和缴费期限这三个条件，缺一不可。如英国规定男年满 65 岁、女 60 岁，1978 年 4 月以前任何一年缴足保险费 50 周岁，或 1978 年 4 月以前任何一年缴足保险费 52 周，按工龄计算的"可计年度"相当于一生工龄的 9/10 的，方可领取养老金。

4. 年龄和居住期限条件

被保险人必须达到规定的年龄，并符合居住国所规定的居住期限，才有资格领取养老金。实行国民年金的国家大多采用这种方法。如丹麦规定，国民年金的享受条件为年满 67 岁之前连续 5 年居住在本国且有公民权。加拿大规定，国民年金的享受条件为年满 65 岁，18 岁以后在加拿大每居住一年，可领取最高养老金的 1/40；最少可领取 10 年，最多可领取 40 年。

（二）养老保险的给付方式

从世界上大多数国家实施养老保险的情况来看，养老待遇的给付主要有绝对金额制和薪金比例制。

1. 绝对金额制

绝对金额制即养老待遇的支付标准不以被保障对象停止工作前的工资收入为计算基数，而是根据某些统一的资格条件，如就业年限、缴费年限等，将受保障人群划分为若干群体，凡符合相应群体的规定条件者，按同一绝对标准额支付养老金。这种给付方式多用于国民保险或者家庭补贴，属于较大范畴的养老金。日本国民年金制度、荷兰的单身老人月养老金等都属此类。

2. 薪金比例制

薪金比例制又称工资相关制，就是以参保人员退休前某一时期的平均工资或最高工资收入为基数，根据投保年限和资格条件的不同，乘以一定的百分比而确定的养老金待遇，待遇水平往往更多地取决于基数和投保年限这两个因素。实行雇员缴费的国家通常采用这种计算方式。

一般地，养老保险的给付范围、项目和标准上存在国别差异。有的国家养老金给付范围既包括被保险者本人，又包括无收入的配偶、未成年子女以及其他由被保险人抚养的直系亲属。一些福利国家除了给付基本养老金外，还有多种附加的福利性补贴，如瑞典等国的低收入补助、看护补助、超缴保险费期间增发额、超龄退休补贴、配偶及未成年子女补贴等。这些补贴在发达国家相当流行，对家属的补贴与被保险人的收入和投保期限无关，有的国家采用定期定额补助，也有按投保人养老金的一定比例进行补助。有的国家对补助对象，即对被保险人抚养的直系亲属无条件限制，相当多的国家则对享受家庭补助的直系亲属规定某些限制条件，如配偶和子女的年龄、子女的数量等。例如，日本1985年规定，配偶每人每月15000日元，第一个和第二个18岁以下的子女每人每月5000日元，其余每人每月2000日元；法国1994年规定，配偶的年龄须在65岁以上（病残配偶为60—64岁）才能享受一年4000法郎的家属补助。

第二节 基本养老保险制度变迁

一 世界养老保险制度变迁

(一) 养老模式从家庭养老逐渐走向社会养老

随着近代工业革命的影响在世界范围内的逐步扩大，人们的生产方式和生活方式发生了巨大的变化，传统的家庭制度面临严峻挑战。人口迁徙、工作变动、观念转变，造成了西方传统家庭模式的动荡和解体，家庭结构趋于小型化，大量核心家庭产生，其养老、看护、陪伴等家庭保障功能明显弱化。这促使人们不得不探索新的模式代替家庭养老功能，最终社会养老保险以其强大的互助共济功能成为养老保险的重要模式之一。

(二) 基金筹集从现收现付制走向基金积累制

20世纪70年代的两次石油危机引发世界性经济危机，以及预期人口老龄化的影响，主要发达国家倡导"公平原则"的现收现付制开始面临财政危机。而且当制度覆盖范围逐步扩展、待遇水平逐渐提升的时候，一些弊端开始显现，如其储蓄率下降、劳动力供给减少、提前退休者增加、企业生产成本上升、国际竞争力削弱等。在这种情况下，各国开始养老金筹集模式的改革，提出了"效率第一"的原则，建立专门的养老保险基金，在补充养老保险方面实行"个人账户式"积累，增加个人缴费比例，使个人缴费与养老金收入直接挂钩。

20世纪80年代初，智利开始引领"养老金革命"，创立完全基金积累制和个人账户管理方式的私人养老金制度。这种富有创新性的养老金私人管理的激进改革，为拉丁美洲经济增长做出了巨大贡献。随后，一些拉美国家分别进行了程度不同的养老金私人管理方式的改革。英国是发达国家中第一个面临公共养老金制度潜在危机的国家，80年代初保守党政府通过减少公共养老金计划的待遇水平，改变国家基本养老金待遇指数化调整机制，促进私人基金积累制养老金计划的发展。澳大利亚一方面加强控制社会统筹基本养老金的给付对象和给付标准，另一方面又着力发展个人账户储存基金。美国在 1994 年的改革方案中就削减了大量社会保险开支，同时还降低了国家对养老保险基金补贴的比例。可以说，从 20 世纪 70 年代到 90 年代中期，世界上大部分国家养老金制度改革的趋势是废止或削弱现收现付制公共养老金制度，建立和鼓励私人基金积累制养老金制度发展。

（三）养老体系从单一支柱向多支柱演进

20 世纪 90 年代以来，全球经济再次陷入困境，基金积累制养老金制度积累的大量养老基金财产大幅缩水，出现了巨额亏损，严重影响和削弱了基金积累制养老金制度的保障能力。与此同时，基金积累制也逐步显露出缺乏再分配效应、管理成本高、保值增值风险大等问题。人们普遍认为单一支柱的养老金制度难以兼顾公平与效率两个政策目标，于是在世界银行、国际劳工组织、国际货币基金组织、经济合作与发展组织等国际组织的倡议下，许多国家开始实行多支柱养老金制度改革。在 OECD 国家、拉丁美洲和转制经济国家，多支柱养老金制度改革是通过将传统的现收现付养老金制度改革为现收现付名义账户制度，或在维持现行的公共养老金制度的基础上再创建一个基金积累制作为第二支柱。经过改革，各国普遍建立起包括现收现付制为主的基本养老金、市场化运营的养老金计划、企业补充养老保险制度、个人年金保险制度和个人储蓄性养老金等在内的多支柱养老金制度体系。

（四）养老保险市场走向商业化发展

近年来，养老保险基金的筹资渠道和运营方式正在走向多样化，逐渐有了商业化倾向。一方面，政府对少数重要的保险基金项目进行管理，制定全国统一标准，承担监督和最后担保责任，但并不直接参与经营，而是将项目交给地方非营利性机构或商业保险公司负责。世界银行的数据表明，只有将基金委托给有利益约束的私营机构进行商业化经营，才能真正实现基金的保值增值。智利将养老保险基金交给竞争性的私营公司运营，利润率一度达到了 13% 以上，切实保障了基金的支付能力。另一方面，养老保险制度的目标也由单一的消除贫困、解决基本生活问题，向消除贫困、促进储蓄和经济增长的多重目标转化。政府通过购买服务的方式引导和监督社会养老服务资源，推动民间闲置资本进入养老服务领域，发挥市场优化配置和优胜劣汰的功能，这也是促进经济增长的重要手段。在各国社会养老保险面临支付不足问题的同时，商业保险却在飞速发展，并成为社会养老保险的重要补充。商业保险的技术加上社会保险的实施机制，也提高了经济运行的效率和稳定性。

二 中国内地养老保险发展

（一）制度建设

中国养老保险制度的发展与社会保障体系建设的历程基本是同步的。1986 年之前，养老保险制度主要覆盖企业职工和国家公职人员，这类人群在无缴费义务的情况下享有全面的、较高水平的养老保障待遇。这一阶段里，涉及养老方面的法律制度主要有 1951 年的《劳动保险条例》，规定建立劳动保险金制度，企业应按其全部职工工资总额的 3% 缴纳，以支付工人职员应得的抚恤费、补助费与救济费之用；男职工年满 60 岁、工龄满 25 年，女职工年满 50 岁、工龄满 20 年，可以享受甲款规定的养老补助费待遇。1978 年，国家先后颁布了《国务院关于工人退休、退职的暂行办法》以及该暂行办法若干具体问题的处理意见，进一步明确了工人退休、退职的条件，以及退休后的养老、医疗保障待遇等。1982 年，中共中央作出了《关于建立老干部退休制度的决定》和《关于老干部离职休养制度的几项规定》，通过制定待遇配套措施打破干部任职终身制。

1986 年是我国现代社会保障体系建设具有里程碑意义的一年，国家"七五"计划中单章阐述社会保险，企业职工养老保险保障范围、制度规定和待遇标准开始转变。同年颁布的《国营企业实行劳动合同制暂行规定》和《国营企业招用工人暂行规定》，指出企业在国家劳动工资计划指标内招用常年性工作岗位上的工人，除国家另有特别规定者外，统一实行劳动合同制。劳动合同制工人退休养老实行社会保险制度。至此，国家养老保险制度中缴费责任共担的原则便从合同制工人发端，社会养老保险体系建设拉开帷幕。1991 年出台了《关于企业职工养老保险制度改革的决定》、1997 年出台了《关于建立统一的企业职工基本养老保险制度的决定》、2005 年出台了《关于完善企业职工基本养老保险制度的决定》、2008 年出台了《关于提高做实企业职工基本养老保险个人账户比例的通知》等。

为了保障跨省流动人员及时参保和待遇的及时发放，下发《国务院办公厅关于转发人力资源社会保障部财政部城镇企业职工基本养老保险关系转移接续暂行办法的通知》（2009）和《军人退役养老保险关系转移接续办法》（2013）。进一步完善社会保险法律体系建设，先后颁布了《中华人民共和国社会保险法》（2010）、《中华人民共和国社会保险法若干规定》（2011）、《企业年金方案报备流程及注意事项》（2011）、《企业年金办法》和《企业年金方案（实施细则）》（2017）。近几年，我国养老保险制度朝着更完善、更公平的方向发展，打破公务员退休金制度，颁布了《国务院关于建立统一的城乡居民基本养老保险制度的意见》（2014），实现制度并轨。

（二）中国内地基本养老保险制度演变

1. 1986 年前的具体规定

根据 1951 年《劳动保险条例》规定，劳动保险的各项费用，全部由实行劳动保险的企业缴纳，职工不缴纳任何费用。劳动保险待遇中职工及家属的医药费和病伤假期工资的支出等由企业直接负责；另一部分由企业按照全部职工工资总额的 3% 拨交工会组织，其中 30% 上缴全国总工会形成劳动保险总基金，由中华全国总工会统筹举办集体劳动保险事业，其余的 70% 由基层工会组织管理，形成劳动保险基金，用于支付职工的劳动保险费用。劳动保险基金每月结算一次。该制度的主要特点有：一是现收现付制的筹资模式，即以满足当期的退休费用收支平衡为原则，按照所需支付的退休养老金总额筹集资金。二是形成一定的社会统筹基金，即从企业收缴的 30% 的缴费形成全国总工会统筹调剂使用的劳动保险基金。三是退休养老金的待遇标准由政府统一规定，和缴费单位的缴费多少无关，退休养老金的替代率不高。

2. 统账结合制度建立

1986 年我国推行劳动合同制用工的养老保险制度，规定由企业和劳动合同制工人共同缴纳养老保险费，退休养老金不敷使用时由国家给予适当补助。按照规定，劳动合同制职工要按本人标准工资的 3% 缴纳养老保险费，这是我国社会保险史上建立的首个养老保险的个人缴费制度。1991 年国务院颁布了《关于企业职工养老保险制度改革的决定》，明确在养老保险筹资方面要确立国家、企业和个人"三方负担"的责任原则。从这时起，个人缴费制度开始在所有企业职工中间实行。1993 年 11 月，党的十四届三中全会提出实行社会统筹与个人账户相结合的基本制度，社会统筹基金现收现付、个人账户基金完全积累的制度模式初步形成。但是，这一时期由于国家未就个人缴费比例作出明确规定，所以各企业单位对职工扣缴水平都不尽相同，养老保险缴费较为混乱。

1997 年 7 月，国务院颁布的《关于建立统一的企业职工基本养老保险制度的决定》（以下简称《决定》），这在我国养老保险制度建设中至关重要，它的颁布标志着我国以统账结合模式为特征的养老保险制度以法律文件的形式确立，具有历史性意义。《决定》主要从三个方面实行统一制度，即统一企业和个人缴费比例、统一个人账户规模和统一养老金计发办法。

统一企业和个人缴费比例。个人缴纳基本养老保险费的比例从本人缴费工资的 4% 逐步提高到 8%，并全部记入个人账户，其余部分从企业缴费中划入，随着个人缴费比例的提高，企业划入的部分要逐步降至 3%。企业缴纳基本养老保险费的比例一般不超过企业工资总额的 20%，企业缴费除划入个人账户之外的部分应进入社会统筹基金账户。

统一个人账户规模。职工基本养老保险个人帐户，是指社会保险经办机构以居民身份证号码为标识，为每位参加基本养老保险的职工个人设立的唯一的、用于记录职工个人缴纳的养老保险费和从企业缴费中划转记入的基本养老保险费，以及上述两部分的利息金额的账户。个人账户是职工在符合国家规定的退休条件并办理了退休手续后，领取基本养老金的主要依据。各地统一按职工工资的 11% 安排基本养老保险个人账户规模。

统一养老金计发办法。基本养老金待遇由基础养老金和个人账户养老金两部分组成。按照当时的制度设计和测算，职工退休时的基础养老金的替代率为当地上年度职工月平均工资的 20%。个人账户养老金月标准为本人账户储存额除以计发月数。个人缴费年限累计满 15 年的，退休后按月发给基本养老金。个人缴费年限累计不满 15 年的，退休后不享受基础养老金待遇,个人账户储存额一次支付给本人。

统账结合的养老保险制度,是我国社会保险基金筹集从现收现付制向部分积累制的重大转变。企业最多缴费为职工工资的20%,其中17%进入社会统筹基金,实现社会成员互助共济功能,剩下3%进入职工个人账户,则能体现企业对本单位职工的福利保障。

3. 统账结合制度发展

2001年,国家开始在辽宁试点做实个人账户,并于2004—2005年在吉林、黑龙江两省进行扩大试点,2006年选择8个省份进行扩大试点。考虑到地方财政做实个人账户的压力,国家要求参保单位缴费不再划入个人账户,而是按职工工资总额缴纳的20%全部进入社会统筹调剂基金,个人账户规模由本人缴费工资的11%降为8%,全部由个人缴费形成。对于个人账户是空账的情况,要按照8%的规模做实个人账户。同时,社会统筹基金与个人账户基金实行分账管理,社会统筹基金支付不能挪用个人账户基金。

第三节 我国基本养老保险构架

2019年1月,中国社会科学院人口与劳动经济研究所发布的《人口与劳动绿皮书:中国人口与劳动问题报告No.19》预测,中国人口将在2029年达到峰值14.42亿,从2030年开始进入持续的负增长,2050年减少到13.64亿,2065年减少到12.48亿,即缩减到1996年的规模。在此过程中,人口将快速老龄化。2019年年底,中国人口超过14亿,男性人口7.1527亿,女性人口6.8478亿,其中老龄人口增长较快。预计2010—2040年老年人口将总共增加2.24亿人,年平均增长率为3.62%,平均每年净增746万。中国15—59岁工作年龄段人口已开始缩减,到2050年,中国人口下降约6000万人,工作年龄段人口下降1/3,即2.2亿,相当于巴西全国人口规模。

一 城镇企业职工基本养老保险

(一)人口现状

根据国家统计局数据,截至2018年年底,年末全国参加城镇职工基本养老保险人数为 41902 万人，比上年末增加 1608 万人。其中，在职职工参加养老保险人数为 3.01 亿人，比上年末增加 836 万人，包含企业在职职工参加养老保险人数为 2.65 亿人。参保离退休人员 1.18 亿人，比上年末增加 772 万人。①

（二）退休制度

根据国际劳工组织《社会保障最低标准公约》（第 102 号）规定，享受养老保险的年龄条件一般不超过 65 岁。各国实际退休年龄差异较大，发展中国家大多规定退休年龄男性为 60 岁，女性为 55 岁；发达国家则规定不分男女，一般为 65 岁退休，且普遍趋势是逐步提高退休年龄。

我国法定的企业职工退休年龄是男年满 60 周岁，女工人年满 50 周岁，女干部年满 55 周岁。从事井下、高温、高空、特别繁重体力劳动或其他有害身体健康工作的，退休年龄男年满 55 周岁，女年满 45 周岁，因病或非因工致残，由医院证明并经劳动鉴定委员会确认完全丧失劳动能力的，退休年龄为男年满 50 周岁，女年满 45 周岁。

（三）覆盖面

城镇各类企业职工、无雇工的个体工商户、未在用人单位参加保险的非全日制从业人员和灵活就业人员都可参加企业职工基本养老保险。其中，城镇国有企业职工必须参加职工基本养老保险，其他主体可以选择参加企业职工基本养老保险或城乡居民基本养老保险。当前，国家工作重点是引导城镇无雇工的个体工商户和灵活就业人员参加企业职工基本养老保险，扩大基本养老保险覆盖范围。②

（四）基金规模

2017 年基本养老保险基金收入 46614 亿元（其中征缴收入 34213 亿

---

① 2018 年度《人力资源和社会保障事业发展统计公报》。
② 城镇个体工商户和灵活就业人员［灵活就业主要是：1. 在小型、微型企业和家庭作坊式的非正规部门就业，其劳动标准（劳动条件、工时、工资、保险福利待遇）、生产组织管理、劳动关系运作等均达不到一般企业标准；2. 独立于单位形式之外的就业：个体经营和合伙经营的自雇型就业；自由职业者，律师、自由撰稿人、歌手、模特、中介服务工作者等的自主就业；临时就业，如家庭小时工、街头小贩、其他类型的打零工者等］。

元），全年基本养老保险基金支出 40424 亿元，年末基本养老保险基金累计结存 50202 亿元。全年城镇职工基本养老保险基金总收入 43310 亿元（其中征缴收入 33403 亿元，各级财政补贴基本养老保险基金 8004 亿元），全年基金总支出 38052 亿元，年末城镇职工基本养老保险基金累计结存 43885 亿元。

2018 年年底，我国基本养老保险基金总收入 55005 亿元，基金总支出 47550 亿元，基本养老保险基金累计结存 58152 亿元。其中，城镇职工基本养老保险基金收入 51168 亿元，基金支出 44645 亿元，累计结存 50901 亿元。2018 年 7 月 1 日，国家为推动养老保险全国统筹、均衡地区间养老保险基金负担迈出第一步，建立企业职工基本养老保险基金中央调剂制度，2018 年调剂比例为 3%，调剂基金总规模为 2422 亿元。①

（五）统账结合

企业职工基本养老保险缴费总比例为 28%，其中用人单位以本单位职工工资总额的 20% 缴费，个人以本人上年度月平均工资的 8% 缴费，由企业代扣代缴。② 只要和企业订立了劳动合同的劳动者，就和企业之间确立了雇佣关系，企业必须为该职工办理职工养老保险。月平均工资收入超过全省上年度在岗职工月平均工资 300% 以上的部分，不计入个人缴费基数；低于全省上年度在岗职工月平均工资 60% 的，按全省上年度在岗职工月平均工资的 60% 计算的基数缴费。

以甘肃省为例，2015 年城镇非私营单位在岗职工年平均货币工资为 48470 元，则：

全省养老保险的月缴费下限为：(48470/12) ×60% = 2423.5 元

全省养老保险的月缴费上限为：(48470/12) ×300% = 12117.5 元

根据规定，职工月收入处于当地职工人均月收入的 60%—300% 时，以本人上一年度月平均工资为个人缴费工资基数。据此，若某职工

---

① 2018 年度《人力资源和社会保障事业发展统计公报》。

② 2019 年，国家调整养老保险缴费政策，部分地区企业缴费从 20% 下降到了 16%，为企业减轻了负担。

上年度月平均工资为 5000 元，则 2015 年度：

该职工养老保险月缴费额应为：5000×8%＝400 元

若某职工上年度月平均工资为 15000 元，超过本省上年度在岗职工月平均工资 300% 以上的部分，不计入个人缴费工资基数。则 2015 年度：

该职工养老保险月缴费额应为：12117.5×8%＝969.4 元

若某职工上年度月平均工资为 1500 元，低于本省上年度在岗职工月平均工资 60% 的，按 60% 计入。则 2015 年度：

该职工养老保险月缴费额应为：2423.5×8%＝193.88 元

可见，当地在岗职工上年度月平均工资和职工月均工资收入，都会引起缴费基数的变化。缴费基数增加会提高职工个人缴费水平，个人账户积累随之增加，退休后享受的养老金也相应增加。

对于自雇、自主等形式的灵活就业人员参加职工养老保险，可以到人才市场代办机构申请参加企业职工基本养老保险，这种情况下应由该灵活就业人员自行按本省上年度在岗职工的月平均工资（普遍规定）的 20% 缴费。账户处理上城镇个体工商户和灵活就业人员的 20% 的缴费比例中有 8% 计入个人账户，12% 计入社会统筹基金。

该灵活就业人员年缴费额应为：48470×20%＝9694 元

（六）待遇给付

1. 给付条件

参加城镇企业职工基本养老保险的人员达到前述国家、省规定的退休年龄；企业和职工按规定足额缴纳基本养老保险费；基本养老保险费缴费年限达到 15 年以上。

2. 待遇领取

劳动者于《国务院关于建立统一的企业职工基本养老保险制度的决定》实施后参加工作、缴费年限累计满 15 年的，退休后应按月发给基本养老金。基本养老金由基础养老金和个人账户养老金两部分构成。文件实施前参加工作、本决定实施后退休且缴费年限累计满 15 年的人员，在发给基础养老金和个人账户养老金的基础上，再发给过渡性养老金。其中，基础养老金和个人账户养老金的计算公式为：

基础养老金＝（参保人员退休时当地上年度在岗职工月平均工资＋本人指数化月平均缴费工资）÷2×缴费年限×1%

个人账户养老金＝参保人员退休时个人账户累计储存额÷计发月数

职工本人指数化月平均缴费工资，系本人平均缴费工资指数与本人退休时上年度全省在岗职工月平均工资的乘积。本人平均缴费工资指数，是建立个人账户当年至职工退休上年度本人历年缴费工资指数的平均值。职工本人当年缴费工资指数，为本人当年缴费工资与上年全省在岗职工平均工资的比值。

累计缴费不足15年的，可以申请转入户籍所在地居民社会养老保险，享受相应的养老保险待遇。参加职工基本养老保险的个人达到法定退休年龄后，累计缴费不足15年（含依照第二条规定延长缴费），且未转入居民社会养老保险的，个人可以书面申请终止职工基本养老保险关系。

判断劳动者退休后养老金待遇水平的重要指标是养老金替代率，它是报告期退休职工领取到的月养老金与报告期当地在岗职工月平均工资的比值。按照国际经验，养老金替代率大于70%，即可维持退休前现有的生活水平，如果达到60%—70%，即可维持基本生活水平；如果低于50%，则生活水平较退休前会有大幅下降。

表5-1　　　　　　各省职工基本养老保险待遇

排序	省（区、市）	2017年 人均	2018年 人均增长	增幅 %	2018年调整后
1	西藏	4143	228	5.50	4371
2	上海	3799	213	5.60	4012
3	北京	3770	189	5.01	3959
4	青海	3436	206	6.00	3642
5	浙江	3190	175	5.50	3365
6	山西	2985	160	5.36	3145
7	山东	2977	162	5.44	3139
8	天津	2895	178	6.15	3073
9	新疆	2877	150	5.20	3027

续表

排序	省（区、市）	2017年人均	2018年人均增长	增幅%	2018年调整后
10	宁夏	2825	169	5.98	2994
11	江苏	2793	154	5.51	2947
12	广东	2736	150	5.50	2886
13	重庆	2710	142	5.24	2852
14	福建	2701	146	5.41	2847
15	陕西	2654	146	5.76	2800
16	内蒙古	2624	149	5.67	2773
17	湖北	2550	145	5.67	2695
18	河北	2516	148	5.67	2757
19	辽宁	2518	131	5.20	2649
20	云南	2491	140	5.56	2631
21	江西	2463	136	5.52	2599
22	河南	2429	130	5.35	2559
23	甘肃	2419	136	5.63	2555
24	黑龙江	2413	135	5.59	2548
25	四川	2408	132	5.48	2540
26	贵州	2395	139	5.80	2534
27	安徽	2394	137	5.72	2531
28	广西	2336	128	5.48	2464
29	海南	2311	140	6.06	2451
30	湖南	2311	134	5.67	2445
31	吉林	2225	130	5.84	2355

2017年平均：2510，比上年增6.28%　人社部：2018年平均：2653，比上年增5.7%

资料来源：2018年各地职工养老待遇水平统计整理。

（七）个人账户积累归属

我国《社会保险法》第十四条规定，养老金个人账户积累不得提前支取，记账利率不得低于银行定期存款利率，免征利息税。个人死亡的，个人账户余额可以继承。据此，职工在职期间死亡的，其家属可以继承该劳动者死亡时个人账户中个人缴费部分的本息；已开始领取待遇的离退休人员死亡时，其个人账户可继承的金额为离退休时个人账户中个人缴费本息占全部储存额的比例乘以账户中余额所得。继承额一次性支付给死亡者生前指定的受益人或者法定继承人。个人账户的其余部分，并入社会统筹基金。另外，《社会保险法》第十七条规定，参加基本养老保险的个人，因病或者非因工死亡的，其遗属可以领取丧葬补助金和抚恤金。具体地，参加基本养老保险的个人，因病或者非因工死亡的，其遗属可以领取丧葬补助金和抚恤金；在未达到法定退休年龄时因病或者非因工致残完全丧失劳动能力的，可以领取病残津贴。所需资金从基本养老保险基金中支付。

（八）跨省转移接续

我国城镇职工基本养老保险制度实行"多缴多得"的机制，即劳动者在何地就业就在该地参保缴费，缴费年限的长短和缴费金额的多少直接决定了退休后享受的基本养老金待遇。这一制度在同一地区稳定就业的劳动者来说相对公平，但未能落实跨地区流动就业的劳动者基本养老保险关系的顺畅接续，严重损害了流动劳动者的保障权益。2010年1月1日，国务院颁布了《城镇企业职工基本养老保险关系转移接续暂行办法》，对跨地区流动就业的劳动者养老关系进行规范。

一是明确了养老关系接续原则。参保人员跨地区流动就业的，由原参保地社会保险经办机构开具参保缴费凭证，其基本养老保险关系应随同转移到新参保地，同时按规定转移养老保险基金。参保人员达到基本养老保险待遇领取条件的，其在各地的参保缴费年限合并计算，个人账户储存额累计计算；未达待遇领取年龄前，不得终止基本养老保险关系并办理退保手续。所有参加了城镇企业职工基本养老保险制度的劳动者，包括广大的农民工团体，只要符合国家规定的条件，不论是何种户籍，不论曾经在几个地方流动就业参保或间断性就业参保，都保障其拥有同样的领取基本养老保险待遇的权利。

二是明确了待遇领取地。劳动者一生在多个城市流动就业和参保，达到领取基本养老待遇条件时，必须统一规定其待遇领取地。原则是：首先考虑户籍所在地。基本养老保险关系在户籍所在地的，由户籍所在地负责办理待遇领取手续，享受基本养老保险待遇。当养老保险关系所在地与户籍所在地不一致时，按照"从长"和"从后"的原则确定待遇领取地。"从长"是将劳动者不同参保地中缴费满10年的参保地确定为待遇领取地，"从后"是指几个参保地缴费都满10年则按最后的参保地为待遇领取地。如果劳动者不同参保地的缴费年限都没有超过10年，则养老关系转回户籍所在地领取待遇。

三是统一了转移资金的计算方法。参保人员跨省就业，12%的单位缴费和个人账户储存额同时转移。在转移统筹基金时，统一按本人1998年1月1日后各年度实际缴费工资为基数的12%的总和转移，参保缴费不足1年的，按实际缴费月数计算转移。在转移个人账户储存额时，1998年1月1日之前的，按个人缴费部分累计本息转移，1998年1月1日至2005年12月31日期间的，按个人缴费工资基数11%记入个人账户的全部本息储存额转移，2006年1月1日之后的，按个人缴费工资基数8%计入个人账户的全部储存额转移。

二 城乡居民基本养老保险

（一）发展历程

2009年，我国开展新型农村社会养老保险（以下简称新农保）试点。制度遵循个人、集体、政府三方负担、权利义务相适应的原则，由政府引导农民自愿参保，实现个人缴费、集体补助和政府补贴相结合，其中中央财政将对地方进行补助。随着职工基本养老保险制度的不断完善和新农保试点的启动实施，城镇非从业居民缺乏养老保险制度安排的问题凸显，成为我国养老保险制度中缺失的一类人群。2011年7月，国家针对城市18岁到60岁处于工作年龄但没有工作的居民，启动城镇居民社会养老保险（以下简称城居保）试点。由于涉及群体人数不多，全国仅几千万人，且制度和新农保基本一致，因此有些省份从起步之初就将城居保和新农保合二为一。2014年2月，国家下发了《国务院关于建立统一的城乡居民基本养老保险制度的意见》，决定合并新农保和城居保，建立全国统一的城乡居民基本养老保险制度。至此，我国基本养老保险制度实现城乡居民全覆盖，养老体系进一步完善。

(二) 覆盖面

城乡居民基本养老保险遵循"保基本、广覆盖、有弹性、可持续"的原则，年满16周岁（不含在校学生）、非国家机关和事业单位工作人员及不属于职工基本养老保险制度覆盖范围的城乡居民，可以在户籍地参加城乡居民养老保险。对于城镇灵活就业人员，《社会保险法》规定可以参加职工基本养老保险，国家也是鼓励他们尽可能参加职工基本养老保险，保障水平较高；确实无力参加（企业）职工基本养老保险的，可自愿参加城乡居民养老保险。

(三) 缴费规则

1. 缴费水平

居民基本养老保险与职工养老保险缴费方式不同，单位职工以工资比例制按月缴费，而居民则依固定金额制按年选择档次缴费。城乡居民的社会养老保险制度实行自愿原则，个人缴费较少，待遇水平相对较低，政府进行补贴，是保基本、托底的制度。

（1）合并以前的城居保。城镇居民养老保险以社会统筹和个人账户相结合的模式，基金主要由个人缴费和政府补贴构成。个人缴费的缴费标准从每人每年100—1000元10档，最低标准为每人每年100元，多缴多得。政府补贴主要分为两部分：一是政府对基础养老金给予全额或部分的补贴；二是地方政府对参保人员缴费给予补贴，每人每年最低30元。个人缴费、地方政府对参保人的缴费补贴及其他来源的缴费资助，全部记入个人账户，个人账户实行实账管理。个人账户储存额目前每年参考中国人民银行公布的金融机构人民币一年期存款利率计息。

（2）合并以前的新农保。农村居民的养老保险也实行社会统筹和个人账户相结合的模式，经办机构为每个新农保参保人建立终身记录的养老保险个人账户。农村居民缴费标准设为每年100元、200元、300元、400元、500元5个档次，政府对参保人缴费补贴标准不低于每人每年30元，个人缴费、集体补助及其他经济组织、社会公益组织、个人对参保人缴费的资助，各级政府对参保人的缴费补贴，全部记入个人账户，完全积累，一步做实到位。

（3）合并后的城乡居民基本养老保险。城乡居民养老保险基金由个人缴费、集体补助、政府补贴构成。居民个人缴费标准设为每年100元、200元、300元、400元、500元、600元、700元、800元、900元、1000元、1500元、2000元12个档次，最高缴费档次标准原则上不超过当地灵活就业人员参加职工基本养老保险的年缴费额。参保人自主选择档次缴费，多缴多得。有条件的村集体经济组织应当对参保人缴费给予补助，补助标准由村民委员会召开村民会议民主确定。鼓励其他社会经济组织、公益慈善组织、个人为参保人缴费提供资助。地方人民政府应当对参保人缴费给予补贴，对选择最低档次标准缴费的，补贴标准不低于每人每年30元；对选择较高档次标准缴费的，适当增加补贴金额；对选择500元及以上档次标准缴费的，补贴标准不低于每人每年60元。

2. 缴费年限

居民养老保险制度实施时（新农保为2009年11月30日为基准日，城居保为2011年7月1日），已年满60周岁且未享受职工基本养老保险待遇以及国家规定的其他养老待遇的，不用缴费可直接享受养老金待遇。距领取年龄不足15年的，累计缴费年限应不少于实际年龄到60周岁的剩余年数，也允许补缴，累计缴费不超过15年。距领取年龄超过15年的（45周岁以下的包括45周岁的），应按年缴费，累计缴费不少于15年。

（四）待遇给付

城乡居民养老保险待遇由基础养老金和个人账户养老金构成。基础养老金实行社会统筹，最低标准由国家确定，并根据经济发展和物价变动等情况适时调整，地方人民政府根据当地实际适当提高基础养老金标准，提高和加发部分的资金由地方政府支出。目前，中央确定的基础养老金标准为每人每月75元，资金源于政府财政补贴，中央财政对中西部地区按中央确定的基础养老金标准给予全额补助，对东部地区给予50%的补助。城居保或新农保制度实施时已经年满60周岁的居民，可直接领取基础养老金。参加城乡居民养老保险缴费的个人，无论男女，年满60周岁、累计缴费满15年，可以按月领取城乡居民基础养老金加个人账户养老金。个人账户养老金的月计发标准，目前为个人账户全部储存额（个人缴费、地方政府补助、利息）除以139，这与职工基本养老保险及新农保个人账户养老金计发月数相同。各地可根据实际，建立激励机制，引导城乡居民积极参保、长期缴费，长缴多得，多缴多得，提高待遇水平，确保老年生活。

（五）个人账户

城乡居民养老保险个人账户主要由个人缴费、政府补贴、集体补助构成。当城乡居民死亡后，从次月起停止支付其养老金，个人账户的资金余额中，个人缴费的本息可以依法继承，政府补贴余额不能继承，将被用于支付其他参保人的养老金。社会保险经办机构应每年对城乡居民养老保险待遇领取人员进行核对，在行政村（社区）范围内对参保人待遇领取资格进行公示，并与职工基本养老保险待遇等领取记录进行比对，确保不重、不漏、不错。

三　机关事业单位基本养老保险

（一）发展背景

我国20世纪七八十年代实行的社会保障制度极大地激励了员工的劳动积极性。但随着社会主义市场经济的发展，也存在一些问题亟待解决。1994年开始，云南、江苏、福建等地先后发布机关、事业单位养老保险改革的有关文件，并开展试点工作。据原人事部有关资料显示，截至1997年，全国28个省（区、市）的1700多个地市、县开展了试点，其中19个省（区、市）政府出台省级方案，全国参保人数超过1000万人，约占机关、事业单位人数的1/3，但是各地试点适用范围差别较大，实施细节也各不相同。2008年，国务院原则通过了《事业单位工作人员养老保险制度改革试点方案》，确定在山西、上海、浙江、广东、重庆5省市先期开展试点，与事业单位分类改革配套推进。2009年1月，国务院要求5个试点省份正式启动此项改革，实现企业与机关事业单位之间制度能够衔接，事业单位养老保险制度改革与企业基本一致。但是，之后的几年里五个试点省市进展一直非常缓慢。2015年1月14日，国务院印发了《关于机关事业单位工作人员养老保险制度改革的决定》（以下简称《决定》），《决定》从2014年10月1日起对机关事业单位工作人员养老保险制度进行改革。

(二) 制度推进

机关事业单位工作人员养老保险的改革实行"一统一，五同步"。"一个统一"是指机关事业单位与企业等城镇从业人员统一实行社会统筹和个人账户相结合的基本养老保险制度，都实行单位和个人缴费，都实行与缴费相挂钩的养老金待遇计发办法，从制度和机制上化解"双轨制"矛盾。"五个同步"：一是机关与事业单位同步改革，避免单独对事业单位退休制度改革引起不平衡。二是职业年金与基本养老保险制度同步建立，在优化保障体系结构的同时保持待遇水平总体不降低。三是养老保险制度改革与完善工资制度同步推进，在增加工资的同时实行个人缴费。四是待遇确定机制与调整机制同步完善，退休待遇计发办法突出体现多缴多得，今后待遇调整要综合考虑经济发展、物价水平、工资增长等因素，并与企业退休人员等群体统筹安排，体现再分配更加注重公平的原则。五是改革在全国范围同步实施，防止地区之间出现先改与后改的矛盾。

(三) 统账结合

机关事业单位工作人员基本养老保险费由单位和个人共同负担。单位缴纳基本养老保险费（以下简称单位缴费）的比例为本单位工资总额的20%，全部进入社会统筹基金。为参保职工建立个人账户，全部由个人缴费形成，实行完全积累制；个人缴纳基本养老保险费（以下简称个人缴费）的比例为本人缴费工资的8%，由单位代扣。个人工资超过当地上年度在岗职工平均工资300%以上的部分，不计入个人缴费工资基数；低于当地上年度在岗职工平均工资60%的，按当地在岗职工平均工资的60%计算个人缴费工资基数。机关事业单位工作人员在参加基本养老保险的基础上，还同步建立了职业年金作为基本养老保险的补充，单位按单位工资总额的8%缴费，个人按本人缴费工资的4%缴费，全部记入个人账户。

(四) 计发办法

机关事业单位工作人员养老待遇的计发办法与企业职工基本养老的计发办法基本一致，由基础养老金和个人账户养老金构成。《决定》实施前已经退休的"老人"，继续按照国家规定的原待遇标准发放基本养老金，同时执行基本养老金调整办法。《决定》实施前参加工作、实施后退休且缴费年限（含视同缴费年限，下同）累计满 15 年的"中人"，在发给基础养老金和个人账户养老金的基础上，再依据视同缴费年限长短发给过渡性养老金。

总的来说，我国养老保险体系中城乡居民的养老保障待遇水平最低，这是城乡居民实行按年低水平缴费的原因；机关事业单位工作人员养老保障水平略高于企业职工，主要是因为作为补充养老保障的年金制度并没有在全部企业建立，但职业年金制度在机关事业单位进行养老改革之初就同步建立，提高了这部分人群养老保险替代率水平。我国有 3000 多万事业单位职工，月均养老金是企业退休职工的 1.8 倍，全国离退休费支出 1400 亿元，其中大约一半是财政拨款，一半是自筹。另有 1000 多万机关公务员，月均养老金水平是企业的 2.1 倍，每年大约 700 亿离退休费为财政全额拨款。养老保险制度改革以前，机关事业单位人员养老金替代率在 70%—90%，不仅有明显的制度不公平性，而且导致大量的养老保险基金流失。目前，机关事业单位及其人员都要参加养老保险，缴费标准和待遇发放与城镇职工基本养老保险基本是一致的，基本养老金替代率（占在职工资的比重）不会超过 60%（不含职业年金贡献率）。

第四节 我国年金制度

一 年金概述

（一）概念

年金，国外叫 Annuity，是指每隔一定相等的时期，收到或付出的相同数量的款项。年金在我们的经济生活中非常普遍，如支付房屋的租金、抵押支付、商品的分期付款、分期付款赊购，分期偿还贷款、发放养老金、按平均年限法提取的折旧，零存整取业务中每次存入的款项以及投资款项的利息支付等，都属于年金收付形式。在养老保障制度里，年金是在政府强制实施的公共养老金或国家养老金制度之外，由企业或单位在国家政策的指导下，为本企业或单位职工提供一定的退休收入保障的补充性养老金制度。年金制度最早出现在市场经济比较发达的国家，是企业雇主自愿建立的员工福利计划，即由企业退休金计划提供的养老金。其实质是以延期支付方式存在的职工劳动报酬的一部分或者是职工分享企业利润的一部分。

（二）特点

1. 补充性和自愿性

年金计划是养老保障体系的重要组成部分，是实施"多支柱"的养老体系的重大制度安排，年金与基本养老金、个人储蓄型保险金一起构成一国完善的养老保障体系。作为补充性养老保险制度，年金计划不具有基本养老保险的强制性约束，大多数国家的年金计划是自愿性的。

2. 责任共担、自主运营

一些国家规定缴费责任由雇主和雇员共同承担，责任主体为企业单位和职工双方，企业单位和个人承担因实施年金计划所产生的所有风险，国家只负责制定年金的相关制度，而不直接参与企业单位年金的收缴和运营。企业或单位作为运营年金计划的主要主体，可以根据市场判断和员工的选择对年金基金进行市场化运作。

3. 享有税收优惠

为了鼓励企业单位参与年金计划，建立多层次的养老保障体系，很多国家年金计划的缴费和运营都提供免税优惠政策，在基金计提和投资运营阶段都不缴纳所得税，只有在领取老年待遇时才需要纳税，具有税延优惠。

（三）年金计划的分类

1. 按年金计划的给付方式分类

年金按照给付方式不同，可以分为待遇确定型计划（Defined Benefit Plan）、缴费确定性计划（Defined Contribution Plan）或者混合型计划。待遇确定型计划（DB）与现收现付的基金筹集模式关联，无论缴费多少，雇员退休时的待遇是相对确定的。雇员按照在该企业工作年限的长短和工资收入的高低，从经办机构领取相当于其在业期间工资收入一定比例的养老金。这种模式国外多在公职人员中实行，如英国强制职业养老金计划。缴费确定型年金（DC）计划通过建立个人账户的方式，由企业和职工定期按一定比例缴纳保险费（其中，职工个人少缴或不缴费），职工退休时的待遇水平取决于资金积累规模及其投资收益，这种模式雇主不承担将来提供确定数额的养老金义务，只需按预先测算的养老金数额规定的缴费率缴费，养老金计入个人账户。国外很多企业实行DC模式计划，或者由一开始的DB模式逐步转变为DC模式，如美国的401K计划。进入21世纪以来，DC模式发展速度已经超过了DB模式。

2. 按照年金治理模式分类

按照年金治理模式的不同可将年金分为信托型年金基金、公司型年金基金、基金会型年金基金和契约型年金基金。目前，信托型年金基金为国际上的主流模式，受托人是由企业单位和职工代表组成的法人或委员会，全权管理企业或单位的年金，以英国、美国等国为代表。公司型年金基金由参保人和公司实体签订合同，缴纳保费并换回待遇凭证，缴纳的资金归属于公司，一般不与公司自有资产分账管理，丹麦是实行此模式的比较典型的国家。基金会型年金由独立成立的基金会为了受益人的利益管理年金计划资产，代表性的国家有荷兰、瑞典等。契约型基金是由参保人和养老金管理公司之间签订合同，缴纳保险费，养老金管理公司以集合资产的形式进行基金运作，该模式代表国家是智利以及一些欧洲国家。

3. 按选择自由度分类

根据年金计划选择的自由度不同，可以将年金计划分为强制性年金计划和自愿性年金计划。目前，世界许多国家都实行自愿性年金计划，以美国、日本为代表。国家通过立法，制定基本规则和基本政策，雇主自愿参加，一旦决定实行补充保险，必须按照既定的规则运作。具体实施方案、待遇水平、基金模式由企业制定或选择，雇员可以缴费，也可以不缴费。强制性年金计划更能保证基金的充足性，因而对基金运营和治理主体的规范更严格，以澳大利亚、法国、英国等国为代表。国家通过立法强制实施，所有雇主都必须为其雇员投保，待遇水平、基金模式、筹资方法等完全由国家规定。英国根据《2013年养老金改革法案》，规定从 2012 年 10 月开始，所有年收入在 7475 英镑以上、年龄在 22 岁到法定退休年龄之间、没有参加任何职业年金计划的雇员都"自动加入"职业养老金计划，这里的"自动加入"其实是具有强制性的。

4. 按责任主体的不同分类

根据举办年金的责任主体的不同可将年金分为企业年金和职业年金。这种年金的分类主要是对年金的举办方进行了区分，由企业举办的称为企业年金计划，由行政机关和事业单位举办的为职业年金计划。我国对年金就做了这样的区分，并于 2014 年 1 月 1 日起实施企业年金、职业年金个人所得税递延纳税优惠政策。当然，也有很多国家对年金并未做此类划分，统称为年金或职业年金。

（四）发展年金的意义

1. 补充养老

从本质上看，年金是职工工资的延期支付，目的是为未来的退休养老做准备，避免基本养老保障水平较低时劳动者生活水平的下降，因而是基本养老保险的重要补充。作为国际普遍实行的补充性养老制度安排，很多国家把发展年金作为完善老年保障体系、缓解政府财政压力和应对人口老龄化的重要手段。我国建立年金制度对完善国家养老保险体系具有重要的意义。在经济全球化潮流下，发展年金计划有利于增强部门实力，参与国际竞争。尤其是事业单位和政府机关建立起年金制度后，有利于与企业养老金之间的有效转换，有效提高养老保险替代率，增强劳动力及其养老金既得收益的流动性。

2. 激励员工

年金是企业与职工共同协商建立的制度，待遇与企业经营状况紧密联系，能最大限度地调动员工的积极性、创造性，吸引住高素质、高品位的人才，稳定企业人力资源，激发劳动潜能，最终达到增强企业凝聚力、竞争力，实现企业经济效益最大化的目标。再者，年金计划的实质是将职工现期的一部分工资转移到退休后发放，如果将其作为人力资源管理的一个手段或工具、方案，就可以给予职工薪酬福利方面的激励，提高职工工作效率和积极性，稳定单位劳动力队伍，提高单位的综合实力。

3. 合理避税

合理避税和年金制度发展是互为条件的。一方面，以年金制度发展提供合理的税收优惠是国家税制不断完善的过程。另一方面，合理有效的税收激励是年金制度发展的重要条件，从年金的发展历史看，世界各国都给予年金一定的税收优惠。准许劳动者的年金缴费在税前扣除，只在老年领取年金待遇时才需要纳税。英国为所有的职业年金计划提供相应的税收优惠，采用"EET"模式，即在养老金的缴费和投资阶段无须纳税，只有在领取待遇时纳税。我国对企业和职业年金的单位缴费、个人缴费以及职业年金基金的投资受益均给予税收优惠。

4. 资源配置

年金资产一般会以基金方式进入金融资本市场，通过从分散的个体提供汇聚基金，实现跨越时间、空间和产业提供经济资源转移。提供这种转移，个人可以在生命周期使资源分布最优化，同时，资源也可以被最优地配置到最有效率的用途上。年金基金是许多国家长期资本的一个主要来源，基金的投资相对自由，能够产生更高的收益，优化资金的配置。

国外年金制度发展已比较成熟。丹麦、法国、瑞士等国的企业年金覆盖率几乎达到100%，荷兰的企业年金覆盖率为85%，英国、美国、德国、加拿大等国约为50%，爱尔兰为40%，最低的西班牙也高达15%。高覆盖率的原因与国家经济发展水平、企业年金的性质、税收政策、基金监管政策、资本市场的发展等密切相关。

二 我国企业年金

(一) 概念

企业年金，又称企业退休金或雇主年金，是指在政府强制实施的公共养老金或国家基本养老金制度之外，由企业在国家政策的指导下，根据自身经济实力和经济状况自愿建立的，为本企业职工提供一定程度退休收入保障的补充性养老金制度。[①] 2004 年劳动和社会保障部相继出台了《企业年金试行办法》和《企业年金基金管理试行办法》，标志着我

---

① 邓大松、刘昌平：《中国企业年金制度研究》（修订版），人民出版社 2005 年版。

国企业年金制度已走向规范化运作。2018年2月《企业年金办法》正式实施。

(二) 制度安排

1. 信托型企业年金基金治理模式

我国信托型企业年金基金治理模式是在参照国际主流模式的基础上，通过改造公司型、基金会型和契约型模式构建而成的。受托人主要分两类：法人受托机构和企业年金理事会。法人受托机构是依据我国法律建立的法人机构，吸收了公司型和基金会型的优点；企业年金理事会是由企业代表、职工代表和有关专家组成，吸收了基金会型和契约型优点。

2. 个人账户基金制管理方式

个人账户基金管理方式与完全积累的筹资模式和缴费确定的给付模式相结合，一方面实现基金在个人账户上的完全积累，同时也实现个人缴费与收益相关联。也就是说，企业年金实行缴费确定制，与将来员工待遇挂钩；职工企业年金个人账户中个人缴费及其投资收益自始归属于职工个人，具有可继承性，属于企业的缴费和投资收益可以和职工一方进行约定。

3. 自愿性企业年金制度

国家并未通过立法要求符合条件企业为职工提供企业年金，而只是规定有条件企业可为职工建立企业年金。自愿性企业年金制度导致一些财力薄弱的中小企业并未给员工建立年金计划，企业年金覆盖率低，未能起到"第二支柱"的作用。一旦调低基本养老保险目标替代率，那些未能建立企业年金的职工退休后生活保障将存在很大落差。因此，原本需由基本养老保险和企业年金共担之责，全部落到强制性的基本养老保险上。可见，企业年金自愿性或强制性、覆盖率、目标替代率等相关政策都是相辅相成、相互联系的。对企业养老保险而言，只能循序渐进地进行配套改革，而不可能就某一单独政策内容进行大幅变动。

4. 市场化企业年金计划管理方式

企业年金基金在企业建立计划后便开始逐年积累和沉淀，这对基金的运营和监管提出越来越高的要求，要尽可能实现基金的保值增值。我国政府制定年金管理的办法，主要起引导、监督的作用，并不实际运营管理和参与企业年金的建立,因此它是以市场化运作为主导管理方式。年金基金与资本市场的发展相关,企业年金基金若能够在资本市场有效投入运营,会获得相应投资回报;而规模巨大的企业年金的投资营运增加了资本供给,再加上其支付等待期较长,也是推动资本市场发展及金融创新的强大工具。但目前我国资本市场不完善,企业年金基金进入资本市场条件不够成熟,相关配套政策也未跟上,以致企业年金一直游离于资本市场外。大部分企业年金基金用于存银行、买国债,投资收益较低。

(三) 我国企业年金现状

1. 年金规模

截至 2018 年 9 月全国约有 8.3 万户企业建立了企业年金,参加职工人数为 2342 万人,企业年金基金累计结存 13686 亿元。建立年金计划数为 1579 个,其中单一计划为 1507 个,集合计划 55 个(见表 5 - 2)。

表 5 - 2　　　　　　　　2018 年我国企业年金现状

1. 总体情况	
建立企业(个)	82886
参加职工(万人)	2342.33
积累基金(亿元)	13686.05
2. 建立计划情况	
建立计划数(个)	1579
单一计划(个)	1507
法人受托(个)	1348
理事会(个)	159
集合计划(个)	55
其他计划(个)	17
3. 投资管理情况	
实际运作资产金额(亿元)	13476.24
建立组合数(个)	3748
本季度投资收益(亿元)	52.67
本年以来累计收益(亿元)	153.48
本季度加权平均收益率(%)	0.41
本年度以来加权平均收益率(%)	1.22

续表

4. 待遇领取情况	
本年度领取人数（万人）	106.44
一次性领取（万人）	4.40
分期领取（万人）	102.04
本季度领取金额（亿元）	105.05
一次性领取（亿元）	28.59
分期领取（亿元）	76.46

资料来源：2018年9月企业年金基金业务统计公报。

其中，单一计划指受托人将单个委托人交付的企业年金基金，单独进行受托管理的企业年金计划；企业年金集合计划指同一受托人将多个委托人交付的企业年金基金，集中进行受托管理的企业年金计划。集合计划采用标准化的管理运营模式，能对企业年金基金进行集中管理、集合投资，充分利用基金资产的规模优势为客户提供卓越的年金资产管理服务。两类计划比较而言，单一计划可以在法律框架内根据企业要求专属设计从而满足企业的投资目标和策略，但计划建立流程复杂、手续较烦琐，运营成本和管理费用相对较高；企业和员工须承担所有的投资风险，如果资金量不够大，很难平衡基金的风险和收益。这种计划适合年金资产规模较大且愿意承受较高的运营和管理费用，风险承受能力较强的企业。集合计划是企业直接加入现有的计划，流程和手续简单，运营成本和管理费用低，且能较好地平衡基金的风险和收益，但个性化要求不突出，适合各类企业加入。

2. 个人账户

企业年金实行完全积累，为每个参加企业年金的职工建立企业年金个人账户，职工和企业的缴费全部计入个人账户。个人账户下设企业缴费子账户和个人缴费子账户，分别记录企业缴费分配给个人的部分及其投资收益，以及本人缴费及其投资收益。职工企业年金个人账户中企业缴费及其投资收益，企业可以与职工约定其自始归属于职工个人，也可以约定随着职工在本企业工作年限的增加逐步归属于职工个人，完全归属于职工个人的期限最长不超过 8 年。企业年金个人账户中个人缴费及其投资收益自始归属于职工个人。职工达到领取条件后，可以按月、分次或者一次性领取企业年金，也可以购买商业养老保险产品。

三 我国职业年金

（一）概念

职业年金在中国是指提供给公职人员基本养老保险之外的补充养老保险。它与企业中的企业年金相对应，是为了保持机关事业单位职工的养老金待遇而建立的一种补充性养老保险制度。机关事业单位及人员即使参加社会保险，其退休待遇不仅仅取决于基本养老保险，职业年金的建立将使退休职工待遇得到较大提升，有效缓解基本养老保险基金的压力。因此，建立职业年金制度是我国多层次养老保险体系建设的必然选择。2015 年 2 月，国务院印发了《关于机关事业单位工作人员养老保险制度改革的决定》，决定从 2014 年 10 月 1 日起对机关事业单位工作人员养老保险制度进行改革，这标志着我国多年来政企养老保险双轨制的终结。2015 年 3 月，国务院办公厅印发了《机关事业单位职业年金办法》，规定机关事业单位工作人员职业年金与基本养老保险同步建立、同步缴纳。至此，我国机关事业单位工作人员职业年金的制度方向基本明确。

（二）制度安排

1. 强制性职业年金制度

吸收企业年金制度经验，国家对机关事业单位工作人员实行社会统筹与个人账户相结合的养老保险制度，由单位和个人共同缴费。并同步建立强制性补充养老保险——职业年金。参加职业年金，单位和个人都需要缴费，单位缴费比例 8%，个人缴费比例 4%，全部纳入个人账户里。职业年金个人账户资金可随同工作变动转移，缴费与待遇挂钩。

2. 个人账户基金制管理方式

个人账户基金管理方式与完全积累的筹资模式和缴费确定的给付模式相结合，一方面实现基金在个人账户上的完全积累，同时也实现个人缴费与受益相关联。这意味着个人账户上的年金积累有可继承性，职工企业年金个人账户中个人缴费及其投资收益自始归属于职工个人，属于企业的缴费和投资收益可以和职工一方进行约定。

3. 完全积累的基金筹集模式

机关事业单位工作人员个人账户实行完全积累制，缴费基数是上一年的基本工资、国家统一的津补贴和已经规范后的津补贴；对于事业单位人员，缴费基数是基本工资、国家统一的津补贴以及绩效工资。改革性的补贴、奖励性的补贴暂时不纳入缴费基数。[①]

4. 缴费确定型给付模式

随着老龄化社会的到来，基本养老保险的支付压力将越来越大。因此，机关事业单位在进行养老保险制度改革的最初阶段就明确了职业年金缴费与待遇相挂钩的给付模式，体现一定的效率性。工作人员退休时，按退休年龄对应的计发月数计发职业年金月待遇标准，按月领取职业年金，发完为止。

第五节　人口老龄化

一　人口老龄化的概念

（一）老年人年龄划分标准

世界卫生组织（WHO）老年期的年龄划分是根据现代人生理、心理结构上的差异进行的，分别是：44岁以下为青年人；45—59岁为中年人；60—74岁为年轻老人（the Young Old）；75—89岁为老老年人（the Old Old）；90岁以上为非常老的老年人（the Very Old）或长寿老年人（the longevous）。

我国关于年龄的划分界限自古以来说法不一。民间多有"三十而立、四十而不惑、五十而知天命、六十花甲、七十古稀、八十为耋、九十为耄"的说法。1982年4月，中华医学会老年医学学会把60岁作为我国划分老年的标准。现阶段我国老年人按时序年龄的划分标准为：

[①] 公务员工资包括基本工资、津补贴、奖金三部分，事业单位工作人员的工资包括基本工资、津补贴和绩效工资。国家通过调整机关工资标准，将部分津补贴或绩效工资纳入基本工资，适当提高机关事业单位基本工资的比重。

45—59岁为老年前期，即中老年人；60—89岁为老年期，即老年人；90—99岁为长寿期；100岁及其以上为寿星，即长寿老人。

（二）老龄化社会划分标准

老龄化社会是指老年人口占总人口达到或超过一定的比例的人口结构模型。按照联合国的传统标准，是指一个地区60岁以上老人达到总人口的10%；新标准是当一地区65岁及以上老人占总人口的7%时，该地区即被视为进入老龄化社会。世界卫生组织（WHO）将老龄化率分为三个等级：第一等级为"老龄化社会"，65岁以上人口超过7%；第二等级为"深度老龄化社会"，65岁以上人口超过14%；第三等级为"超级龄化社会"，65岁以上人口超过21%。

二　世界人口老龄化的特点

1. 人口老龄化加深

1950年全世界大约有2.0亿老年人，1990年则为4.8亿，2002年已达6.29亿，占全世界人口总数的10%。根据联合国《世界人口展望2019》（WPP 2019）数据，2019年全球人口77亿，预计到2050年增至97亿；2019年全球人均预期寿命为72.6岁（比1990年提高了8岁），预计到2050年将提高到77.1岁。在这一过程中，65岁及以上的老年人将从全球人口的1/11提高到1/6，即16.17亿。从老龄化率上看，2019—2050年，世界上201个国家和地区65岁以上老人占比都会有增加，2019年世界老龄化率为9.1%，2030年达到11.7%，2050年为15.9%。

2. 人口结构变化

首先是高龄老年人（80岁以上老人）成为老年人口中增长最快的群体。1950—2050年，80岁以上人口以平均每年3.8%的速度增长，大大超过60岁以上人口的平均速度（2.6%）。2000年，全球高龄老人达0.69亿，大约占老年总人口的1/3；预计至2050年，高龄老人约3.8亿，占老年人总数的1/5。2018年，65岁及以上老人首次超过了5岁以下儿童的数量，并根据联合国数据模型分析，到了2050年，65岁及以上老人将是5岁以下儿童数量的两倍，并且超过青少年（15—24岁）人口数量。此外，由于老年男性死亡率普遍高于女性，如美国女性老人的平均预期寿命比男性老人高6.9岁，日本为5.9岁，法国为8.4岁，中国为 3.8 岁，因而多数国家老年人口中老年妇女占多数。

3. 老年人口重心不断转移

1950—1975 年，老年人口比较均匀地分布在发展中地区和发达地区，之后很多发达国家开始进入老龄化社会。到 2000 年，发展中国家的老年人口数约占全球老年人总数的 60%，世界老年人口日趋集中在发展中地区。根据联合国《世界人口展望 2019》（WPP 2019）数据，从 2019—2050 年，撒哈拉以南非洲将成为人口增长的主力，世界新增的 20 亿人口中将有 10.5 亿来自该地区，到 2062 年，撒哈拉以南非洲将成为世界人口最密集的地区。欧洲和北美人口增长非常缓慢。

三 中国人口老龄化的现状

1. 老龄化快于全国人口增速

2000 年 11 月底第五次人口普查数据显示，我国 65 岁以上老年人口已达 8811 万人，占总人口 6.96%，60 岁以上人口达 1.3 亿人，占总人口 10.2%，以上比例按国际标准衡量，均已进入了老龄化社会。与 1953 年第一次人口普查 65 岁以上老年人口为 2620 万人相比较，47 年中增长了 2.36 倍。2020 年，我国 60 岁及以上老年人口规模为 2.50 亿，占比 17.4%，2026 年左右超过 3 亿，2035 年超过 4 亿，2055 年达到峰值 4.88 亿，占比为 35.6%，随后老年人口缓慢下降；按 65 岁及以上来看，2020 年为 1.72 亿，2035 年超过 3 亿，2050 年为 3.66 亿，2060 年达到峰值 3.98 亿，占比 29.83%，随后老年人口缓慢下降，2100 年为 3.39 亿，占比 31.8%。[①]

2. 我国老龄化增速快于世界

发达国家老龄化进程长达几十年至 100 多年，如法国用了 115 年，瑞士用了 85 年，英国用了 80 年，美国用了 60 年，而我国只用了 18 年（1981—1999 年）就进入了老龄化社会。据联合国预测，1990—2020 年世界老龄人口平均年增速度为 2.5%，同期我国老龄人口的递增速度为 3.3%；世界老龄人口占总人口的比重从 1995 年的 6.6% 上升至 2020 年 9.3%，同期我国由 6.1% 上升至 12%。可见，我国老年人无论从增长

---

① 联合国《世界人口展望 2019》（WPP 2019）数据。

速度和比重都超过了世界老龄化的速度和比重，直至 2060 年，都是我国老龄化最快的阶段。据联合国预测，2035 年，我国老龄化程度为 20.7%，在全世界排名第 44 位，比同期发达国家平均水平约低 4 个百分点，比中等偏上收入国家约高 3 个百分点，与同期的美国（21.2%）、挪威（21.8%）等相当。①

3. 我国老龄化呈现"未富先老"的特征

瑞典、日本、英国、德国、法国等发达国家在进入老龄化时，人均 GNP 已达 1 万—3 万美元。在全球 72 个人口老龄化国家中，人均 GNP 达 1 万美元的占 36%，1 万美元至 3000 美元的占 28%，而我国在 2002 年只有 980 多美元，就提前进入了老龄化。说明我国经济发展水平尚处于世界中下水平时，老龄化程度却已进入了发达国家的行列。此外，经济发达地区率先进入老龄化。根据《2018 年全国地区人口变动情况抽样调查样本数据》显示，我国 65 岁以上老人老龄化程度以山东最高，达到 15.16%，其他地区如四川（14.99%）、辽宁（14.98%）、上海（14.95%）、重庆（14.47%）、江苏（14.30%）等也均已进入"高龄化社会"；全国 31 个省区市中只有西藏在 7% 以下，其他省区市均已进入"老龄化"社会，同时经济发达地区老龄化进程更快。②

资料与案例

"十三五"国家老龄事业发展和养老体系建设规划

一 "十二五"时期我国老龄事业和养老体系建设指标完成情况

专栏 1 "十二五"期间老龄事业发展和养老体系建设主要指标完成情况

主要指标	完成情况	预期目标	完成率（%）
城镇职工基本养老保险参保人数（亿人）	3.54	3.57	99

---

① 联合国《世界人口展望 2019》（WPP 2019）数据。
② 由《中国统计年鉴》（2018）地区人口年龄分布和抚养比数据整理而得。

续表

主要指标	完成情况	预期目标	完成率（%）
城乡居民基本养老保险参保人数（亿人）	5.05	4.5	112
企业退休人员社会化管理比例（%）	81.1	80	101
离退休人员养老金待遇年均增长率（%）	10.7	7	152
农村五保供养平均标准年均增长率（%）	15.3	7	219
城乡居民基本医疗保险参保人数（亿人）	13.3	13.2	101
每千名老年人拥有养老床位数（张）	30.3	30	101
基层老年法律援助覆盖面（%）	98	75	131
老年协会城乡社区创建率（%）	81.9	87.5	94
老年教育参与率（%）	3.5	5	70
老年志愿者占比（%）	10	10	100

二 "十三五"期间国家老龄事业发展和养老体系建设目标

专栏2 "十三五"期间国家老龄事业发展和养老体系建设主要指标

类别	指标	目标值
社会保障	基本养老保险参保率	达到90%
	基本医疗保险参保率	稳定在95%以上
养老服务	政府运营的养老床位占比	不超过50%
	护理型养老床位占比	不低于30%
健康支持	老年人健康素养	提升至10%
	二级以上综合医院设老年病科比例	35%以上
	65岁以上老年人健康管理率	达到70%
精神文化生活	建有老年学校的乡镇（街道）比例	达到50%
	经常性参与教育活动的老年人口比例	20%以上
社会参与	老年志愿者注册人数占老年人口比例	达到12%
	城乡社区基层老年协会覆盖率	90%以上
投入保障	福彩公益金用于养老服务业的比例	50%以上

三 建设规划

（一）社会保险

完善养老保险制度。制订实施完善和改革基本养老保险制度总体方案。完善社会统筹与个人账户相结合的基本养老保险制度，构建包括职业年金、企业年金，以及个人储蓄性养老保险和商业保险的多层次养老保险体系。推进个人税收递延型商业养老保险试点。建立基本养老金合理调整机制，适当提高退休人员基本养老金标准。加快健全社会保障管理体制和经办服务体系。建立更加便捷的养老保险转移接续机制。

健全医疗保险制度。健全稳定可持续筹资和报销比例调整机制，完善缴费参保政策。加快推进基本医疗保险全国联网和异地就医结算，实现跨省异地安置退休人员住院费用直接结算。鼓励有条件的地方研究将基本治疗性康复辅助器具按规定逐步纳入基本医疗保险支付范围。巩固完善城乡居民大病保险。鼓励发展补充医疗保险和商业健康保险、老年人意外伤害保险。

探索建立长期护理保险制度。开展长期护理保险试点的地区要统筹施策，做好长期护理保险与重度残疾人护理补贴、经济困难失能老年人护理补贴等福利性护理补贴项目的整合衔接，提高资源配置效率效益。鼓励商业保险公司开发适销对路的长期护理保险产品和服务，满足老年人多样化、多层次长期护理保障需求。

（二）健全养老服务体系

大力发展居家社区养老服务。逐步建立支持家庭养老的政策体系，支持成年子女与老年父母共同生活，履行赡养义务和承担照料责任。支持城乡社区定期上门巡访独居、"空巢"老年人家庭，帮助老年人解决实际困难。支持城乡社区发挥供需对接、服务引导等作用，加强居家养老服务信息汇集，引导社区日间照料中心等养老服务机构依托社区综合服务设施和社区公共服务综合信息平台，创新服务模式，提升质量效率，为老年人提供精准化个性化专业化服务。鼓励老年人参加社区邻里互助养老。鼓励有条件的地方推动扶持残疾、失能、高龄等老年人家庭开展适应老年人生活特点和安全需要的家庭住宅装修、家具设施、辅助设备等建设、配备、改造工作，对其中的经济困难老年人家庭给予适当补助。大力推行政府购买服务，推动专业化居家社区养老机构发展。

加强社区养老服务设施建设。统筹规划发展城乡社区养老服务设施，新建城区和新建居住（小）区按要求配套建设养老服务设施，老城区和已建成居住（小）区无养老服务设施或现有设施未达到规划要求的，通过购置、置换、租赁等方式建设。加强社区养老服务设施与社区综合服务设施的整合利用。支持在社区养老服务设施配备康复护理设施设备和器材。鼓励有条件的地方通过委托管理等方式，将社区养老服务设施无偿或低偿交由专业化的居家社区养老服务项目团队运营。

加快养老机构建设。加快推进具备向社会提供养老服务条件的公办养老机构转制为企业或开展公建民营。实行老年人入住评估制度，优先保障特困供养人员集中供养需求和其他经济困难的孤寡、失能、高龄等老年人的服务需求。完善公建民营养老机构管理办法，鼓励社会力量通过独资、合资、合作、联营、参股、租赁等方式参与公办养老机构改革。政府投资建设和购置的养老设施、新建居住（小）区按规定配建并移交给民政部门的养老设施、党政机关和国有企事业单位培训疗养机构等改建的养老设施，均可实施公建民营。对民间资本和社会力量申请兴办养老机构进一步放宽准入条件，加强开办支持和服务指导。落实好对民办养老机构的投融资、税费、土地、人才等扶持政策。鼓励采取特许经营、政府购买服务、政府和社会资本合作等方式支持社会力量举办养老机构。允许养老机构依法依规设立多个服务网点，实现规模化、连锁化、品牌化运营。鼓励整合改造企业厂房、商业设施、存量商品房等用于养老服务。

全面提升养老机构服务质量。加快建立全国统一的服务质量标准和评价体系，完善安全、服务、管理、设施等标准，加强养老机构服务质量监管。建立健全养老机构分类管理和养老服务评估制度，引入第三方评估，实行评估结果报告和社会公示。加强养老服务行业自律和信用体系建设。支持发展养老机构责任保险，提高养老机构抵御风险能力。

加强农村养老服务。推动农村特困人员供养服务机构服务设施和服务质量达标，在保障农村特困人员集中供养需求的前提下，积极为低收入、高龄、独居、残疾、失能农村老年人提供养老服务。通过邻里互助、亲友相助、志愿服务等模式和举办农村幸福院、养老大院等方式，大力发展农村互助养老服务。发挥农村基层党组织、村委会、老年协会等作用，积极培育为老服务社会组织，依托农村社区综合服务中心（站）、综合性文化服务中心、村卫生室、农家书屋、全民健身等设施，为留守、孤寡、独居、贫困、残疾等老年人提供丰富多彩的关爱服务。

繁荣老年消费市场。丰富养老服务业态，大力发展养老服务企业，鼓励连锁化经营、集团化发展，实施品牌战略，培育一批各具特色、管理规范、服务标准的龙头企业，加快形成产业链长、覆盖领域广、经济社会效益显著的养老服务产业集群。支持养老服务产业与健康、养生、旅游、文化、健身、休闲等产业融合发展，丰富养老服务产业新模式、新业态。鼓励金融、地产、互联网等企业进入养老服务产业。利用信息技术提升健康养老服务质量和效率。引导支持相关行业、企业围绕健康促进、健康监测可穿戴设备、慢性病治疗、康复护理、辅助器具和智能看护、应急救援、通信服务、电子商务、旅游休闲等重点领域，推进老年人适用产品、技术的研发和应用。支持老年用品制造业创新发展，采用新工艺、新材料、新技术，促进产品升级换代。丰富适合老年人的食品、药品、服装等供给；加强老年用品测试和质量监管，鼓励开辟老年用品展示、体验场所，发展老年用品租赁市场，支持办好老龄产业博览会。

加强老年人力资源开发。将老年人才开发利用纳入各级人才队伍建设总体规划，鼓励各地制定老年人才开发利用专项规划。鼓励专业技术领域人才延长工作年限。鼓励各有关方面建立老年人才信息库，实现互联互通、资源共享。支持老年人才自主创业，帮助有意愿且身体状况允许的贫困老年人和其他老年人接受岗位技能培训或农业实用技术培训，通过劳动脱贫或致富。推动用人单位与受聘老年人依法签订书面协议。依法保障老年人在生产劳动过程中的合法收入、安全和健康权益。对老有所为贡献突出的老年人和在老有所为工作中贡献突出的单位、个人，可按规定给予表彰或奖励。

（三）健全健康支持体系

完善医养结合机制。统筹落实好医养结合优惠扶持政策，深入开展医养结合试点，建立健全医疗卫生机构与养老机构合作机制，建立养老机构内设医疗机构与合作医院间双向转诊绿色通道，为老年人提供治疗期住院、康复期护理、稳定期生活照料以及临终关怀一体化服务。大力开发中医药与养老服务相结合的系列服务产品，鼓励社会力量举办以中医药健康养老为主的护理院、疗养院，建设一批中医药特色医养结合示范基地。

支持养老机构开展医疗服务。支持养老机构按规定开办康复医院、护理院、临终关怀机构和医务室、护理站等。鼓励执业医师到养老机构设置的医疗机构多点执业，支持有相关专业特长的医师及专业人员在养老机构开展疾病预防、营养、中医养生等非诊疗性健康服务。对养老机构设置的医疗机构，符合条件的按规定纳入基本医疗保险定点范围。

加强老年人健康促进和疾病预防。开展老年人健康教育，促进健康老龄化理念和医疗保健知识宣传普及进社区、进家庭，增强老年人的自我保健意识和能力。加强对老年人健康生活方式和健身活动指导，提升老年人健康素养水平至10%。基层医疗卫生机构为辖区内65周岁以上老年人普遍建立健康档案，开展健康管理服务。加强对老年人心脑血管疾病、糖尿病、恶性肿瘤、呼吸系统疾病、口腔疾病等常见病、慢性病的健康指导、综合干预。指导老年人合理用药，减少不合理用药危害。研究推广老年病防治适宜技术，及时发现健康风险因素，促进老年病早发现、早诊断、早治疗。面向老年人开展中医药健康管理服务项目。加强老年严重精神障碍患者的社区管理和康复服务。

发展老年医疗与康复护理服务。加强老年康复医院、护理院、临终关怀机构和综合医院老年病科建设。有条件的地区可将部分公立医院转为康复、护理等机构。提高基层医疗卫生机构康复护理床位占比，积极开展家庭医生签约服务，为老年人提供连续的健康管理和医疗服务。到2020年，35%以上的二级以上综合医院设立老年病科。落实老年人医疗服务优待政策，为老年人特别是高龄、重病、残疾、失能老年人就医提供便利服务。鼓励各级医疗卫生机构和医务工作志愿者为老年人开展义诊。加强康复医师、康复治疗师、康复辅助器具配置人才培养，广泛开展偏瘫肢体综合训练、认知知觉功能康复训练等老年康复护理服务。

第六章　医疗保险

医疗保险作为社会保障制度的重要组成部分，是各国促进经济发展、共建社会文明的一项健康事业，是保障民众健康、减轻家庭负担的有效筹资机制，在维护社会安定中发挥着越来越重要的作用。医疗保险制度建设是社会进步、生产发展的必然结果。医疗保险解除了劳动者的后顾之忧，使其安心工作，提高劳动生产率；同时也保证了劳动者的身心健康。因此，在由养老、医疗、工伤、失业、家庭津贴等共同构成的社会保险体系中，医疗保险举足轻重，是涉及面最广、保障内容最多和运行机制最复杂的社会保险项目。

第一节　基本医疗保险概述

一　基本医疗保险的概念

基本医疗保险（social medical insurance）又称社会医疗保险，我们通常所说的医保，一般都指的是基本医疗保险。基本医疗保险的概念，国内外有很多不同的表述方式，具有代表性的主要有以下三种：

一是认为基本医疗保险是对国民收入进行分配和再分配，形成专门的医疗消费基金，对劳动者非因工受伤或因病医治造成的经济损失给予一定补偿的社会保险制度。这一定义强调基本医疗保险除了是一种补偿劳动者伤病造成经济损失的社会保险制度外，还是一种国民收入再分配的形式。

二是认为基本医疗保险是通过国家立法，强制性地由国家、单位和个人缴纳医疗保险费，建立医疗保险基金，当个人因伤或因病需要接受医疗救治时，由医疗保险机构按规定提供一定费用补偿或医疗服务的社会保险制度。这一定义强调了基本医疗保险是强制参加、多方缴费筹措医疗保险基金并向参保者提供医疗服务或经济补偿的一种社会保险制度。

三是认为基本医疗保险是向法定范围内的劳动者部分或全部提供预防和治疗疾病的费用，并保证其在病假期间经济来源，保障其基本生活需求的社会保险项目。这一概念强调了基本医疗保险在补偿劳动者的治疗费用和收入损失，以及在组织预防和治疗服务等方面的责任。

可以看出，基本医疗保险应该具备政府行为、社会责任、健康保障权利、强制参加和保险补偿等几个关键要素。因此，基本医疗保险是指国家通过立法等强制方式筹集资金，对法定范围内的劳动者及其他社会成员遭遇疾病风险时，为解决全体公民或所有社会劳动者因为疾病和非因工负伤的治疗和生活问题而给予物质补偿的一种社会保险制度。实施社会医疗保险的主体是国家，实施方式则是强制性的、所有法定范围内的社会成员都必须参加。这与私人自愿参加、保险公司以营利为目的的商业医疗保险有着本质区别，这一制度安排的最终目的是维护和促进经济发展与社会稳定。

二　基本医疗保险的特征

1. 保障对象广泛

伤病风险是每一个人一生都有可能遭遇的风险，不管其性别、年龄、贫富和地位如何，都会面临伤病风险的威胁，有些疾病重大甚至难以避免。相较而言，工伤、生育和失业风险触及的对象比较有限，当尽可能尽到注意责任的时候，有些风险甚至可以避免，从而保险金给付的对象就更少。正是因为伤病风险存在的普遍性，医疗保险的保障对象、给付频率和范围在社会保险项目中都最为广泛。

2. 结构和主体关系复杂

医疗保障涉及多方面主体，如制定制度并引导监督政策实施的政府和行政机构、参与缴费享受保障待遇的企业和劳动者，以及提供服务并接受监管的医疗医药机构。众多主体的参与导致医疗管理机制更为复杂、涉及面广、结构交错。由于在整个医疗保障机制内，不同的主体间信息不对称，从而织就了一个错综复杂的关系网，政府制定政策还要监管行政行为，行政部门要落实政策还要监管医疗医药机构，医疗机构既要提供服务还要与医保局、保险公司等单位协调。总之，为了对医疗保障多个参与主体的行为进行规范和引导，医疗保险必须建立起非常复杂的管理机制，这在其他社会保险制度中是不常见的。

3. 医疗保障服务性

与其他社会保险制度中强调保险金的现金给付不同，医疗保险仅仅由医保局对被保险人提供经济补偿是不够的。医疗保障主要是使劳动者在非因工受伤和生病后能够得到及时和必要的医疗救治，即保障的核心是医疗服务，只有这样才能真正化解劳动者的疾病风险。因此，医疗保险必须引入医疗机构为患者提供疾病治疗服务，医疗保险基金可以直接对医疗机构进行补偿，甚至可由政府和全社会直接利用保险基金来组织医疗服务。

4. 不确定因素较多

由于疾病风险和医疗服务的不确定性，因而医疗保险的补偿也是不确定的、缺乏规律的，很难像养老保险、失业保险等保险项目那样提供比较确定的给付待遇、给付期间，以及相对规律的给付周期。也是因为疾病的发生是随机的、突发性的，发生疾病的频率、轻重程度都具有不确定性，所以医疗保险总会发生一人多次、一年多次的给付，发生频率高。再加上服务提供方、费用补偿方、风险赔付方、受保障方的信息不对称，参保人缴费水平不同等因素，医疗保险费用控制非常困难。

三 基本医疗保险制度的原则

1. 强制性原则

强制性原则即任何单位及全体劳动者都必须参保，医疗保险管理机构必须接受符合条件的单位和个人投保。国家基本医疗保险普遍适用强制性原则，通常由国家立法，强制实施。符合条件的劳动者和单位都必须参加，对于制度规定自愿参加的群体，一旦决定参加基本医保，就承担强制性的缴费义务。医疗保险管理机构也承担强制性的保障管理职责，必须接受任何单位和所有符合条件的个人投保，不能无故拒绝劳动者参保。国家以强制力建立医疗保险基金，以解决劳动者因患病或受伤带来的财务损失、实现社会的互助共济。因此，国家以强制性原则保证了医疗保险的基金规模，又避免了自愿投保带来的逆选择风险，对医疗保险制度的建立和实施都有重要意义。

2. 互助共济原则

基本医疗保险与商业医疗保险的最大区别就在互助共济的特点。基本医保通过基金筹集将企业单位和个人的缴费聚集起来，在社会成员中共同调剂使用的，投保人缴纳的保险费依据其经济能力而定，与劳动者的年龄、性别、健康状况、将来可能发生的风险等因素无关，不同于商业医疗保险中按年龄、性别、健康状况等确定保费的规定。从某种意义上讲，互助共济原则是基本医疗保险的理论基础，也是区分社会医疗保险和商业医疗保险的首要原则，因为在商业保险中，投保人缴纳的保险费与其风险水平和保障程度都是密切相关的。

3. 福利性原则

基本医疗保险的建立目的是保障劳动者身心健康，促进经济发展和维护社会稳定，不以营利为目的，有很强的社会福利性。因而在保障项目上以解决民众伤病困难为根本，一些赔付风险较大、商业保险公司不承保的病种也包含在保障报销范围中，甚至对重大疾病设置更宽的保障幅度。医疗保险基金筹集采用以支定收的原则，医疗保险基金的结余和积累也不能像商业保险公司那样进行分配，只能积累下来以备其他劳动者医保报销，这也是社会福利性质的体现。

4. 效率和公平统一原则

制度强调待遇公平，劳动者患病后就医和用药治疗方面的待遇平等，所有的治疗服务和医疗费用补偿都是根据病情作出的，不受参保者收入、职业和地位等的影响。但是，由于效率和公平始终是一对矛盾，近年来由于医疗费用的恶性增长，人们越来越认识到，除了要坚持公平的原则外，还要重视医疗保险基金筹集、使用和医疗服务过程中的效率。基金筹集上建立半积累制，通过社会统筹支付体现公平、以个人账户报销突出效率；在医疗基金的使用上以超过起付线的金额纳入报销范围实现公平，对贫困人员、重大疾病提高报销比例体现了效率；在医疗服务的过程中，通过分级诊疗实现物尽所需，则是公平和效率相统一的结果，减少了卫生资源的浪费。

5. 基本保障原则

虽然人们对医疗保障的需求是多层次的，但医疗保险保障的是人们基本的医疗服务需求，只能提供对基本医疗服务的费用补偿，而且是基本保险基金能够承受的规定范围内的医疗服务。因此，基本医保一般都规定了最高支付限额，超过限额的部分只能通过各种补充医疗保险来解决。虽然依社会经济发展水平不同，医疗保险的保障水平和服务标准在不同国家，或者同一国家的不同地区也略有不同，但提供基本医疗保障的原则不变。一个国家和地区不能提供超出筹资的医疗保障，否则制度不可持续；也不能将基本保障水平定得过低，否则不足以解决一般民众因伤病造成的生活困境。

四　医疗保险制度模式

各国医疗保险制度的发展都受到其自身经济、社会、传统文化、价值观念等多种因素的影响，呈现出多种多样、纷繁复杂的特点。按照医疗保险基金筹集方式，我们可以将医疗保险分为四种模式，即社会医疗保险模式、国家医疗保险模式、储蓄医疗保险模式和商业医疗保险模式。

（一）社会医疗保险模式

该模式是通过国家立法强制实施的医疗保险制度。其特点是：医疗保险基金社会统筹、互助共济，主要由雇主和雇员缴纳，政府酌情补贴。具体地，保险金由劳动者、企业主按劳动者收入和企业工资总额的一定比例筹集，政府进行少量补贴；待遇分配与被保险者所缴纳的保险费多少无关，体现了企业向家庭、资本家向工人的投入，以及高收入者向低收入者的投入，无论收入多少都能得到治疗。在保险金的使用上，是由发病率低的地区向发病率高的地区转移，参保人的配偶和子女可不付保险费而同样享受医疗保险待遇。

德国是世界上第一个建立医疗保险制度的国家，也是社会医疗保险模式的代表性国家。目前，德国社会医疗保险对象包括税前收入低于法定标准的雇员以及无固定收入的雇员家属、退休人员、失业者、农民、大学生等。收入超过法定标准的就业者、公务员、自由职业者、律师、军人等可以选择是否加入社会医疗保险。缴费是雇主和雇员各负担50%；对于月收低于610马克的工人，保险费全部由雇主承担；失业者的医疗保险金大部分由劳动部门负担，18岁以下无收入者以及家庭收入低到一定数额的，可以免交某些项目的自付费用。目前，世界上有上百个国家采取这种模式。

（二）国家医疗保险模式

国家医疗保险也称政府医疗保险、免费医疗保险，指政府通过税收方式筹集医疗保险资金，然后采取财政预算形式将医疗保险基金拨付给公立医疗机构，公立医疗机构工作人员均享受国家统一规定的工资待遇，医疗保险享受对象看病时基本上不需要支付费用。该制度的特点是医保资金来源是财政税收，医疗服务具有国家垄断性和非营利性，保险对象覆盖全民。简单地说，国家医疗保险模式下是由政府直接举办医疗保险事业，老百姓纳税，政府收税后拨款给公立医院，医院直接向居民提供免费服务。

英国的国家卫生服务（NHS）是国家医疗保险模式的代表，其医疗资金来源于财政税收，政府建立国立医疗机构并实施集权管理，医疗机构通过政府分配的医疗资源提供服务。加拿大国家医疗保险内容上覆盖所有必需医疗服务，医药适当分离。住院保险和门诊保险，除特殊规定的项目外，公众免费享受所有基本医疗保险。同时，鼓励发展覆盖非政府保险项目的商业性补充医疗保险。

（三）储蓄医疗保险模式

这种模式是根据法律规定强制性地把个人消费的一部分以储蓄的方式转化为医疗保健基金，自我积累、自储自用。这种模式通过个人储蓄形式保障计划参与人及其家庭成员的医疗需求，但是互助性很弱。

这一模式的代表性国家是新加坡。根据规定，新加坡中央公积金制度中包含三个医疗保障计划：一是保健储蓄计划（1984年建立），覆盖所有在职人员，保障投保人及其家庭成员的住院费用和门诊治疗费用；二是健保双全计划和增值健保双全计划（1990年和1994年建立），是保健储蓄计划的补充，解决参保者患大病或慢性病的医疗费用，参保者自愿参加；三是保健基金计划（1993年建立），由政府出资，为无力支付住院费用的病人提供保障。三项计划均由政府机构管理实施，政府开办诊所和医院两级医疗机构，住院医疗服务的80%由国立医院承担，诊所与初级医疗保健的25%由国立诊所提供。病人门诊费用由自己和政府各负担一半，住院费用由保健基金支付。

（四）商业医疗保险模式

这种模式把医疗保险作为一种特殊的商品，由商业保险公司开发并向社会公众提供，民众根据需要自愿购买，保险产品供求和经营遵循市场法则的医疗保险模式。商业医疗保险的资金来源于参保个人及其雇主缴纳的保险费，缴费水平取决于个人的年龄、性别和健康状况等，呈现一定的费率差别。

美国是商业医疗保险模式的代表国家。其医保体系包含了商业医疗保险、社会医疗保险、社会医疗救助和少数民族免费医疗制度等，其中以商业医疗保险为主体。参保者参保自由，医保产品灵活多样，人们根据自己的需求购买。这种以自由医疗保险为主、按市场法则经营的以盈利为目的的制度，往往拒绝接受健康条件差、收入低的居民的投保，因此其公平性较差。目前，美国有80%以上的国家公务员和74%的私营企业雇员都参加了商业医疗保险，提供商业医保产品的保险公司有国内两家最大的非营利民间医疗保险公司蓝盾和蓝十字，以及其他营利性医疗保险公司。

第二节　基本医疗保险缴费与支付

一　医疗保险基金筹集

（一）医疗保险基金筹资来源

医疗保险基金筹集是指将医疗保险费集中起来，建立医疗保险基金，用于支付劳动者医疗费的一种社会补偿机制。医疗保险基金的来源主要有：职工个人和企业（或雇主）缴纳的保险费、政府的资助和补贴、基金的投资收益和企业缴纳的滞纳金及罚金等。在这些资金来源中，向职工和用人单位收取的医疗保险费是基金最主要的收入来源。国家对医疗基金的补贴主要是对基金减免税收和对各类医疗机构直接或间接的投入。总的来说，医疗保险基金是靠雇主与雇员分担缴费责任或者雇主、雇员和政府三方分担缴费责任。

（二）医疗保险基金筹集模式

从医疗保险基金的筹资模式上看，主要有现收现付制、基金积累制和混合制三种模式。

（1）现收现付制的特点是以支定收，每年筹集的基金用于应付当年的各种医疗给付和运行支出。对基金实行统一筹集、统一管理、统一调剂、统一使用。

（2）基金积累制的特点是以收定支，即被保险人将来的保险金给付水平完全由基金积累的情况决定，这种模式缺乏横向共济性。

（3）混合制的筹资方式则是两者的结合，既在一定人群中进行横向积累，又利用个人账户等进行纵向积累。目前各国医疗保险基金的筹集方式仍以现收现付制为主。

（三）医疗保险基金缴纳方式

从世界范围来看，各国医疗保险费具体的缴纳方式各有不同。归纳起来有以下几种：

（1）固定保险费金额制。即法定范围内所有的被保险人都必须缴纳相等金额的保险费。这种缴纳方式简便易行、易于操作，但缺点是没有考虑到人们收入水平的差异。

（2）工资收入比例制。即按照被保险人工资或者收入的一定比例征收医疗保险费。这种方法充分考虑了人们收入水平和支付能力的差异，操作也比较简便，但部分人群收入水平难以计算，缴费基数和缴费水平的确定容易造成不公平性。

（3）区域级差制。即按照地区医疗卫生基本设施条件的情况，确定不同的缴费标准。

二 医疗保险费用支付

医疗保险费用支付，也称为医疗保险费用结算或报销，是指社会医疗保险机构按照事先规定的待遇标准向被保险人提供医疗服务或补偿其医疗费用的过程。医疗保险费用支付是医疗保险制度有效运行的重要环节，是国家医保体系必须承担的责任，也是被保险人应该享有的权利，每一个被保险人，不管其缴费多少，都有获得医疗津贴和接受医疗服务的权利。医疗保险费用支付是一个非常复杂的过程，需要保险机构、医疗机构和参保职工的参与，因此费用的支付方式会影响到医保基金的支出水平、医疗资源的流向以及制度的保障效果等。

(一) 医疗保险支付项目

医疗保险的给付可以分为疾病津贴和医疗服务两大类。疾病津贴是对被保险人的现金补助，主要用于补偿其收入减少的部分。疾病津贴大都有一定的给付期限，而且在生病后还要等候一段时间才开始领取。在有些国家的社会保险系统中，疾病津贴由医疗保险以外的其他社会保险部门支付，也有按相关法规要求由用人单位支付的。

医疗服务是医疗保险给付的主要形式，主要包括以下项目：①住院期间的诊疗服务；②社区健康和门诊中通科医生的诊疗服务；③各种实验室和仪器检查服务；④特殊的专科治疗服务；⑤护理服务和康复治疗；⑥牙科检查和口腔修复等治疗服务；⑦视力检查和配镜服务；⑧心理咨询和精神疾病治疗等精神卫生服务；⑨健康体检和计划免疫等预防保健服务；⑩处方药和非处方药。目前，大部分发达国家医疗保险给付都包含了以上列出的所有项目。广大发展中国家，由于卫生资源缺乏，医疗保险的给付一般都限定为初级医疗服务项目，即最基本的诊疗和救治项目。

(二) 医疗费用支付方式

目前，大多数国家医疗费用支付都借助于医疗机构对被保险人提供医疗服务，后由医疗保险机构对医疗服务的成本进行补偿。有的国家则采取由被保险人就诊时先垫付费用，然后凭就医凭证同医疗保险机构进行结算的方式。具体有以下四种方式。

1. 按服务项目付费

按服务项目付费是一种典型的后付制，是在医疗服务发生之后，由医疗保险机构根据医疗机构提供的医疗服务项目和服务量，参照规定的每种项目的付费标准向医疗机构支付费用的方式。这种方式简便易行、使用广泛，缺点是医生收入与其提供的服务量直接相关，极易诱导过度检查、过度用药，医疗机构和被保险人容易合谋过度消费医疗资源的道德风险。由于保险机构在医疗服务中无法介入，只能事后对服务项目和账单进行审核，难以有效地控制费用。

2. 按人头付费

按人头付费是一种预付医疗费用的方式，是医疗保险机构按合同约定的时间，根据接受服务的人数和规定的收费定额预先向医院支付一笔固定费用，在此期间，医院和医生提供合同规定范围内的一切医疗服务，不再另行收费。按人头付费中医疗机构收费的多少与提供医疗服务的数量和种类无关，只与合同约定的被保险人人数有关。这种方式的优点是促使医疗服务提供方自觉减少检查项目、缩减费用开支，有效控制供给诱导需求。缺点是医疗机构会为了尽可能地收治病人而导致医疗服务质量下降，迫使采取相应措施监督医疗服务的质量。

3. 总额预付

总额预付法也是预付制的一种，是由医疗保险机构和各医院事先协商，根据医院等级、规模、服务水平、服务质量、通货膨胀率和医院经营情况等因素确定每个医院的年度总预算并预先支付给医疗机构，医院为参保人员提供医疗服务的费用全部来自预付的费用总额，"结余留用、超支不补"。预算总额一般一年调整一次，预付当年医疗保险机构不因医院服务量的增加和住院日的延长而增加支付数额。这种偿付方式能使医院事先安排计划，有效利用资源，从而达到控制费用的目的。缺点是预算总额较难确定，可能会影响医院收治额外病人的积极性，并降低服务质量。

4. 按病种付费

也称按疾病诊断相关组付费，是指按国际疾病分类法，把住院病人的疾病按诊断、年龄、性别等分为若干组，每组又根据疾病轻重程度、有无并发症等分成不同的级别，对每一级别制定相应的价格标准并进行支付。按病种付费的方式是由美国耶鲁大学卫生研究中心米尔等提出，1986 年开始最先在美国的老年医疗照顾计划中得到应用，1992 年公布的 AP－DRGs Ⅲ由 607 个疾病诊断相关组构成。这种支付方式的优点是医疗保险机构支付费用与诊断的病症关联，与病人实际花费的医疗费用无关，因而能鼓励医院主动降低经营成本，控制医疗费用。缺点是病种分类和付费标准不易确定，目前主要是控制同病种的医疗服务价格。

实际上，对医疗机构的偿付方式还有其他多种形式。医疗保险机构往往会根据具体情况和实际需要，选择不同的偿付方式或相应的组合来达到费用控制的目的。

三　医疗保险的费用控制

费用控制是医疗保险制度运行过程中一项非常重要的工作。从某种意义上讲，许多国家和地区对原有医疗保险制度进行改革的目的就是为了更好地进行费用控制。费用控制的方法可以分为需方控制和供方控制两大类。

（一）医疗费用的需方控制

医疗费用的需方控制是指利用费用分担机制，增加消费者的费用意识和需求弹性，减少道德损害（moral hazard），限制不必要的需求。常见的费用分担形式有以下三种。

1. 起付线

起付线（deductibles）又叫免赔额，即被保险人所发生的全部医疗费用中，需要自付一笔费用，超出自付金额以上的部分才能获得医保机构的支付和报销，这个自付的金额就叫起付线。在医疗保险中合理规定起付线能起到"门槛"的作用，抑制一部分被保险人的服务需求，从而降低保险金的给付。

2. 支付限额

支付限额又叫封顶线，是医疗保险机构对医疗费用规定的最高支付金额，限额以内由医疗保险基金按比例支付，限额以上的部分仍需由被保险人自付。这样做可以降低医保基金出资比例，一定程度上维持基本医保基金安全，但不适合大病患者和重病患者。

3. 比例共付

比例共付（coinsurance）是保险机构对被保险人的合规医疗花费按一定比例进行补偿，剩余部分由被保险人自付，即被保险人和保险机构都承担一定比例的医疗费用。自付水平越高，医疗服务的利用越少，医疗基金总费用支出越低，医疗费用控制效果好。一般认为，自付比例达到 25% 时，医疗服务需求即有明显降低。

（二）医疗费用的供方控制

如果说被保险人伤病发生的概率主要由其自身特征和健康状况决定，每次看门诊和住院的医疗花费则主要是由医疗服务的供方所决定的。因此，要做好医疗费用控制工作，除了对需方的控制措施外，关键还在于对供方的控制，因为医疗消费的质和量还是由供方决定的。医疗保险机构对医疗服务供方的控制主要是通过选择合理的医疗费用偿付方式来实现。在医疗保险制度建立的早期，医疗保险机构与医疗服务机构间的费用结算大多采用按项目付费等后付制。由于这些支付方式容易诱导需求，不利于控制费用，费用支付的方式越来越多地采用按人头、按病种等预付制。实践表明，各种预付制的偿付方式确实起到了控制医疗机构行为、最终节省医疗费用的目的。另外，防止发生医疗服务人员道德风险对医疗费用供方控制也很重要，医药分离、医疗服务项目与医护人员的收入分离，可以有效降低过度医疗和过度检查的费用支出。

第三节　我国城镇职工基本医疗保险

一　我国城镇职工医疗保险改革历程

（一）公费、劳保医疗制度的建立与发展

1. 公费医疗制度

我国公费医疗制度是根据 1952 年政务院发布的《关于全国各级人民政府、党派、团体及所属事业单位的国家工作人员实行公费医疗预防的指示》（以下简称《指示》）建立起来的。《指示》规定国家对全国各级政府机关、党派、人民团体，各种工作队以及文化、教育、卫生、经济建设等事业单位的国家工作人员和革命残废军人，实行公费医疗制度。医疗资金由各级人民政府领导的卫生机构，按照各单位编制人数比例分配，统收统支，不能分给个人。门诊、住院所需的诊疗费、手术费、住院费、门诊费或住院期间经医师处方的药费，由医疗费拨付；住院的膳食费、就医的路费由个人负担。1952 年 8 月，政务院又将享受公费医疗待遇的人员范围扩大到在乡干部和大专院校的在校生。同时，为了控制用药与不必要的检查，国家还制定了十一类西药和大部分中成药的基本药物目录、大型设备检查的规定及公费用药报销范围。公费医疗制度是我国对享受对象实行的一种免费医疗保障制度。由于公费医疗的经费主要源于各级财政，因此，这项制度实质上是国家医疗保险模式。

2. 劳保医疗制度

劳保医疗制度是我国20世纪50年代初建立起来的面向全民所有制企业职工，对企业职工实行免费、对职工家属实行半费的一种企业医疗保险制度，是根据1951年政务院颁布的《劳动保险条例》及1953年劳动部公布试行的《劳动保险条例实施细则修正草案》相关法规、政策建立起来的。其适应范围主要是全民所有制工厂、矿场、铁路、航运、邮电、交通、基建等产业和部门的职工及其供养的直系亲属。集体所有制企业参照执行。职工因病或非因工负伤在企业医疗所、医院、特约医院医治时，诊疗费、住院费、手术费及普通药费均由企业负担，贵重药费、住院的膳食费及就医路费由本人负担。

3. 公费、劳保医疗存在的问题

公费医疗和劳保医疗制度对我国社会主义事业的建设和发展发挥了积极的作用。它彻底改变了旧中国缺医少药的历史，较好地保障了职工及其家属的医疗服务，提高了职工的健康水平。公费和劳保医疗制度的实施也解决了职工的后顾之忧，极大地调动了职工的生产积极性，促进了经济建设，维护了社会稳定。但是，在社会主义市场经济体制建设和国有企业改革的过程中，这种传统的医疗保障体制的问题也日益突出。由于职工医疗费用由国家和单位包揽，缺乏合理的医疗费用筹措机制和稳定的资金来源。职工无须缴费，而其本人和家属即可享受相应的医疗服务待遇，造成了权利义务不对等的制度缺陷，使职工对医疗资源的享受不受任何约束，导致医疗费用增长过快，超出了国家财政和企业单位的负担能力。此外，这种制度只面向社会中少数人群，覆盖面狭窄，是制度不公平、医疗保障管理和服务的社会化程度低的直接反映。

(二) 城镇职工医疗保险改革探索

我国医疗保险制度是随着社会经济的发展而不断变化的。20世纪

80年代以来，随着经济发展和改革开放的深入，我国经济体制从计划经济向社会主义市场经济逐步转型，传统的医疗保障制度改革成为历史的必然。多年的改革探索，我国已基本确立了新型的城镇职工医疗保险制度框架。这一改革的过程大致可以分为三个阶段。

（1）第一阶段：1992年以前，以控制费用为中心，强调在公费、劳保医疗制度的基础上进行改革。

医保改革的最初几年，国家要求医疗服务的需方（职工及其家属）分担一定的医疗费用，即所谓的"挂钩"，但各地分担的比例不同，一般为10%—20%。该规定使职工个人的费用意识有所增强，在一定程度上抑制了对医疗服务的过度需求。1985—1992年，国家开始转向对医院服务的供方实施费用控制，加强对医疗服务项目的约束。所采取的主要措施有：改革支付方式，将经费按享受人数和定额标准包给医院，节支留用，超支分担，激励医院主动控制成本和费用开支；制定基本药品目录和公费医疗用药报销目录，以控制药品费用支出；加强公费医疗和劳保医疗的管理，提供经费的政府和享受者所在单位等，都要承担部分经济责任。此外，一些地区还建立了大病统筹制度，即以地区和行业为单位，由企业缴纳保险费，形成统筹基金，对发生大额医疗费用的患者给予补助，使医疗保障的社会化程度有所提高，企业之间互助共济、分担风险的能力有所增强。这些措施对控制费用的迅速增长，缓解经费紧张和企业之间的不公平现象，起到了一定的作用。

（2）第二阶段：1992—1998年，国家开始推行城镇职工医疗保险制度的改革试点。

1989年，国务院批准吉林四平、辽宁丹东、湖南株洲、湖北黄石四个中等城市开展医保改革试点工作。1992年，广东省深圳市在全国率先开展了职工医疗保险改革，中国第一个医疗保险专门的管理机构——深圳市医疗保险管理局成立。1993年，党的十四届三中全会确定要建立统账结合的制度，至此，城镇职工社会统筹与个人账户相结合的医疗保险制度建立。从1994年起，在江苏镇江、江西九江（两江）进行城镇职工医疗保险制度改革试点，1996年国务院办公厅转发了国家体改委等四部委《关于职工医疗保障制度改革扩大试点的意见》，在

58个城市进行了扩大试点。

这一阶段各地的改革试点取得了初步成效，也逐步暴露出一些深层次的矛盾和问题。一是一些试点城市筹资水平偏高，财政和企业负担比较重，基金征缴困难，导致企业参保率低、制度覆盖面窄，推动试点工作的难度大。二是医疗机构改革和药品生产流通体制改革滞后，医疗资源配置不合理，医疗服务不规范，药品价格虚高，这是造成医疗服务成本高，费用支出难以控制的主要原因。因此，必须从制度的改革和机制的建立上来考虑我国城镇职工基本医疗保险制度的建设。

（3）第三阶段：1998—2004年，全面推进医疗保险体制改革。

1998年12月14日国务院发布了《关于建立城镇职工基本医疗保险制度的决定》（以下简称《决定》），这是国务院在总结各地试点工作经验的基础上做出的重大决策。《决定》明确了医疗保险制度改革的目标任务、基本原则和政策框架，要求在全国范围内建立覆盖全体城镇职工的基本医疗保险制度，我国城镇职工医疗保险制度改革进入了全面发展的阶段。2000年，国务院又提出了医疗保险、医疗机构和药品生产流通体制三项改革同步推进的要求。目前，城镇职工基本医疗保险制度已经在全国普遍建立，基本取代了劳保和公费医疗制度，覆盖范围包括国家机关、企事业单位职工和退休人员，并逐步扩大到非公经济组织的从业人员、灵活就业人员和农民工等人群。

2002年10月，《中共中央国务院关于进一步加强农村卫生工作的决定》下发，提出各级政府要积极引导农民建立以大病统筹为主的新型农村合作医疗制度。从2003年开始，国务院按照"政府组织、财政支持、农民自愿"的原则组织进行试点，到2010年在全国农村基本建立起这一制度。2006年，党的十六届六中全会《关于构建社会主义和谐社会若干重大问题的决定》提出要"建立以大病统筹为主的城镇居民医疗保险"。2007年7月10日，国务院印发了《关于开展城镇居民基本医疗保险试点的指导意见》，同年在79个城市启动试点，2010年在全国全面推开。到2010年，覆盖全国职工、城乡居民的基本医疗保险制度完全建立。

这一时期，国家也在同步推进配套的医药体制改革。2009年3月

17日,《中共中央国务院关于深化医药卫生体制改革的意见》下发,它以人人享有基本医疗卫生服务为根本出发点和落脚点,从改革方案设计、卫生制度建立到服务体系建设都遵循着公益性原则,把基本医疗卫生制度作为公共产品向全民提供,努力实现全体人民病有所医。

二　城镇职工基本医疗保险制度

目前,我国已经建成了以基本医疗保险为主,多种补充医疗保险为辅的多层次、多支柱的医疗保险体系。其中,基本医疗保险是一项覆盖全民的医疗保险制度。

(一) 指导思想

城镇职工基本医疗保险实行保基本、广覆盖、多层次、可持续、统账结合、属地管理、社会化服务的指导思想。针对城镇所有用人单位和职工建立基本医疗保险制度,要求法定范围内的职工必须参加。通过建立国家、雇主、家庭和个人责任明确、合理分担的多渠道筹资机制,推行基本医疗保障基金和个人支出共同分担的医疗费用共付机制,实现社会互助共济,满足职工的基本医疗保障需求。实行社会统筹和个人账户相结合的原则,这是公平与效率兼顾的制度设计。要求所有单位及其职工都要按属地管理原则参加所在统筹地区的基本医疗保险,铁路、电力、远洋运输等跨地区生产流动性较大的企业及其职工,可以相对集中的方式异地参加统筹地区的基本医疗保险。

(二) 覆盖范围

城镇所有用人单位,包括企业(国有企业、集体企业、外商投资企业、私营企业等)、机关、事业单位、社会团体、民办非企业单位及其职工(包括在职职工和退休人员),都要参加城镇职工基本医疗保险。灵活就业人员、农民工等也要参加城镇职工基本医疗保险,地方政府可根据有关政策采取一定的激励措施,鼓励灵活就业人员、农民工参保。截至2019年年底,全国参加基本医疗保险人数为135436万人,比上一年增加977.4万人。其中,参加职工基本医疗保险的人数为32926万人(包含在岗职工参保人数23307.5万人,参保退休人员9618.5万人),

比上年末增加 1245.2 万人。①

（三）基金规模

2018 年，全国医疗保险基金收入为 21384.4 亿元（城镇职工基本医疗保险基金收入 13537.8 亿元），比上年增长 19.23%；支出 17822 亿元，比上年增长 23.6%；全国基本医保基金累计结存 23440 亿元，其中基本医保统筹基金累计结存 16156 亿元，职工基本医疗保险个人账户基金累计结存 7284 亿元。2018 年，职工医保统筹基金收入 8241 亿元，比上年增长 7.8%；统筹基金支出 6494 亿元，比上年增长 12.7%；统筹基金当期结存 1747 亿元，累计结存 11466 亿元。2018 年，职工医保个人账户收入 5297 亿元，比上年增长 14.3%；个人账户支出 4212 亿元，比上年增长 13.7%；个人账户当期积累 1084 亿元，累计积累 7284 亿元。② 各地对职工基本医疗保险基金中结余的统筹基金和个人账户基金都通过买政府债、委托授权全国社保基金理事会运营等方式实现基金保值增值。

（四）统筹层次

统筹层次是社会保险项目在缴费标准、计发办法、经办管理等方面在一定范围内的统一设计和统一管理。根据 2020 年 2 月发布的《中共中央国务院关于深化医疗保障制度改革的意见》，按照制度政策统一、基金统收统支、管理服务一体的标准，全面做实基本医疗保险市地级统筹。鼓励有条件的省（区、市）按照分级管理、责任共担、统筹调剂、预算考核的思路，推进省级统筹。可见，市级统筹将是医保改革下一步的重点。目前，全国已有多个省区的地市开始了市地级统筹，将来的目标是实现基本医疗保险和生育保险基本政策、待遇标准、基金管理、经办管理、定点管理和信息系统的市级的"六统一"。统筹层次的提高不仅有助于拉平部分地方的医保赤字，而且可以增加医保基金的调剂能力和规模。

（五）筹资标准

城镇职工基本医疗保险基金主要由用人单位和职工共同缴纳，实行

---

① 国家统计局网站数据。
② 《2018 全国基本医疗保障事业发展统计公报》。

社会统筹基金和个人账户基金管理方式。用人单位缴费率一般控制在职工工资总额的6%左右,其中30%左右划入个人账户,其余部分作为社会医疗统筹基金。在职职工按本人工资的2%缴费并全部计入个人账户。退休人员不缴费。由于地区经济发展水平不同,国家准许各统筹地区根据实际情况对具体缴费比例进行调整。2019年开始,根据国家政策和当地医保基金规模以及安全性考虑,用人单位缴费率和个人缴费率均有所下调。

(六)账户管理

我国统筹基金和个人账户分开管理,区分使用范围,不得相互挤占。这里的账户管理主要是对医保个人账户的管理。国家规定,法定范围内应参加基本医疗保险的个人,都应按照法律要求参保,由医疗保险机构委托银行在用人单位银行账户上扣缴,个人账户的缴费累积只能用来支付本人或其亲属的日常就医费用。个人账户的运行机制有以下特点:一是产权私有,参保人员拥有对个人账户积累的使用权和继承权;二是个人账户积累属于专项消费资金,只能用于医疗医药服务;三是个人账户是封闭定额制,不能向医保社会统筹基金透支或挪用,统筹基金也不能对个人账户透支,当个人账户累计额用完时,超支部分需自费支付;四是个人账户支付范围是统筹基金不予报销支付的医疗费用,如部分门诊费用、住院费用中个人自付部分以及在定点药店购药费用等。

目前,全国年人均医保个人账户收入约为400元,各统筹区域可以根据当地实际情况进行调整。2017年上海市调整了当地参保职工个人账户计入额,个人缴费部分按实际缴费金额计入,用人单位缴纳的基本医疗保险费计入部分与2016医保年度相比,所有参保人员均有不同程度的提高。具体如表6-1所示。

表6-1 用人单位缴费个人账户计入额 单位:元

参保对象		原标准	新标准	增加额
在职职工	34岁以下	140	175	35
	35—44岁	280	350	70
	45岁至退休	420	525	105

续表

参保对象		原标准	新标准	增加额
退休人员	74 岁以下	1120	1400	280
	75 岁以上	1260	1575	315

资料来源：上海市医保局。

（七）支付范围

基本医疗保险统筹基金可支付的医药服务范围主要有四个方面的限定：一是在指定的可选择的定点医疗机构和定点药店就医和购药；二是符合基本医疗保险药品目录范围；三是符合基本医疗保险诊疗项目范围；四是符合基本医疗保险医疗服务设施标准范围。其中后三条标准就是我们通常所说的基本医疗保险"三大目录"。对符合上述规定所发生的医疗费用，将由基本医疗保险基金按规定予以支付。从医疗服务上看，我国职工医保的报销范围从最初的住院医疗服务项目报销延伸至门诊报销，各地住院和门诊报销根据医院等级、用药情况、病种等的不同报销略有差异。

诊疗项目是指在医疗服务过程中应选择检查、治疗效果好的常规方法，而对高精尖价格贵的设备的使用进行适当控制和约束。在实际操作中，通过制定基本医疗保险诊疗项目目录来确定。目前给付项目主要包括：住院期间的诊疗服务，社区健康门诊中通科医生的诊疗服务，各种实验室和仪器检查服务，特殊的专科治疗服务，护理服务和康复治疗，牙科检查和口腔修复，视力检查和配镜服务，心理咨询和精神疾病治疗，健康体检和计划免疫等预防保健服务。不予报销的项目有：服务项目类，如挂号费、出诊费；非疾病治疗项目类，如美容、减肥、体检、医疗鉴定等；诊疗设备和医用器材；治疗项目类，如器官源、组织器官移植；其他如不孕不育等。

我国药品分为中成药、西药和中药饮片三种，医保报销规则中的药品目录将药品分为甲类、乙类和丙类。一般地，国家在基本药物的基础上选择治疗必需、价格便宜、治疗效果好的药品列入报销目录，而将一些非基本医疗必需、价格较高、治疗效果一般的药品排除在外，例如丙类药品医保是不报销的。2018年11月国家对《药品目录》进行调整完善，现医保可以报销的西药有1133种，其中甲类药有315种，乙类药有818种；医保可以报销的中成药有927种，其中甲类中成药135种，乙类中成药有792种；另还包含中药饮片127种及1个类别。[1]

基本医疗保险服务设施是指在提供住院等医疗服务过程中，应选择必需适量的医疗服务设施和环境作为医疗保险的给付范围。

（八）报销水平

1. 统筹基金住院报销

要确定统筹基金的起付线和最高支付限额，起付线一般控制在当地职工年平均工资的10%左右，最高支付限额原则上控制在当地职工年平均工资的4倍左右。起付标准以下的医疗费用，从个人账户中支付或由个人自付。起付标准以上、最高支付限额以下的医疗费用，主要从统筹基金中支付，分段分比例报销，个人也要负担一定比例。超过最高支付限额的医疗费用，可以自付或通过商业医疗保险等途径解决。统筹基金的具体起付标准、最高支付限额以及在起付标准以上和最高支付限额以下医疗费用的个人负担比例，各统筹地区可根据以收定支、收支平衡的原则确定，医院等级不同报销比例也不相同。目前，全国平均报销比例为80%左右。上海市规定职工住院医疗的费用一旦超过1500元的起付线标准后可以按照比例报销，最高支付封顶线为46万元，平均报销水平一般为80%。[2] 甘肃省城镇职工符合医保支付范围的住院医疗费用由统筹基金支付，平均水平为70%左右，个人自付30%。

以甘肃省一在岗职工的一次三甲医院（起付线1400元）住院医疗花费为例：假设该患者住院花费共计9500元，治疗属于基本医疗保险《诊疗服务项目目录》，使用《药品目录》中的甲类药品5800元、乙类药品2000元、丙类药品1600元，超出服务设施范围金额100元。则职工基本医保应报销金额为：

进入统筹支付额：

---

[1] 《最新国家基本医疗保险药品目录关于印发国家基本药物目录（2018年版）的通知》。
[2] 上海市医保局，http://ybj.sh.gov.cn/。

9500 - 1600（丙类药全部自付）- 2000 × 10%（乙类药自付 10%）- 100（超出服务设施标准）- 1400 元（起付线）= 6200 元

统筹报销额：

0—6000 段报销 85%　　　　6000 × 85% = 5100 元

6001—12000 段报销 90%　　200 × 90% = 180 元

因此，该职工本次进入统筹报销的住院花费 6200 元中，基本医保统筹基金报销共计 5280 元，个人负担 6200 - 5280 = 920 元，自付比例 15%。再将个人负担的未进入统筹报销的花费合并计算，该职工基本医疗报销完毕后共负担 4220 元。

2. 统筹基金门诊报销

随着医疗保险制度的日益完善，各地职工医保报销已经延伸到对参保人员的门诊花费也进行报销上。如上海市规定从 2012 年 4 月 1 日起，参保人员到龄享受相应的门诊医保待遇，缩小待遇差距，按照疾病发生的一般规律确定门诊医保报销比例，退休人员优于在职职工，年龄大的人群优于年龄小的人群，参保人员到基层医疗机构就医报销比例最高（见表 6 - 2）。

表 6 - 2　　　　　　　　　上海市参保人员门诊待遇

人群分类		账户段	自付段标准	共付段报销比例		
				一级	二级	三级
在职	44 岁以下	用完个人账户当年计入资金	1500 元	65%	60%	50%
	45 岁至退休			75%	70%	60%
退休	退休至 69 岁	用完个人账户当年计入资金	700 元	80%	75%	70%
	70 岁以上			85%	80%	75%

资料来源：上海市医保局。

3. 全国城镇职工报销现状

我国医疗卫生费用却一直处于快速的增长状态。第三次卫生服务调查报告的数据显示，从横向的角度，城镇职工医疗保险覆盖人群的次均门诊花费为 285 元，比无医疗保险人群高 100 元；次均住院花费为 9224

元，比无医疗保险人群高 3199 元。从纵向的角度，城镇职工医疗保险覆盖人群的门诊平均费用和住院平均费用分别比 1998 年增加了 93.8% 和 66.9%。医疗费用的快速增长不仅加重了患者的个人负担，而且也给整个社会增加了沉重的包袱。导致费用增长的原因是医疗服务向高技术、高费用发展，以及人们对医疗服务市场特殊性的认识。此外，由于费用的偿付逐渐转向主要由医疗保险机构代替被保险人向服务提供方支付费用，进而形成医（服务提供方）、患（服务的需方）、保（保险机构）之间的复杂经济关系，费用控制难度较大。

2018 年全国参加职工医保人员享受待遇 19.8 亿人次，比上年增长 9.0%。其中：普通门急诊 17.1 亿人次，比上年增长 8.8%；门诊慢特病 2.1 亿人次，比上年增长 12.7%；住院 0.6 亿人次，比上年增长 6.7%。2018 年职工医保参保人员医疗总费用 12140 亿元，其中医疗机构发生费用 10495 亿元，个人账户在药店支出费用 1645 亿元。医疗机构发生费用中，退休人员医疗费用 6256 亿元，在职职工医疗费用 4239 亿元。①

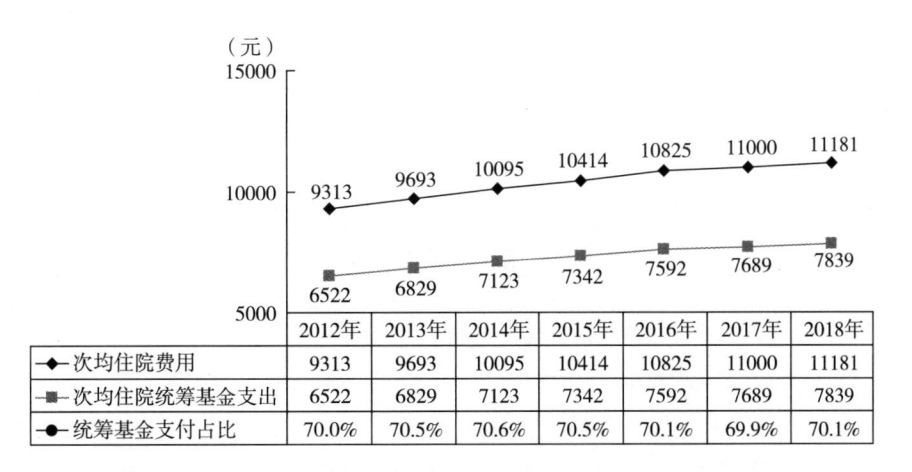

	2012年	2013年	2014年	2015年	2016年	2017年	2018年
次均住院费用	9313	9693	10095	10414	10825	11000	11181
次均住院统筹基金支出	6522	6829	7123	7342	7592	7689	7839
统筹基金支付占比	70.0%	70.5%	70.6%	70.5%	70.1%	69.9%	70.1%

图 6-1　2012—2018 年全国职工医保次均住院费用和统筹基金支出

资料来源：《2018 全国基本医疗保障事业发展统计公报》。

---

① 《2018 全国基本医疗保障事业发展统计公报》。

（九）医疗管理

1. 服务项目管理

城镇职工基本医疗保险可以支付的医疗服务项目范围，由卫生健康委员会制定相关标准和办法。主要包括基本医疗保险药品目录、诊疗项目、医疗服务设施标准，简称三个目录。参保人员在三个目录规定的医疗服务项目范围内发生的医疗费用，由基本医疗保险基金按规定支付。

2. 就医管理

城镇职工基本医疗保险实行定点医疗机构和定点药店管理。医疗保障部门确定定点资格，同定点机构签订协议，明确各自的责任、权利和义务。职工在定点医疗机构就医发生的费用，可以按基本医疗保险的规定支付。职工既可以选择若干包括社区、基层医疗机构在内的定点医疗机构就医、购药，也可以持处方在若干定点药店购药。目前多地已经实现了医疗费用即时结报。

3. 结算管理

统筹基金支付的费用一般由医疗保险经办机构（医保局）与医疗服务机构直接结算，具体结算办法由各统筹地区确定。事业经费由各级财政预算安排，不得从基金中提取。目前，各地实行有按服务项目付费、按人头付费、总额预付制、按病种付费等多种结算方式。

第四节　我国城乡居民基本医疗保险

一　居民基本医疗保险发展历程

（一）农村居民新型合作医疗

2002年10月，我国提出要积极引导农民建立以大病统筹为主的新型农村合作医疗制度（以下简称新农合）。根据规定，新农合由政府组织、引导、支持，农民以家庭为单位自愿参加并按期足额缴费，集体扶持、政府资助，建立起以大病统筹为主的农民医疗互助共济制度。制度从2003年开始起步，2010年逐步实现基本覆盖全国农村居民，主要补助参合农民的大额医疗费用或住院医疗费用，实际支付水平约为50%。

参合农民每人每年缴费不低于10元，政府给予每人不低于40元的补助（对中西部地区中央财政负担20元，地方财政资助额不低于20元），筹资水平最初约为年人均55元。随着制度推进，个人缴费和筹资水平逐年提高，到2014年，有的地方的筹资水平达每人每年400元左右。截至2014年年底，全国新农合参保人数达到7.36亿人，参合率为98.9%；人均筹资水平为410.89元，全年补偿受益16.52亿人次。①

（二）城镇居民基本医疗保险

我国首先建立城镇职工基本医疗保险制度，之后又试点并建立了新型农村合作医疗制度，而城镇非从业居民一直没有医疗保障制度安排。2007年，为了填补这一空白，实现覆盖全体城乡居民的医疗保障体系，国家下发了《关于开展城镇居民基本医疗保险试点的指导意见》，推动城镇居民基本医疗保险试点。制度规定，不属于城镇职工基本医疗保险制度覆盖范围的大、中、小学阶段的学生（包括职业高中、中专、技校学生）、少年儿童、婴幼儿和其他非从业城镇居民都可自愿参加城镇居民基本医疗保险（以下简称城居保）。建立政府和个人合理分担、可持续的筹资机制，参保居民按规定缴纳基本医疗保险费，政府对缴费进行相应补贴。到2014年，居民个人缴费标准为每年不低于90元，同时国家将财政补贴标准提高到人均每年不低于320元。之后几年，财政补贴逐年上升（2015年为380元、2016年为420元、2017年上升到450元)②，个人缴费同步调整（2015年为120元、2016年为150元、2017年上升到180元），2017年居民筹资水平约为630元，较高的筹资水平是居民获得更高水平医疗保障的重要手段。截至2014年年底，全国参加城镇居民基本医疗保险的人数为31450.9万人。

新农合和城居保制度建立以来，为全国农村和城镇居民提供了重要的医疗保障。参保居民的住院和门诊大病医疗支出可在规定范围内获得报销，其他费用可以通过补充医疗保险、商业健康保险、医疗救助和社

---

① 数据源于国家统计局网站，http://data.stats.gov.cn/search.htmls。
② 财政补贴中，中央财政对120元基数部分按原有比例补助，对增加的300元按照西部地区80%、中部地区60%的比例补助，对东部地区各省份分别按一定比例补助。

会慈善捐助等方式解决。但是，由于城乡经济发展水平差异，城乡居民医保报销水平不同已经产生了不公平的负面影响。如甘肃省城镇居民符合医保支付范围的医疗费用，由统筹基金支付50%、个人自付50%，特殊疾病长期门诊自付乙类药品和诊疗项目的20%；新农合政策范围内的住院费用实际补偿率达到60%，门诊分不同级别基层诊疗机构，报销比例在70%左右。两项医保在交费数额、交费时间、收费流程、报销起付线、封顶线、报销比例、报销项目、不予报销的项目、报销所需证据、转院制度等规定都不统一，长期会造成居民医疗报销的不公平性，使居民异地就医困难。

2016年1月，《国务院关于整合城乡居民基本医疗保险制度的意见》下发，要求按照全覆盖、保基本、多层次、可持续的指导原则，在全国范围内开展居民医保的整合工作，在全国范围内建立起统一的城乡居民医保制度。这是国家推进医药卫生体制改革，推动保障更加公平、管理服务更加规范、医疗资源利用更加有效、全民医保体系持续健康发展的重要举措。

二　城乡居民基本医疗保险

（一）城乡居民基本医疗保险整合规定

城乡居民医保制度遵循统筹安排、合理规划的原则，注重与基本医保、大病保险、医疗救助、疾病应急救助、商业健康保险的衔接，充分保障城乡居民公平享有基本医保待遇。主要在以下几个方面作出统一规定：

一是城乡居民医保制度覆盖范围包括现有城镇居民医保和新农合所有应参保（合）人员，即覆盖除职工基本医疗保险应参保人员以外的其他所有城乡居民。农民工和灵活就业人员依法参加职工基本医疗保险，有困难的可按照当地规定参加城乡居民医保。二是多渠道筹资，继续实行个人缴费与政府补助相结合为主的筹资方式，鼓励集体、单位或其他社会经济组织给予扶持或资助。三是城乡居民医保基金主要用于支付参保人员发生的住院和门诊医药费用。政策范围内住院费用的医保支付比例保持在75%左右。逐步提高门诊统筹和保障水平。四是统一城乡居民医保药品目录和医疗服务项目目录，明确药品和医疗服务支付范围，实行分级管理、动态调整。五是强化定点服务协议管理，建立健全考核评价机制和动态的准入退出机制。六是城乡居民医保基金纳入财政专户，独立核算、不得挤占挪用，全面推进付费总额控制。基金使用遵循以收定支、收支平衡、略有结余的原则。

合并后的城乡居民基本医疗保险，在各统筹区域内实行统一的医保制度、缴费水平、报销待遇、医疗服务、经办管理。国家建议稳步推进市（地）级统筹，报销待遇、基金管理、信息系统、医保关系转移接续和异地就医结算等成为工作重点。

（二）城乡居民基本医保实例——甘肃

甘肃省于2017年进行城居保和新农合整合，在全省推行覆盖范围、筹资政策、保障待遇、医保目录、定点管理和基金管理"六统一"。2019年甘肃省城乡居民基本医保个人缴费水平为每人每年220元，财政人均补助标准每人每年不低于490元，与国家水平持平。报销待遇上，城乡居民医保报销扩大到门诊，居民发生的医疗费用按普通门诊、慢特病门诊以及住院等不同情形予以相应报销。9项国家基本医疗保障康复项目及新增部分医疗康复项目，纳入城乡居民基本医保报销范围。慢特病门诊实行分病种确定额度、按比例补偿、年度累计的支付方式，共对四类45种疾病[①]（Ⅰ类、Ⅱ类由三级或二级定点医疗机构负责确诊，Ⅲ类、Ⅳ类由二级定点医疗机构负责确诊）进行门诊报销。在确保医保基金安全和累计医保基金结余不超过当年筹资总额25%的前提下，根据基金承受能力，在现行城乡居民基本医保报销比例的基础上，对所

---

① Ⅰ类：尿毒症透析治疗、再生障碍性贫血、血友病、系统性红斑狼疮肾损害、恶性肿瘤放化疗、白血病、器官移植抗排异治疗；

Ⅱ类：苯丙酮尿症、精神分裂症、抑郁症、躁狂症、慢性肾炎并发肾功能不全、肝硬化、脑瘫、心脏病并发心功能不全、心脏瓣膜置换抗凝治疗、急性心肌梗死介入治疗术后、强直性脊柱炎、重症肌无力、股骨头坏死；

Ⅲ类：高血压病、脑出血及脑梗死恢复期、风湿性关节炎、慢性活动性肝炎、慢性阻塞性肺气肿及肺心病、糖尿病伴并发症、椎间盘突出、慢性盆腔炎及附件炎、耐药性结核病、癫痫、甲亢、克山病、大骨节病、布鲁氏菌病、支气管哮喘、血小板减少性紫癜、重症帕金森氏病、老年痴呆症；

Ⅳ类：黑热病、克汀病、包虫病、氟骨症、砷中毒、疟疾、普通肺结核。

有城乡居民参保患者适度提高门诊和住院报销比例。[1]

表6-3　　　　　　　　城乡居民基本医疗保障待遇

	制度规定	报销流程
普通门诊	应当在县级医院、乡镇卫生院、符合条件的村卫生室就诊（主要要求在乡村两级，占90%），各统筹地区按照县级10%、乡级40%、村级50%的门诊就诊比例，确定人均定额标准，拨付门诊统筹基金，实行按人头付费，费用补偿实行零起付线，政策范围内补偿比例为70%左右	在就诊乡村两级定点医疗机构即时结报
慢特病门诊	四类45种，补偿不设起付线，在限额内按照患者实际费用的70%补偿，超过年度限额医保不予报销。其中：Ⅰ类尿毒症透析治疗患者每人年度累计补偿封顶线为60000元，其他疾病每人年度累计补偿封顶线为20000元；Ⅱ类苯丙酮尿症儿童每人年度累计补偿封顶线为14000元，其他疾病每人年度累计补偿封顶线为10000元；Ⅲ类每人年度累计补偿封顶线为3000元；Ⅳ类每人年度累计补偿封顶线为2000元	Ⅰ、Ⅱ类由三级或二级定点医疗机构确诊，Ⅲ、Ⅳ类由二级定点医疗机构确诊。凭本人慢特病证（卡）及相关资料在指定经办机构办理报销
住院	患者住院补偿减掉起付线（省、市、县、乡级四级医疗机构分别为3000元、1000元、500元和150元）后按规定比例报销，起付线、报销比例由各统筹地区自行制定。参保人员当年发生的医疗费用，在12月25日前出院的医疗费用纳入当年报销；12月25日后出院的医疗费用，纳入次年报销	凭（身份证、户口本复印件、医疗卡、转诊手续、出院证明等）证明出院即时结报。在签有跨省就医结报服务框架协议的省份可实现异地即时结报

资料来源：根据《甘肃省整合城乡居民基本医疗保险制度实施意见》整理。

第五节　我国补充医疗保险制度

补充医疗保险是指基本医疗保险之外的所有医疗保险形式，是为了

---

[1] 李华、郑春荣等：《国际社会保障动态——健康贫困治理行动与效果》，上海人民出版社2019年版，第433页。

满足更高层次的依赖消费需求，由用人单位或个人根据自己的经济收入水平和疾病轻重自愿参加的，能起到补充作用的各种社会性医疗保险措施的总称，是我国多层次医疗保障体系的重要组成部分。由于我国各地区、企业与单位之间的社会经济差异很大，加之补充医疗保险尚处于发展阶段，各地实施的补充医疗种类繁多，形式多样。按照医疗服务项目可分为住院补充医疗保险和门诊补充医疗保险；按照参保对象范围可分为公务员医疗补助和企业补充医疗保险；按照承办单位的不同可分为社会医疗保险机构单独承办、社会医疗保险机构和商业保险公司合办、商业保险公司单独承办、企事业单位或行业单独承办等。

一　公务员医疗补助

公务员医疗补助是国家为了保障公务员医疗待遇水平不降低，在已经参加了基本医疗保险的基础上建立的、由社会医疗保险机构单独承办的补充性医疗保险。原享受公费医疗的工作人员和退休人员，以及原享受公费医疗的事业单位，都继续享有（参照执行）公务员医疗补助。医疗补助经费来源于各级财政拨付，资金专款专用、单独建账、单独管理，与基本医疗保险基金分开核算。补助经费主要支付住院费用个人自付部分、超过一定数额的门诊费用、长期门诊慢性病医疗费个人负担的部分等，具体使用办法和补助标准由各地根据实际确定。对原来享受公费医疗照顾的人员，照顾政策不变。

以前述甘肃省职工基本医保报销举例，若该职工为甘肃省公务员或事业单位工作人员，则其基本医保报销后的自付金额可以得到公务员医疗补助的二次报销，大致水平为起付线以下可报销65%、自付部分可报销80%、封顶线以上部分可报销90%。前例中该职工基本医保报销后的自付部分为4220元，该职工还可以享受当地公务员医疗补助为：

$1400 \times 65\% + [920（基本医保自付）+ 200（乙类药品自付）+ 100（服务设施自付）] \times 80\%$

二　企业补充医疗保险

企业补充医疗保险是在参加基本医疗保险的基础上，由规模较大、效益较好的企业或行业自己出资，加上职工个人缴纳的保险费，为职工建立的自保型补充医疗保险。企业缴费在工资总额4%以内的部分可以列入成本，税前列支。专项基金主要补偿基本医疗保险支付限额以上的那部分医疗花费，支付项目类似公务员医疗补助，但单位有更多的自主权。企业补充医疗保险资金由企业或行业集中使用和管理，单独建账，单独管理，用于本企业个人负担较重的职工和退休人员的医疗费补助，不得划入基本医疗保险个人账户，也不得另行建立个人账户或变相用于职工其他方面的开支。

三　大病补充医疗保险

大病补充医疗保险也是基本医疗保险的重要补充，属于社会医疗保险机构和商业保险公司合办的医疗保险项目。由社会医疗保险机构主办、商业保险公司承保，省社会医疗保险部门将费用集中向商业保险公司再投保，并监督赔付全过程。我国卫健委负责制定大病保险的筹资、报销范围、最低补偿比例，以及就医、结算管理等基本政策要求，并选定承办大病保险的商业保险机构。缴费可以是由用人单位缴纳、由用人单位与其职工（包括退休人员）共同缴纳，以及直接由基本医疗保险基金拨付等形式。支付范围主要是基本医保基金封顶线以上的医疗费用。目前，该补充保险的保障对象范围逐渐扩大，从最初的居民扩展到城镇在职职工、城镇退休职工、综合医疗保险参保人员等，只要参加了基本医疗保险的人员都可以参加大病医保。

（一）分类

1. 职工大病医疗保险

目前，我国很多地方企业职工、机关事业单位工作人员也参加了大病补充医疗保险。缴费上实行单位和职工共付的政策，缴费水平各地不一，由医保局集中管理，负担职工基本医保报销后的大额医疗支出，有的地方报销比例可达90%。

2. 城乡居民大病医保

大病医保最先是从城乡居民的大病统筹起源的。2012年8月30日，国家六部委发布《关于开展城乡居民大病保险工作的指导意见》，明确建立大病保险制度，减轻城乡居民的大病负担。为了防止居民"因病致贫、因病返贫"，很多地方对"大病"的理解只是看医疗花费是否超出家庭负担能力，为此制定了大病医保的重疾目录。在缴费上，城乡居民不需要额外缴费，各地都会调用基本医保基金的结余部分直接为每位参加基本医保的居民购买，筹资和报销水平各不相同。2015 年，北京城镇居民大病险资金实行全市统筹，按照当年城居保筹资标准 5% 的额度划转；农村的大病险资金则由新农合基金按照 5% 划转。

（二）商业保险公司承保规定

商业保险公司作为营利性市场主体参与社会医疗保险项目，各地都制定了严格的准入和监管规则。承办大病保险的商业保险机构必须具备以下基本条件：符合保监会规定的经营健康保险的必备条件；在中国境内经营健康保险专项业务 5 年以上，具有良好市场信誉；具备完善的服务网络和较强的医疗保险专业能力；配备医学等专业背景的专职工作人员；商业保险机构总部同意分支机构参与当地大病保险业务，并提供业务、财务、信息技术等支持；能够实现大病保险业务单独核算。政府鼓励符合基本准入条件的商业保险机构自愿参加投标，中标后以保险合同形式承办大病保险，承担经营风险，自负盈亏。商业保险机构承办大病保险的保费收入，按现行规定免征营业税。

（三）大病保险费用支付

大病医保的报销要在基本医保报销完毕后才能进行。在起付线的规定上，全国主要分为两类：一类是参照城乡居民收入；另一类是设定具体起付线金额。内蒙古自治区等 15 个省份以城乡居民收入为标准，规定超过当地上年度城乡居民收入（或一定比例）的部分进入大病报销。规定具体起付线金额的省份起付线也各不相同，如山西省的起付线为 1 万元，湖北省为 8000 元，甘肃、青海为 5000 元等。报销水平不低于 50%。全国推行的大病医保报销要求上不封顶，一般来说合规医疗费用越高，报销的比例也越高，有的地区甚至规定当年大病医保可报销金额达到 50 万元以上时，最高达到 90% 的报销比例。

很多省份都规定了门诊的大病报销。上海职工医疗保险中的门诊大病医保，对门诊肾透析、肾移植后抗排异治疗、恶性肿瘤化疗、放疗、中草药治疗以及中重度抑郁症、躁狂症、强迫症、精神发育迟缓伴发精神障碍、癫痫伴发精神障碍、偏执性精神病等重症精神病的医疗费用都提供报销。具体比例是在职职工医保支付 85%，退休职工医保支付

92%，最高支付限额28万元，超过的部分可以再报销80%。深圳的门诊大病医保报销范围甚至包含了Ⅱ期及Ⅲ期高血压病、冠心病、慢性心功能不全、慢性病毒性肝炎、中度以上慢性阻塞性肺疾病、类风湿关节炎、系统性红斑狼疮、糖尿病、地中海贫血、再生障碍性贫血和血友病等，范围和疾病种类比上海更广、更多，但是必须在指定的多家医院做门诊治疗。

甘肃省大病医保实行累进报销的制度，报销比例从60%—80%不等，并取消了原门诊慢特病大病保险年内最高报销5万元的限制，上不封顶（见表6-4）。

表6-4　　　　　　　城乡居民大病医疗保障待遇

	慢特病门诊	住院	无第三方责任人的意外伤害
报销方式	于当年第三季度和次年第一个月分两次报销。诊断证明、门诊病历、处方及医疗费用发票、基本医保门诊结算单	单次住院自负费用超过起付线即时结报；累计住院超过起付标准时结报	
	大病保险报销起付线一年只计一次，不按住院、门诊慢特病、意外伤害等情形进行区分		
制度规定	对基本医保段在门诊和住院费用补偿后自付部分合规费用在5000元以上部分，进入大病保险按比例分段递增报销。补偿基数为：0—1万元（含1万元）报销60%；1万—2万元（含2万元）报销65%；2万—5万元（含5万元）报销70%；5万—10万元（含10万元）报销75%；10万元以上报销80%重大疾病实行单病种限额付费管理，凡符合50种重大疾病病种的城乡居民重大疾病参保患者在定点医疗机构住院费用结算补偿，不设起付线，在城乡居民医保重大疾病支付限额内病种临床路径规范和医保目录内，按其合规费用的75%（精准扶贫提高5个百分点）由医疗机构负责结算。无第三方责任人的意外伤害最高报销2万元		

资料来源：《甘肃省城乡居民大病保险工作实施方案》（2018）。

四　商业补充医疗保险

这是由商业保险公司单独承办的补充医疗保险项目，是我国医疗保障体系的重要组成部分。它由个人直接向保险公司购买医疗保险产品，出现伤病风险后由保险公司根据双方的约定进行赔付。目前，国内保险公司的健康保险产品主要是商业医疗保险、重大疾病保险等，商业性长期护理保险产品开发较为缓慢。如果购买了商业重大疾病险，短期内较大的现金压力问题就能很快解决，但由于它对重大疾病的种类和程度做了较严格的规定，如果疾病不在合同列明的大病范围内，就无法获得赔付。

第六节　分级诊疗

一　概念

分级诊疗制度，是指要按照疾病的轻、重、缓、急及治疗的难易程度进行分级，不同级别的医疗机构承担不同等级疾病的治疗，实现基层首诊和双向转诊。该制度是公共服务均等化理论的重要体现，从提高基层医疗服务能力、完善基层医疗服务网络、健全基层医疗激励机制、引导优质医疗资源下沉着手，切实促进基本医疗卫生服务的公平可及。

根据国家分级诊疗规划，2017年要实现分级诊疗政策体系逐步完善，医疗卫生机构分工协作机制基本形成，优质医疗资源有序有效下沉，以全科医生为重点的基层医疗卫生人才队伍建设得到加强，基层医疗卫生机构诊疗量占总诊疗量比例明显提升。到2020年要实现分级诊疗服务能力全面提升，保障机制逐步健全，布局合理、规模适当、层级优化、职责明晰、功能完善、富有效率的医疗服务体系基本构建，基层首诊、双向转诊、急慢分治、上下联动的分级诊疗模式逐步形成，基本建立符合国情的分级诊疗制度。

二　具体规定

1. 基层首诊

坚持群众自愿、政策引导，鼓励并逐步规范常见病、多发病患者首先到基层医疗卫生机构就诊，对于超出基层医疗卫生机构功能定位和服务能力的疾病，由基层医疗卫生机构为患者提供转诊服务。

2. 双向转诊

坚持科学就医、方便群众、提高效率，完善双向转诊程序，建立健全转诊指导目录，重点畅通慢性期、恢复期患者向下转诊渠道，逐步实现不同级别、不同类别医疗机构之间的有序转诊。

3. 急慢分治

明确和落实各级各类医疗机构急慢病诊疗服务功能，完善治疗—康复—长期护理服务链，为患者提供科学、适宜、连续性的诊疗服务。急危重症患者可以直接到二级以上医院就诊。

4. 上下联动

引导不同级别、不同类别医疗机构建立目标明确、权责清晰的分工协作机制，以促进优质医疗资源下沉为重点，推动医疗资源合理配置和纵向流动。

三　分级诊疗服务体系

（一）明确医疗机构诊疗服务定位

按照我国《医院分级管理标准》，医院确定为三级，每级再划分为甲、乙、丙三等，其中三级医院增设特等，因此我国医院共分三级十等：

（1）城市三级医院是具有全面医疗、教学、科研能力的医疗预防技术中心。主要提供急危重症和疑难复杂疾病的诊疗服务；中医医院充分利用中医药（含民族医药，下同）技术方法和现代科学技术，提供急危重症和疑难复杂疾病的中医诊疗服务和中医优势病种的中医门诊诊疗服务；解决危重疑难病症，接受二级转诊，参与和指导一、二级预防工作；完成培养各种高级医疗专业人才的教学和承担省以上科研项目的任务。

（2）城市二级医院是跨几个社区提供医疗卫生服务的地区性医院，是地区性医疗预防的技术中心。主要接收三级医院转诊的急性病恢复期患者、术后恢复期患者及危重症稳定期患者；参与指导对高危人群的监测，接受一级转诊，对一级医院进行业务技术指导，并能进行一定程度的教学和科研。

（3）基层医疗卫生机构和康复医院、护理院等（以下统称慢性病医疗机构）为诊断明确、病情稳定的慢性病患者、康复期患者、老年病患者、晚期肿瘤患者等提供治疗、康复、护理、保健综合服务；管理多发病常见病现症病人并对疑难重症做好正确转诊，协助高层次医院搞好中间或院后服务，合理分流病人。

(二) 明确分诊报销制度

一些地方通过组织专家评定各定点医疗机构服务能力，明确省、市、县、乡级医疗机构分别负责疑难危重疾病、常见大病、常见多发病以及常见普通病病种的诊治。根据分级诊疗服务的要求，患者产生的医疗合规费用，省、市、县级按基准价格的一定比例补偿。在费用的控制方面实行总额预付制，对医疗机构发生的医疗费用"超额不补、结余自留"。严格执行双向转诊制度，本级诊疗病种一般不向上一级医疗机构转诊。报销补偿政策上，倾向于引导医疗需求下沉，降低向上转诊补偿标准，提高向下转诊补偿标准；对符合规定的转诊住院患者可连续计算起付线；向下转诊的下级定点医疗机构结算免计起付线。

(三) 完善医联体制度

医联体是指区域医疗联合体，即将同一个区域内的医疗资源整合在一起，通常由一个区域内的三级医院与二级医院、社区医院、村医院组成一个医疗联合体。目的是解决百姓看病难的问题，一方面有利于引导实现"基层首诊"，发挥基层医疗机构分诊服务功能；另一方面可以整合和共享医疗优质资源，提升基层医疗机构服务能力，加速基层医院发展速度，建成人民满意服务质量、愿意接受基层治疗的分诊体系。

第七节 生育保险

一 生育保险的概念与特点

(一) 概念

生育保险是国家通过一定的手段（一般是国家立法）筹措一定的基金，对生育子女期间丧失劳动能力的职业妇女给予一定的经济与物质补偿，保障其生活、工作和健康权利的一种社会保障制度。我国生育保险要求享受对象必须是合法婚姻者，即必须符合法定结婚年龄、按婚姻法规定办理了合法手续，并符合国家计划生育政策等。

(二) 制度改革

一直以来，我国生育保险存在制度设计局限，如与医疗保险的保障对象和范围存在一定重叠，覆盖面狭窄，无法兼顾公平等。为了使所有参加医疗保险的人都能享受到生育保险，扩大覆盖面，提高制度公平性，国家开始推行生育保险与基本医疗保险制度的合并。2016年12月，国家批准湖南岳阳、河北邯郸、山西晋中、辽宁沈阳等12个城市先行试点。2019年3月，国务院办公厅印发了《关于全面推进生育保险和职工基本医疗保险合并实施的意见》，生育保险并入基本医疗保险工作在全国铺开。这两个保险项目的合并主要是实现管理体系上的统一，实施后统一征收经办，有利于提高经办效率，降低管理运行成本，提高基金互济能力，保险待遇不变。

二 我国生育保险制度规定

（一）缴费规定

过去，生育保险基金的筹集是按照人力资源和社会保障部2012年指定的《生育保险办法（征求意见稿）》规定，用人单位按照职工工资总额的一定比例缴纳生育保险费，缴费比例一般不超过0.5%。在生育保险和基本医保合并之后，生育保险是用人单位参加生育保险和职工医保的缴费比例之和确定的用人单位职工医保费率的一部分。如原来单位职工医保缴费是8%，生育保险是0.5%，就合并为8.5%，比较简化。对于个人来说，依然不用缴纳生育保险费，只需要缴纳基本医保费，缴费比例不会有变化。

（二）待遇水平

根据《生育保险办法（征求意见稿）》，职工所在用人单位依法为其缴纳生育保险费的，职工可以按照国家规定享受生育保险待遇。生育保险待遇主要包括生育医疗服务、生育津贴和产假等。

1. 生育医疗服务

生育医疗服务是保障女职工怀孕、分娩期间以及职工实施节育手术时的基本保健需要。主要有早孕保健，如对孕妇进入监护、孕产妇保险卡、产期保健卡；产前检查，如孕妇健康与胎儿生长发育的观察指导；高危妊娠筛检、监护和管理；产时保健；新生儿保健；产褥期保健；其他如计划生育手术服务等。两项保险合并实施后，各省执行统一的基本医疗保险药品目录以及基本医疗保险诊疗项目和医疗服务设施范围。

2. 生育津贴

生育津贴是女职工按照国家规定享受产假期间获得的、满足其基本生活需要的工资性补偿，一般是由社保机构按照职工所在用人单位上年度职工月平均工资的标准计发，单位可以按照生育女职工产假前月工资标准支付给本人，差额部分由单位自己补齐。生育津贴一般支付女职工的整个产假期间。有的地方规定了男性参保人员的待遇，如山东省规定了男职工配偶住院补助金，参加生育保险男职工的未就业配偶，符合计划生育政策规定生育，未享受生育医疗费待遇的，按照当地规定的职工生育医疗费标准的50%发给生育补助金等。

3. 产假

国家法定的产假天数为98天，晚婚晚育者可前后增至4个月，难产的增加15天，多胞胎的每多生育一个婴儿增加15天。"全面二孩"政策落地至今，全国有25个省份陆续将产假延长至128—158天，广东、甘肃、黑龙江、海南及河南产假接近半年，西藏甚至可休1年。各地还规定了男职工不等的护理假期。产假期限主要考虑女性生理变化、婴儿需要和社会与单位的承受力。

第八节 长期护理保险[①]

一 长期护理概述

（一）概念

长期护理是指为人们处于功能性损伤状态并导致丧失全部或部分生活能力，或存在认知障碍等老年疾病时提供护理保障和经济补偿的制度安排。一般地，长期护理的对象可以是任何年龄的人，但更多的是面向老年人的长期护理。护理服务内容主要包括医疗服务、社会服务、居家

---

① 目前，我国长期护理试点城市在体系构架中更多地倾向于将社会性长期护理保险与医疗保险关联，基金的筹集和给付也通过医保基金结余划转和支出。但是，目前国家对护理保险的相关制度还未明确，本书暂将其列入医疗保险的用单节内容介绍。

服务、运送服务或其他支持性的服务等。随着各国社会经济的发展和对老年健康服务的细化，护理的内容日趋科学和人性化，探视、衣物穿脱等服务也逐渐进入人们视野。

(二) 长期护理模式

各国在建立长期护理保险时，会基于社会传统、政治文化、社会保障制度（如医疗卫生体制）、执政理念、民众的观念和意识、经济发展水平以及社会保险与商业保险的发展情况等多方面因素，选择适合本国国情的制度模式。目前世界上比较典型的长期护理模式主要有三种，分别是以德国为代表的双轨运行模式、以日本为代表的全民社会保险模式和以美国为代表的市场主导模式。

1. 强制性长护保险

德国和日本模式都具有强制性。政府通过强制力建立独立的融资渠道，强制民众广泛参与，为失能半失能人群提供必要、全面的护理服务。由于长期护理保险体系的建设需要多方合作，政府不仅要提高消费者参保意识，改变失能半失能人员的传统照护意愿，还要加强和保险公司、民间机构之间的合作，制定税收优惠等支持政策，筹集护理产业资金来源等。因此，世界上大多数国家都选择了这种政府主导的社会性长护保险模式或双轨模式。

2. 商业性长护保险

美国市场主导模式主要是由商业保险公司开发的、为该类人群提供护理需求赔付的保险产品。因此，该模式以商业化运作为主导，只有自愿购买了该护理产品的民众才能获得护理服务。从国际市场发展情况来看，商业护理保险的市场规模小，需求渗透率低、人们在护理支出中的占比低，要求商业保险公司不断提供更加有效的护理保险产品。

(三) 长期护理服务方式

长期护理服务的方式一般来说包括三种类型，即日常家庭护理、中级家庭护理和专业护理。日常家庭护理一般以个人护理为主，由非专业医疗机构提供，如协助洗澡、穿衣、吃饭和帮助其他日常生活问题。中级家庭护理介于专业护理和日常家庭护理两者之间，是一种不完全需要专业医生全日制看护，但又需要提供日常医疗保健和个人护理的护理类型，现已成为越来越多的患慢性疾病但又无须住院治疗的老人及家庭的需求。专业护理是指提供医疗服务，由专业医生负责，主要指具有医疗性质的护理服务。

二 发达国家长期护理的主要内容

（一）英国

1929年，英国65岁以上人口达7%，正式步入老龄化社会，老龄人口不断增加迫切需要完善的养老服务。1946年，英国国会通过立法，为老年人提供年金、保健、救助等服务，地方政府提供养老院、社区照顾、家庭访视、住宅饮食服务等，到20世纪50年代，英国的养老机构已经颇具规模。但是，随着人口老龄化的进一步加深，到1990年，英国65岁以上人口达到15.7%，国民健康支出占GDP的比例不断提高，财政压力巨大。于是，英国于1990年和1991年先后颁布了《全民健康服务与社区照护法案》《社区照护白皮书》，开始推行"去机构化"的养老保障，主张人们回归家庭养老，家庭应对老年人实施照护，并动员更多的民间机构提供照护服务。政府则加强了对长期照护的支持，按照"残补原则"将服务资源优先提供给低收入且有强烈需求的人群，为他们提供照护补助金等。建立起包括LTC保险制度、LTC管理与监督体系、LTC服务提供机构的LTC（Long Term Care）长期照护体系，在质量方面实施监管。

（二）德国

德国是在1930年前后步入老龄化社会的。1990年东德和西德统一之后，德国人口超过8400万人，其中65岁以上人口占到15.0%，当年健康总支出占到GDP的8.3%。由于对长期和日常生活照护的需求不断增加，1995年德国实施了强制性LTC体系，规定法定范围内的公民必须参加。德国的LTC体系主要有两部分：一是社会长期护理保险制度（Social Long Term Care Insurance，SLTCI）；二是私人长期护理保险制度（Private Long Term Care Insurance，PLTCI），这两项长护保险在1994年长期护理保险立法时就已经确立，大约覆盖了德国90%的人群。[①] 1998

---

① 2013年德国又建立了补充护理保险制度，大约有2%—3%的人群参加。

年，德国在《健康制度改革法案》中规定，通过医疗保险基金向需要家庭照护的永久伤残者提供每月 400 马克的待遇，向需要专业照护的永久伤残者提供每月 750 马克的待遇。2001 年 7 月，德国又通过了《照护质量保证法》，对照护服务和质量进行监督。

德国的长期照护具有民众、企业、政府三方主体共同参与、共同缴费、共担风险的特点。民众和企业参保缴费，儿童和非就业的配偶不需要缴费而自动纳入覆盖范围。高收入人群和自由职业者可以自由选择参加私人护理保险或者法定长期护理保险，私人医疗保险的参保人需购买私人长期护理保险和自愿注册参加 SLTCI，其他加入社会医疗保险制度的人群也自动进入 SLTCI。照护服务主要由社会机构和民间网络提供，政府鼓励民间资源参与照护服务并对服务质量、服务人员资质等进行监督和认证。待遇既不与缴费挂钩也不必基于家计调查，而是取决于照护需求等级，照护需求等级由医生和医疗保险基金运营机构每两年评定一次。鼓励采取家庭照护，把机构照顾作为最后的选择。

（三）日本

1970 年，日本老龄人口达到 7.1%，正式进入老龄化社会，此后老龄化率急剧上升，1994 年进入高龄化社会，2007 年开始成为超高龄化社会[①]，成为发达国家中老龄化进程最快的国家。2018 年世界银行数据显示，日本的老龄化率为 27.58%，比第 2 位的意大利高出约 5 个百分点。为了解决老年人口日常生活护理的需求问题，日本政府颁布了《老人福祉法》《老人保健法》《公营住宅法》《高中年龄者雇佣促进特别措施法》《介护保险法》等十余部法令，建成了以国民年金、厚生年金和其他年金为主体的老年保障体系和强制性 LTC 体系。

1. 制度规定

日本 40 岁上的国民应通过缴纳一定的保险费，参加长期护理保险。在资金筹集上，一半资金均源于税收，中央财政支付 25%，各都道府

---

① 根据世界卫生组织（WHO）等国际组织定义，老龄化率被分为 3 等级。第 1 等级 65 岁以上人口超过 7% 为第 1 等级，称为"老龄化社会"，超过 14% 的第 2 等级称为"高龄化社会"，超过 21% 的则被定义为第 3 等级的"超高龄化社会"。

县支付 12.5%，市町村地方政府支付 12.5%；另一半资金由 40—64 岁的日本居民承担 28%，65 岁及以上的日本居民支付 22%。被保险人主要分为两类：一类是 65 岁及以上的日本国民，被视为第 1 号被保险人；另一类包含在健康保险计划下 40—64 岁的日本国民，被视为第 2 号被保险人。当第 1 号被保险人有护理需求时，不管出于何种原因，都可以享受长期护理服务。当第 2 号被保险人患有指定疾病，如癌症晚期或类风湿性关节炎，也可获得长期护理或支援。

2. 护理服务

服务类型主要分为预防性护理服务和长期护理服务，涉及护理、支援、社区、家庭、设施建设等多方面的协调、参与服务。内容丰富，包括生活护理、看护、康复、助浴、寓所疗养指导、保健、用具租借、住宅改建、老年公寓照护等。参保者在提出照护申请后相关部门应进行认定，以判断参保者是否"有自理能力不能接受照护服务、需要居家照护服务和帮助或需要照护"等。当被保险人需要护理服务时，通过申请和认定，将会得到法定的居家或者设施方面的护理服务。

（四）美国

美国采取商业长期护理保险和社会长期护理保险并存的混合模式。美国的两大医疗保障计划——医疗照顾和医疗救助包含的长期护理服务补偿作用十分有限，无法满足庞大失能老人群体的长期护理服务需要。同时美国的保险市场化程度高，于是商业性长期护理保险发展迅速，各家保险公司相继开发并推出长期护理保险险种，由投保人依照自身情况自愿购买。为了规范商业长期护理保险，美国保险监督协会制定了《长期护理保险示范法规》，从此美国的商业性长期护理保险走向标准化。具体地，保险人的承保期限分 40—79 岁、50—84 岁以及 55—79 岁三个年龄段，承保被保险人在除医院疾病治疗外的任何场所因接受各种一年或者一年以上的长期护理服务所发生的费用。当被保险人是以独立保单形式投保时，可以选择每日支付护理费用的额度，一般规定在 50—250 美元。被保险人还可以自行选择支付期，可以是一年，一年以上或者是终身，保险人在支付期内履行补偿长期护理费用的责任。当被保险人是以寿险保单的形投保时，保险金通常按月给付，月给付费用为保险金额的 1%—2%，若护理费用累计超过保险金额的 50% 时，保险人停止给付，剩余部分的保额在保险责任期满时由受益人获得。护理的内容包括专业护理、个人生活照顾和看护服务。

三　我国长期护理保险构架

2018 年，我国 60 岁及以上老年人口约 2.49 亿，其中超过 1.8 亿老年人患有慢性病，患有一种及以上慢性病的比例高达 72%，失能半失能老年人约 4000 万人。此外，我国人均预期寿命是 77 岁，但是健康预期寿命仅为 68.7 岁。也就是说，居民大致有 8 年多的时间带病生存。这说明我国老年人患病比例高，进入老年后患病时间早，带病时间长，生活质量还不是很高，因而对长期护理有巨大的潜在需求。目前，我国正在不断借鉴国际经验，在试点城市推行建立社会性长期护理保险为主、商业性长期护理保险为辅的护理体系。社会保险与商业保险有机结合、合理定义护理服务与养老服务、医疗服务的边界和衔接机制是当前长护体系建设的重要内容。

（一）社会性长期护理保险

2016 年 6 月，国家人力资源与社会保障部发布了《开展长期护理保险制度试点的意见》，在青岛、上海等 15 个城市开展长期护理保险制度试点，探索建立为长期失能人员的基本生活照料和医疗护理提供资金或服务保障的社会保险制度。首批试点的城市不仅包括了上海、青岛、南通这些经济比较发达的东部沿海地区，也包括安庆、上饶等经济欠发达的中西部地区。2018 年，试点城市之外的地区也开始引入长期护理险。2019 年 7 月，《国务院关于实施健康中国行动的意见》下发，提出要面向老年人普及膳食营养、体育锻炼、定期体检、健康管理、心理健康以及合理用药等知识，健全老年健康服务体系，完善居家和社区养老政策，推进医养结合，探索长期护理保险制度，打造老年宜居环境，推动实现健康老龄化。

以江苏南通长期护理保险试点政策为例，当地参保对象主要是基本医疗保险的原有参保人员，包括崇川区、港闸区、市经济技术开发区范围内的职工基本医疗保险和居民基本医疗保险的参保人员。资金筹集方式是个人缴费、医保统筹基金和国家财政补贴三者结合。共同缴纳的

100元护理保险费中个人与医保统筹基金各承担30%，政府承担余下的40%，但企业暂未在其中发挥作用。基金筹集标准趋向于渐进地提高个人与政府的缴费占比，这也将提高个人的参保积极性和发挥政府的职能。南通市长期护理保险制度推行社会保险运行机制，但不依附于养老保险和医疗保险，是独立的社会保险险种，筹资渠道多元化。

（二）商业性长期护理保险

我国商业性长期护理保险产品推出较晚。2005年，国泰人寿保险推出了第一款护理保险产品——康宁长期护理保险，对老年人长期看护保险金、长期看护复健、身故或第一残疾等进行承保。2006年，人保健康保险公司才推出了第一个具有全面保障功能的长期护理产品——全无忧长期护理个人保险，对参保人员长期护理、老年护理、癌症、老年疾病身故，以及老年健康咨询管理服务等承担保障责任。这两款长期护理保险开创了现在市面上长护险的先河，也标志着我国商业性长期护理保险迈出了实质性的一步。

但总的来说，商业性长期护理保险产品近几年发展依旧缓慢，这与产品供给端、消费端都有很大的关系。目前，商业保险公司对护理保险产品的创新速度、专业险种的分化还不够，资源整合能力、专业技术能力以及赔付实力有限，所以能提供此类产品的公司并不占多数，护理保险产品供给严重不足。从消费者需求层面看，人们长期护理保险实际需求远低于潜在需求，部分老年人由于传统观念原因也不愿意接受第三方机构的护理服务。

（三）长期护理保险试点反映的问题

1. 资金来源问题

社会性长期护理保险的资金来源和可持续问题是发展的核心。由于职工和企业已经承担了较多的养老、医疗等项目的缴费，居民参加长期护理保险的意愿也不强，致使长护险筹资渠道有限。试点地区希望在不增加社保缴费的前提下，通过优化医保统账结构、划转医保统筹基金结余等方法筹集所需资源，但这不仅加大了医保项目的基金风险，而且也不是应对人口老龄化的长久之计。因此，参保范围人群是否缴费、如何缴费等制度设计都将成为制度发展必须面对的难题，直接关系到长护制度的可持续发展。

2. 受保障人群范围狭窄

社会性长期护理保险率先在城镇职工群体中展开试点，部分有经济实力的省市也惠及了城乡居民。但是，有很多地区都无力或制度性地将"低收入"群体或"弱势"群体排除在体制之外，而这部分群体的家庭长期护理负担相对更重。试点初期，由于对护理需求分类分级不细致，护理资源配置和供给存在不公平性，出现了低护理级别人员挤占护理资源的情况，从而加剧护理服务的不均衡性。

3. 地区差异性大

由于复杂的历史原因和自然禀赋，长期护理分布也表现出明显的区域不均衡。第六次全国人口普查数据显示，西部12个省市自治区大多是劳动力人口净流出地区，60岁以上人口中失能老人占比除广西外，均超过全国平均水平，反映出较迫切的护理服务社会化需求。但是，这些地方由于经济发展水平较低，医护资源紧张且分布不均、资金筹集能力差，难以满足护理需求。①

此外，长期护理保险的根本价值是帮助失能群体用保险金购买到恰当的护理服务，其发展归根结底还是需要依托于一个价格水平与居民支付能力相适应、运行有序且有效的护理服务产业。目前，我国护理服务产业从业人员短缺、服务质量良莠不齐。2015年年末，全国护理人员数量不足100万，经过专业训练、持证上岗的护理人员更是不足10%。服务标准不统一，对于如何界定服务需求的等级、如何界定服务的强度和质量，都缺乏规范，进一步限制了行业的发展。

阅读资料

关于控制公立医院医疗费用不合理增长的若干意见（节选）

一 规范医务人员诊疗行为

推行临床路径管理，采取处方负面清单管理，落实处方点评、抗生

---

① 锁凌燕：《理保险制度建设需高度关注协调发展问题》，环球网，2018年3月15日。

素使用、辅助用药、耗材使用管理等制度。加强中药饮片合理应用监管，建立中药饮片处方专项点评制度，促进合理用药。建立对辅助用药、医院超常使用的药品和高值医用耗材等的跟踪监控制度，明确需要重点监控的药品品规数，建立健全以基本药物为重点的临床用药综合评价体系。严格执行医疗机构明码标价和医药费用明晰清单制度。建立符合医疗卫生行业特点的人事薪酬制度。严禁给医务人员设定创收指标，医务人员个人薪酬不得与医院的药品、耗材、大型医用设备检查治疗等业务收入挂钩。

二 强化医疗机构内控制度

加强预算约束，卫生计生行政部门和中医药管理部门或政府办医机构要根据行业发展规划和医疗费用控制目标，对医院预算进行审核。强化公立医院成本核算，探索建立医疗机构成本信息库。加强信息技术手段的运用，提高公立医院病案、临床路径、药品、耗材、费用审核、财务和预算等方面的精细化管理水平，控制不必要的费用支出。力争到2017年试点城市公立医院百元医疗收入（不含药品收入）中消耗的卫生材料降到20元以下。

三 严格控制公立医院规模

按照《国务院办公厅关于印发全国医疗卫生服务体系规划纲要（2015—2020年）的通知》（国办发〔2015〕14号）要求以及省级卫生资源配置标准和医疗机构设置规划，合理把控公立医院床位规模，严禁擅自增设床位。严格实施大型医用设备配置规划，加强使用评价和监督管理。严禁公立医院举债建设，严格控制建设标准。

四 降低药品耗材虚高价格

贯彻落实《国务院办公厅关于完善公立医院药品集中采购工作的指导意见》（国办发〔2015〕7号），实行药品分类采购。对临床用量大、采购金额高、多家企业生产的基本药物和非专利药品，发挥省级集中批量采购优势，由省级药品采购机构采取双信封制公开招标采购。对部分专利药品、独家生产药品，建立公开透明、多方参与的价格谈判机制。加强对药品价格执行情况的监督检查。实施高值医用耗材阳光采购，在保证质量的前提下鼓励采购国产高值医用耗材。严厉查处药品耗材购销领域商业贿赂行为。

五 推进医保支付方式改革

逐步对统筹区域内所有定点医疗机构及其所有病种全面实行支付方式改革。强化医保基金收支预算，建立以按病种付费为主，按人头、按服务单元等复合型付费方式，逐步减少按项目付费。鼓励推行按疾病诊断相关组（DRGs）付费方式。完善并落实医保经办机构与医疗机构的谈判机制，动态调整支付标准，强化质量监管。充分发挥各类医疗保险对医疗服务行为和费用的调控引导与监督制约作用。在规范日间手术和中医非药物诊疗技术的基础上，逐步扩大纳入医保支付的日间手术和医疗机构中药制剂、针灸、治疗性推拿等中医非药物诊疗技术范围。对高额药品和耗材进入医保目录库进行严格的经济学评价及审查。综合考虑医疗服务质量安全、基本医疗需求等因素制定临床路径，加快推进临床路径管理。到 2015 年年底，城市公立医院综合改革试点地区医保支付方式改革要覆盖区域内所有公立医院，实施临床路径管理的病例数达到公立医院出院病例数的 30%，实行按病种付费的病种不少于 100 个。

六 转变公立医院补偿机制

破除以药补医机制，理顺医疗服务价格，降低大型医用设备检查治疗价格，合理调整提升体现医务人员技术劳务价值的医疗服务价格。建立以成本和收入结构变化为基础的价格动态调整机制。坚持"总量控制、结构调整、有升有降、逐步到位"的原则，通过降低药品耗材费用和加强成本控制，留出空间用于调整医疗服务价格。切实落实政府对公立医疗机构各项投入政策，保证医保基金按规定及时足额结算，促进医疗费用结构合理化。公立医院药品收入占医疗收入比重逐年下降，力争到 2017 年试点城市公立医院药占比（不含中药饮片）总体下降到 30% 左右。

七 构建分级诊疗体系

优化医疗资源结构和布局，促进优质医疗资源下沉，提高基层服务能力，合理确定各级各类医疗机构功能定位，完善分工协作机制。以患者为中心制定分级诊疗规范，综合运用行政、医保、价格等多种措施，推动建立基层首诊、双向转诊、急慢分治、上下联动的分级诊疗模式，引导患者合理就医，提高医疗资源利用效率和整体效益。在统一质量标准前提下，实行同级医疗机构医学检查检验结果互认。三级公立医院要逐步减少和下沉普通门诊服务，实现普通门诊占比逐年降低。基层中医药服务能力不足及薄弱地区的中医医院应区别对待。

八 实施全民健康促进和健康管理

加强慢性疾病的预防控制工作，提高基本公共卫生服务和重大公共卫生服务项目绩效，实施全民健康促进战略，从源头上控制患病率和医疗费用增长。

2017 年中国长期护理调研报告

2017 年年底，中国保险行业协会在北京正式发布《2017 中国长期护理调研报告》。报告基于日常生活活动（Activities of Daily Living, ADL）能力的巴塞尔指数（Barthel index）评分方法，以及世界卫生组织发布的残疾评估表 WHODAS 2.0 版两种评估工具，在 12 个长期护理保险制度试点城市和 12 个对照城市完成了 10 万余份调查问卷。

为真实反映调查地区长期护理的服务及保障情况，本次调研还从"现状"和"未来"两个角度，把受调查人群分为两个群体：60 岁以上老年人及 30—59 岁成年人。前者重点关注其目前的护理服务使用情况及护理服务需要；后者则关注对未来失能风险的认知、护理服务规划、对商业护理保险的需求，等等。

报告显示，调查地区有 7.2% 的老年人处于重度失能状态。如果加上中度失能，总失能率为 16.5%，略低于《全国城乡失能老年人状况研究》19% 的水平。分人群来看，70 岁是老年人失能状况由轻转重的重要转折点，重度失能率从 60—69 岁年龄组的 5.3% 上升至 70—79 岁的 8.8%。女性的整体失能率（重度失能率 7.8%）和自理能力退化速度（重度失能率从 60—69 岁的 6.3% 上升至 80 岁以上的 13.5%）都显著高于男性。失能老年人罹患阿尔茨海默病的比例很高（中度和重度失能老年人患病率分别为 4% 和 9.1%），80 岁以上的重度失能老年人更是"高危"人群（患病率 14.5%）。

具体来看，60—69 岁"低龄"老年人自理能力较强（80% 能完全自理），因此护理服务的使用量和费用均较低，同时服务模式专业化的趋势初现端倪（医院、养老院、护理院等第三方专业机构服务占比约30%）。护理支出主要由子女（36.6%）和本人（32.7%）承担，基本医疗保险（18.5%）也发挥了一定筹资作用。然而，与理想状态相比，目前服务状态仍存在较大缺口：一是居家服务短缺；二是低强度的个人护理服务，以及高强度的生活照料和基本医护服务短缺。

70—79岁老年人所需专业服务匮乏，居家和机构护理两个专业模式方面的缺口尤为显著。一方面，这导致老年人得不到照顾的风险增大（得不到照顾人群比例11%）。另一方面，服务重心被迫转移至家庭，子女成为主要的服务提供者（占比53%），服务专业化趋势未得到延续。同时，护理费用和经济负担明显上升，而这一负担也主要落在子女身上（占比56%）。

80岁及以上"高龄"老年人面临的许多问题是前一组老年人的延伸或恶化，得不到照顾的风险继续上升（达15%）。在受照顾人群中，服务重心也是家庭式非专业服务（配偶和子女照料分别占27%和48%），同时个人照料、生活照料、基本医护三类服务都存在低强度服务需要超额满足，但高强度服务缺口较大的问题。护理费用在整体上升的同时，呈现更显著的"长尾"特征，有许多老年人出现高额支出，更有一半以上老年人的费用负担占可支配收入的比例超过80%。在费用分担方面，高龄补贴等政府补助在一定程度上减轻了老年人及其家庭的经济负担（11%），但主要费用承担人仍是子女（55.2%）。

三个年龄人群在护理服务缺口上呈现不同的特点。低龄老年人集中在居家专业护理、低强度个人护理服务以及高强度的生活照料和基本医护服务方面，而高龄老年人，尤其是80岁以上老年人的缺口范围更大、程度更高，包括居家护理、机构护理，以及高强度的个人护理、生活照料和基本医护服务。

同时，调查结果显示，成年人普遍对未来的长期护理问题感到忧虑，包括"给家人造成负担"（47.2%）、"找不到护理人员/机构"（43.6%）、"护理费用上涨快"（47%）。认为子女应承担主要照料责任的人群占比大幅下降，而选择居家专业护理模式的占比上升为第一位，并有约30%的人选择了专业护理机构。他们大多认同"养儿防老"的传统思想，但希望能通过购买专业护理服务的方式来履行子女对父母的照顾责任。在自身的护理问题上，部分人群也明显显示出对专业护理模式的偏好。调查结果显示，51.5%的成年人认为有必要在年轻时就对自己的老年护理问题进行安排，但也有同样比例的人认为护理规划受护理服务价格、是否和家人同住、是否找得到合适的护理服务等不确定因素的影响太多，很难开展。受调查人群对两个问题选择的分布几乎完全一样，并且这一致性不受年龄、教育水平、收入水平等各种因素的影响。

第七章　工伤保险

18世纪工业革命以来，工厂制度兴起，机器大生产代替手工劳作，机械化、化学工业，以及产业结构的复杂化，使工伤事故发生率高、影响范围广。工伤事故不仅会造成工业生产原料、资金及生产工具等生产要素的破坏，降低企业生产效率和新技术开发的积极性，还会使受到事故伤害的劳动者暂时或者永久、部分或全部地丧失劳动能力，影响劳动者本人及其家庭的生活。深层次讲，工伤事故是行业的损失，是对国家总体产能、创造力、社会经济发展的侵害。根据国际劳工组织统计，全世界因工伤事故所造成的损失相当于国民生产总值5%左右。所以工伤事故作为劳动者面临的普遍的风险，已经成为现代法制的重要课题。

第一节　工伤保险概述

一　工伤

工伤也称职业伤害（occupational injuries），（安全生产）劳动者从事职业活动或与职业责任有关的活动中，所遭受到的事故和职业病伤害。"工伤"一词比较规范的定义是在1921年国际劳工大会上通过的公约中提及的，提出由于工作直接或间接引起的事故为工伤，当时还不包括上下班交通事故和职业病。1964年第48届国际劳工大会也做出了工伤补偿应将职业病和上下班交通事故包括在内的界定。至此，职业伤害可以包括两个方面，即由工作引起并在工作过程中发生的事故伤害和职业病伤害。

1. 工作事故伤害

工作事故伤害主要包括做工伤害和上下班交通事故。做工伤害可能来自直接的或间接的原因。直接原因如物体打击、车辆伤害、机械伤害、触电、淹溺、灼烫、火灾、高处坠落、坍塌等；间接原因如防护、保险、信号等装置缺乏或有缺陷，设备、工具及附件有缺陷，光线不足或工作地点及通道情况不良，没有安全操作规程或制度不健全，设计有缺陷等。上下班途中遭遇车祸等交通事故而使身体受到伤害甚至死亡的，都可以被认定为工伤。

2. 职业病

职业病，是指劳动者在职业活动中，因接触粉尘、放射性物质和其他有毒、有害物质等因素而引起的疾病。广义上讲，生产过程中的有毒有害因素很多，当这种有害因素的浓度和强度超出一定范围和一定时间限度时，会使人体出现一些功能性或器质性的病变，甚至丧失部分或全部劳动能力。通常，各国工伤保险里所讲的职业病是指狭义上的职业病，即法定职业病。与职业关联的各种因素造成的职业病中，由国家政府主管部门立法规定的职业病才会按照职业病对待，才能享受工伤保险待遇。而一般国家确定职业病范围时都会考虑有毒有害等因素，并根据各国的社会制度、经济条件、医疗水平、生产技术发展水平等具体情况确定。

二　工伤保险

（一）概念

工伤保险，是指国家和社会为劳动者在生产经营活动或在某些规定的情况下，遭受意外事故，造成伤残、职业病、死亡等伤害，为劳动者提供医疗救治、康复服务和经济补偿，保证劳动者其家属基本生活的社会保障制度。

（二）原则

1. 无过错责任原则

劳动者在劳动过程中遭遇伤害事故，除非是受害者本人的故意行为所致，否则不论雇主或雇员主观是否存在过错，受害者都应该按照规定标准获得伤害补偿，这就是无过错赔偿原则。工伤保险实行的无过错赔偿原则精神至今保留下来，受伤害者不承担任何责任。

2. 个人不缴费原则

一般认为，劳动者是因为给社会或企业单位做贡献才会受到工伤的，为了对这些为国家或集体做出奉献者进行褒扬抚恤，各国规定工伤保险费全部由雇主缴纳，由雇主为劳动者工作环境、条件、技术等提供必要的保障，劳动者本人不需要缴纳保险费。

3. 互助互济原则

工伤保险制度实行现收现付的资金筹集模式，由各企业单位按照职工工资总额的一定比例缴纳保险费后形成社会统筹基金，专款专用、专户管理，实现全体参保社会成员的互助共济。

4. 补偿、预防、康复相结合的原则

为保障工伤职工的合法权益、维护、增进和恢复劳动者的身体健康，必须把经济补偿和医疗康复以及工伤预防有机结合起来。工伤保险最直接的任务是经济补偿，这是保障伤残职工和遗属的基本生活需要。同时要做好事故预防和医疗康复，保障职工安全与健康。这样有利于安全生产和事故防范，可以减少工作场所中工伤事故和职业病的发生。

5. 一次性补偿与长期相结合的原则

工伤保险以弥补劳动者因执行工作任务而导致伤亡或职业病时遭受经济上的损失为目的。多数事故使劳动者付出的不是经济损失，而是身体和精神的损伤。因此，工伤保险不仅要考虑劳动者维持原来本人及家庭基本生活所需要的收入，同时还要根据伤害程度、伤害性质及职业康复等因素进行适当经济补偿，对劳动者永久或暂时丧失劳动力时进行长期性和一次性补偿。

6. 区别因工受伤与非因工原则

劳动者受伤害一般可以分因工和非因工两类。前者是由于执行公务或在工作生产过程中，为社会或为集体奉献而受到的职业伤害所致，与做工事故和职业有直接因果关系；后者则与职业无关，完全是个人原因所致。由于工伤保险的赔付具有福利性，所以工伤事故必须明确事故发生的原因，对于因工作而受到伤害的劳动者，应由工伤保险基金来承担，而且医疗康复待遇、伤残待遇和死亡抚恤待遇均要比非因工伤亡的待遇优厚。

三　工伤保险制度发展历程

（一）雇主责任保险

"雇主责任"是在侵权法领域的"无过错责任原则"和当时法国、德国、英国等国家已经普遍认同的"职业伤害赔偿"原则的基础上发展起来的。雇主责任保险则指受伤害的工人或遗属直接向雇主索赔，雇主或雇主联合会向他们直接支付补偿费。欧洲工业革命时期，工业化生产对劳动者造成的伤害不仅制约了企业的发展，还拖慢了社会生产力和技术进步，工业化国家纷纷建立工伤保险制度以谋求对劳动者的工伤救济，德国最早开始实行工伤保险制度。1884年，德国首相俾斯麦批准实施《工伤事故保险法》，1885年确定工伤保险同业工会为工伤保险的经办机构。随后，英国于1897年颁布了《雇主责任法》，法国、美国、日本相继在本国法律中规定职业伤害赔偿原则，形成了早期的雇主责任保险。这些国家普遍认为，凡是利用机器或雇员体力从事经济活动的雇主或机构，就有可能造成雇员受到职业方面的伤害；意外事故因本人的正常操作发生或是由于疏忽造成的，尽管雇主和本人无过错，都由雇主进行赔偿；赔偿金应该是企业所承担的一部分管理费用。

雇主责任保险是国际上保障工人基本权益的一次重大进步。但在实施过程中还存在一些不足：一是雇主的责任难以兑现。这不仅是因为追究事故责任的过程非常复杂，还有一些资金不足的小企业无力承担赔偿责任的缘故；一些选择"私了"的雇员最终很难拿到雇主的赔偿。二是一次性支付的赔偿金有时很难满足劳动者今后生活生存需求。三是当时与雇主责任保险发展起来的商业性工伤保险不能进行有效赔付，在给雇员进行赔付时，会尽可能降低给付标准、逃避赔偿责任。

（二）工伤社会保险

1. "一战"前欧洲建立工伤保险

工伤保险计划建立初期，仅包括工业上的意外事故，如1884年德国《工伤事故保险法》仅以工伤意外事故为保险事故。随后工伤社会保险的范围有所扩大。1921年国际劳工大会《关于工人赔偿（包括农业工人）公约》（第12号）中把工伤事故定义为"由于工作直接或者间接引起的事故为工伤事故"，这里的"间接引起"是指工伤事故必须与工作或者职业的时间和地点相关,如有国家认为职工在上下班途中发生的意外事故属于间接工伤。最早把职业病纳入职业伤害补偿范围的是1906年英国的"职业补偿法修正案",其将6种职业病列入可赔偿的范围之内;德国在1925年修正《工伤保险法》时将11种职业病列入保险范围。根据国际劳工局调查统计,1925年世界上有7个国家把这种非直接的工伤事故包括在工伤保险范围内。职业病虽非事故,但是因为从事一定的劳动而蒙受疾病,给劳动者造成了损害,后来也归入了工伤保险的范围。

2. "二战"后工伤保险发展

"二战"后,雇佣合作的产业关系取代了彼此的对立对抗,于是社会保险方案运用到了工伤领域中,虽然还没有建立起来一种统一的制度,但这时工伤保险的理念逐渐发生转变,从事故发生后追寻事故原因转变为使劳动者获得应有的赔偿。1942年,贝弗里奇提出了庞大的社会保障计划,英国首次将工伤的救济请求作为社会保障的一部分。随后各国建立起工伤保险制度,据美国社会保障总署编写的《全球社会保障——1999》统计,至1999年,全世界有164个国家建立了工伤保险项目,并在保障内容、受保障人群等多方面得到改善。

首先是归责原则变化。"詹锐斯特雷·佛勒"案确立起来的"共同劳动、共同过错、对自愿者不构成侵权"原则得到修正。该"共同劳动原则"免除了雇主和工人同样地承担劳动时承担工人伤亡的责任,它的适用使许多工人失去了索赔的权利;"对自愿者不构成侵权原则",意味着工人自愿与雇主签订劳动合同就表明他们愿意接受与工作相伴随的风险。这些规则先后被弃用。"共同过错原则"关于事故的受害人要对他自身的过失行为负责,并举证雇主有过错的这些规则得以修改,代之以无过错责任原则。

其次是越来越多的国家把职工在上下班途中发生的意外事故也认定为工伤,到1963年,国际劳工局101个成员国中有50个国家把这种事故作为工伤保险事故。

最后是职业病范围进一步扩大。继英国之后,美国在1969年制定的《联邦煤矿劳动安全卫生法》第四编之黑肺症法通过联邦法律对特种职业病补偿进行立法。之后,各国在职业病的保障上达成共识。1925年国际劳工会议把铅中毒、汞中毒、炭疽病感染三种疾病划入了职业病范围。但由于化学工业的迅速发展,出现了许多新的公害。1964年国际劳工组织《职业伤害赔偿公约》(第121号)把15种疾病列入职业病范围,到1980年被国际劳工组织列为职业病的疾病已经达到29种。现代世界各国的工伤保险制度中,都把职业病包括在内。

第二节 工伤保险制度

一 受保人范围

工伤保险的受保人一般是工薪劳动者,不适用于自我雇佣者。工业化国家,现已把从事经济活动的人和从事非经济活动的人同样包括在一个工伤保险制度中。如奥地利、丹麦、德国、芬兰、日本、挪威、瑞典和突尼斯已把个体经营者也包括进来。奥地利、法国、德国、卢森堡、挪威和瑞典在法规中包括学生和教师,德国还包括政府雇员。意大利包括体力劳动者、从事危险工作的非体力劳动者、从事农业的独立劳动者。发展中国家对工伤保险的限制在减少,有权享受待遇的人在增加。很多国家还把红十字救援人员、义务消防人员、从事工会工作人员、协助警察工作人员、为保卫国家安全人员等因工作受到伤害,均包括在工伤保险的范围之列。

二 工伤保险模式

目前,世界主要的工伤保险模式有三种:

1. 社会保险类型

这种类型的工伤保险规定,凡参加工伤保险的雇主都必须向社会保险机构缴纳工伤保险,形成社会集中使用的公共基金,当雇员受到工作事故或职业病伤害时,由社会保险机构支付伤残补助金。实行社会保险制度国家工伤医疗都是免费的,受保人原则上不缴纳费用。实行这一种类型的约占实行工伤保险制度国家的2/3。

2. 雇主责任保险类型

雇主责任保险在不同的国家也有不同规定，如受伤的工人直接向雇主索赔，雇主根据法律规定直接支付赔偿金额，代表国家有美国、澳大利亚、芬兰等。又如，为其雇员的工伤风险购买商业保险，雇主只能通过向私人保险公司投保而得到保险，马来西亚、乌拉圭即是如此。再如，没有明文规定要求雇主有义务实行保险的国家，如阿根廷、印度、巴基斯坦等。实行这一类型的国家大约有 40 个，占实行工伤保险制度国家的 29% 左右。

3. 混合型

即工伤社会保险和雇主责任保险并存的制度安排，这样的国家约占实行工伤保险制度国家的 5%。

三　工伤保险基金

工伤保险基金是实行工伤社会保险模式的国家，指为了建立工伤保险制度，使工伤职工能够得到及时救助和享受工伤保险待遇，集合参保单位的工伤保险缴费、基金利息等而筹集的资金。工伤保险基金是通过法定程序建立起来的专项资金，它具有强制性，法定范围内的企业单位和雇主必须按照法律事先规定工伤保险费的缴费对象、缴费基数和费率履行缴费义务，缴费单位不能因为没有发生工伤而拒绝缴费，也不能因为没花费工伤保险基金而要求返还缴纳的工伤保险费。工伤保险基金为参保单位的雇员在发生工伤事故时支付相应的工伤保险待遇，不论发生多大程度和范围的工伤，或发生多少起工伤事故，即便支付数额较大时，该单位也无须追加缴纳。

四　工伤保险待遇

国际上工伤保险待遇现金支付的津贴大致有医疗补贴、暂时丧失劳动能力补偿、永久性丧失劳动能力补偿和遗属补贴四种。

1. 医疗补贴

在一些国家，工伤保险制度提供的医疗待遇比非工伤提供的待遇更高、更广泛。国际劳工组织 1952 年公布的《社会保障最低标准公约》指出工人获得的工伤照顾不应分担矫形设备供应和维修等费用；工伤照顾不受时间限制。1964 年《职业伤害赔偿公约》（第 121 号）对医疗照顾规定比较灵活。对于国家应负担的保护程度，各国趋向于列举不同种类的医疗补贴。此外，越来越多的国家通过立法赋予受害者接受医疗照顾的权利并不加任何期限或费用数额的限制。

2. 暂时丧失劳动能力补偿

暂时丧失劳动能力和永久性丧失劳动能力的区别，是在致残之后超过一定时期，对其进行劳动能力鉴定，如仍不能恢复或已失去原来的劳动能力，即可视为永久性丧失劳动能力。各国对暂时丧失劳动能力补偿都是按发生事故前若干时间本人平均工资的一定比例发放，是一种短期待遇。大多数国家支付原待遇的60%，少数国家支付100%，支付期限一般为26—52周。

3. 永久丧失劳动能力补偿

这一补偿包括永久性部分丧失劳动能力和永久性完全丧失劳动能力。各国一般根据伤残程度或按规定的一个时期内平均工资计算发放，实行定期支付（可称为年金）。有的国家按原待遇的65%—75%发放补偿，需要护理者加发护理费；也有国家支付待遇为原工资的100%，按伤残程度减少。

4. 遗属补贴

目前许多实行雇主责任制工伤保险的国家，遗属补贴一次性发放，而几乎所有的工伤社会保险制的国家都实行定期支付遗属补贴。在发生死亡事故后，一般都会向遗属支付丧葬费或丧葬津贴等。

五　工伤认定和劳动能力鉴定

（一）工伤认定

工伤认定和劳动能力鉴定是技术性很强的工作，也是确认进行工伤赔付和赔付标准的必经环节。劳动者遭遇工伤事故或职业病后，需有相应的技术鉴定。一般地，工伤认定是公认的主导程序，主要解决受伤者是否属于工伤、是否可以适用工伤保险规定进行处理的问题，但不能确定具体的赔偿标准。要解决具体的工伤赔付标准，需要进行劳动能力鉴定。

（二）劳动能力鉴定

劳动能力鉴定是指通过评价一个人从事体力劳动的能力来确定其丧

失劳动能力的程度。劳动能力鉴定是一项复杂而困难的工作，涉及医学、伦理学等知识，通常是由社会保险主管部门指定的医院根据评价标准，对受伤者的伤害程度进行综合分析。国际上在劳动能力鉴定方面主要有两种评价体系。

1. 劳动能力测试

主要是以同年龄、同性别健康人群的平均劳动能力作为对照标准，评价工伤职工伤残后所具有的劳动能力大小。这一评价标准的优点是比较客观、可比性强，缺点是评价指标多、操作复杂。

2. 致残程度测试

主要是依据致残程度鉴定标准，按照器官损伤、功能障碍、医疗依赖三个方面将工伤、职业病的伤残程度分为相应等级。这种体系不会直接评价职工的劳动能力，而是通过致残程度的相对严重性来反映伤残职工劳动能力的损害程度。这一办法的优点是不直接测试伤残职工的劳动能力，操作较简便，缺点是不能准确反映职工劳动能力损害程度的大小。

第三节　我国工伤保险制度

一　我国工伤保险制度的建立与发展

（一）新中国成立初期

在我国，工伤保险一直是社会保险的主要项目，新中国成立初期制定的《中华人民共和国劳动保险条例》及《劳动保险条例实施细则》等规定了工伤保险事故范围包括"因工"和"因公"。1957年卫生部颁布了《职业病范围和职业病患者处理办法的规定》，首次将职业病列入工伤保险范围。1969年以后，社会保险从全国统一模式退化为企业保险模式，工伤保险也改由企业直接管理，从而产生了一些弊端：如实施范围狭窄，仅仅国有企业在执行，改革开放后大量出现的乡镇企业、私营企业等均无完善的工伤保险；工伤的风险并未分散，主要是企业负担，一旦出现大的事故企业则不堪重负；全国没有统一的评残标准，工伤认定、医疗终结标准和劳动鉴定制度、工伤预防等都不健全，使不同企业的工伤赔付水平高低不一；待遇标准偏低，难以保障伤残者以及死亡者遗属的基本生活。

（二）制度改革时期

为了解决雇主责任制工伤保险存在的问题，国家开始推动工伤社会保险改革。1987年，卫生部、劳动人事部、财政部、全国总工会共同修订《职业病范围和职业病患者处理办法的规定》，列入了职业中毒、尘肺、物理因素职业病、职业性传染病、职业性皮肤病、职业性肿瘤和其他职业病等九类共99种职业病范围。1996年，劳动部制定了《企业职工工伤保险试行办法》和《职工工伤与职业病致残程度鉴定》，国家在统筹平衡，加强基金管理，在全国范围内推开工伤保险改革。2002年5月1日《中华人民共和国职业病防治法》正式施行，纳入职业病范围的职业病分10类115种。2004年1月，我国《工伤保险条例》正式实施，工伤保险的适用范围包括中国境内各类企业、有雇工的个体工商户以及这些用人单位的全部职工或者雇工，强化了对劳动者合法权益的保护。

二 工伤保险现状

（一）受保人

我国《工伤保险条例》明确规定，我国境内的各类企业的职工和各类工商户的雇工，均有依照条例规定享受工伤保险待遇的权利；这里所称的职工，是指与用人单位存在劳动关系（包括事实劳动关系）的各种用工形式、各种用工期限的劳动者。这说明，我国对工伤保险受保人范围进行了拓展，从原来的国有企业用工转变为不同所有制形式的用人单位的劳动者。所有的外资、合资、个体经济组织的劳动者均被要求参加工伤保险，都应该也能够享受工伤保障。

（二）覆盖面

截至2018年年末，年末全国参加工伤保险人数为23874.4万人，比上年末增加1151万人。全国新开工工程建设项目工伤保险参保率为99%。全年认定（视同）工伤110万人，评定伤残等级56.9万人。①

---

① 《2018年人力资源和社会保障事业发展公报》。

（三）基金规模

2018年全国有199万人享受工伤保险待遇，含领取伤残待遇、领取工亡待遇、享受医疗及康复待遇、新增待遇项目领取人数。工伤保险基金收入913亿元，比上年增长9.04%；基金支出742亿元，比上年增长12.03%。年末工伤保险基金累计结存1784.9亿元（含储备金294亿元）。

（四）统筹层次

根据《工伤保险条例》规定，工伤保险基金逐步实行省级统筹。跨地区、生产流动性较大的行业，可以采取相对集中的方式异地参加统筹地区的工伤保险。目前，全国多地已基本实现省级统筹，工伤保险基金可在全省范围内调剂使用。

三　工伤保险基金收支

（一）工伤保险基金的筹集

我国工伤保险基金主要由依法参加工伤保险的用人单位缴纳的工伤保险费、工伤保险利息收入和依法纳入工伤保险基金的其他资金构成。各地社会保险经办机构根据"以支定收、收支平衡"的原则、采用现收现付模式筹集基金。企事业单位是主要的责任主体，负担全部的缴费义务，被保险人即劳动者不承担缴纳保险费的义务。这是政府和企事业单位为减轻被保险人的经济负担，扩大社会保险范围而采取的一种方式。

国家根据不同行业的工伤风险程度，参照《国民经济行业分类》，将行业划分为三个类别：一类为风险较小行业，二类为中等风险行业，三类为风险较大行业。依据风险程度不同，三类行业的工伤保险费使用、工伤发生率也不同，因而分别实行不同的工伤保险缴费率，并根据这些因素在每个行业内确定若干费率档次，即差别费率。我国三类行业的工伤保险基准费率分别为用人单位职工工资总额的0.5%、1.0%、2.0%左右，平均缴费率原则上控制在在岗职工工资总额的1.0%左右。根据劳动和社会保障部《关于工伤保险费率问题的通知》的规定，用人单位属于第一类型风险的，按行业基准费率缴费；属于第二、第三类行业风险的，实行浮动费率，一至三年浮动一次。社会保险经办机构根据用人单位的工商登记和主要经营生产业务等情况，分别确定各用人单位的行业风险类别。

(二) 工伤保险待遇支出

工伤保险基金存入社会保障基金财政专户，用于工伤保险待遇、劳动能力鉴定以及法律、法规规定的用于工伤保险的其他费用的支付，不得用于其他目的。工伤保险基金应当留有一定比例的储备金，用于统筹地区重大事故的工伤保险待遇支付。根据《劳动保险条例》的规定，工伤保险待遇主要包括以下几项：

1. 工伤医疗待遇

包括治疗工伤所需费用符合工伤保险诊疗项目目录、工伤保险药品目录、工伤保险住院服务标准的费用（工伤职工治疗非工伤引发的疾病，按照基本医疗保险处理）；职工住院治疗工伤的伙食补助费，以及经医疗机构出具证明，报经办机构同意，工伤职工到统筹地区以外就医所需的交通、食宿费用；工伤职工到签订服务协议的医疗机构进行工伤康复的合规费用；工伤职工因日常生活或者就业需要，经劳动能力鉴定委员会确认，可以安装假肢、矫形器、假眼、假牙和配置轮椅等辅助器具所需的费用。

2. 停工留薪待遇

职工因工作遭受事故伤害或者患职业病需要暂停工作接受工伤医疗的期间为停工留薪期，停工留薪期一般不超过 12 个月。伤情严重或者情况特殊，经设区的市级劳动能力鉴定委员会确认，可最多再延长 12 个月。停工留薪内，工伤职工原工资福利待遇不变，由所在单位按月支付；留薪期满后仍需治疗的，继续享受工伤医疗待遇。

3. 护理待遇

工伤职工在停工留薪期生活不能自理需要护理的，由所在单位负责；工伤职工已经评定伤残等级并经劳动能力鉴定委员会确认需要生活护理的，从工伤保险基金按月支付生活护理费。生活护理费按照生活完全不能自理、生活大部分不能自理或者生活部分不能自理 3 个不同等级支付，其标准分别为统筹地区上年度职工月平均工资的 50%、40% 或者 30% 左右。

4. 伤残待遇

工伤职工评定伤残等级后，停发原待遇（包括停工留薪待遇），享受一次性伤残补助金、伤残津贴、伤残就业补助金以及生活护理费等伤残待遇。

职工因工致残被鉴定为一级至四级伤残的，保留劳动关系，退出工作岗位，享受以下待遇：

一是从工伤保险基金按伤残等级支付一次性伤残补助金，标准为：一级伤残为27个月的本人工资，二级伤残为25个月的本人工资，三级伤残为23个月的本人工资，四级伤残为21个月的本人工资。

二是从工伤保险基金按月支付伤残津贴，标准为：一级伤残为本人工资的90%，二级伤残为本人工资的85%，三级伤残为本人工资的80%，四级伤残为本人工资的75%。伤残津贴实际金额低于当地最低工资标准的，由工伤保险基金补足差额。工伤职工达到退休年龄并办理退休手续后，停发伤残津贴，按照国家有关规定享受基本养老保险待遇。基本养老保险待遇低于伤残津贴的，由工伤保险基金补足差额。用人单位和职工个人还应以伤残津贴为基数，缴纳基本医疗保险费。

职工因工致残被鉴定为五级、六级伤残的，享受以下待遇：

一是从工伤保险基金按伤残等级支付一次性伤残补助金，标准为：五级伤残为18个月的本人工资，六级伤残为16个月的本人工资。

二是保留与用人单位的劳动关系，由用人单位安排适当工作。难以安排工作的，由用人单位按月发给伤残津贴，标准为：五级伤残为本人工资的70%，六级伤残为本人工资的60%，并由用人单位按照规定为其缴纳应缴纳的各项社会保险费。伤残津贴实际金额低于当地最低工资标准的，由用人单位补足差额。

三是经工伤职工本人提出，该职工可以与用人单位解除或者终止劳动关系，由工伤保险基金支付一次性工伤医疗补助金，由用人单位支付一次性伤残就业补助金。

职工因工致残被鉴定为七级至十级伤残的，享受以下待遇：

一是从工伤保险基金按伤残等级支付一次性伤残补助金，标准为：七级伤残为13个月的本人工资，八级伤残为11个月的本人工资，九级伤残为 9 个月的本人工资，十级伤残为 7 个月的本人工资。

二是劳动、聘用合同期满终止，或者职工本人提出解除劳动、聘用合同的，由工伤保险基金支付一次性工伤医疗补助金，由用人单位支付一次性伤残就业补助金。

5. 工亡待遇

职工因工死亡，其近亲属从工伤保险基金领取丧葬补助金、供养亲属抚恤金和一次性工亡补助金：

一是丧葬补助金为 6 个月的统筹地区上年度职工月平均工资。

二是供养亲属抚恤金按照职工本人工资的一定比例发给由因工死亡职工生前提供主要生活来源、无劳动能力的亲属。标准为：配偶每月 40%，其他亲属每人每月 30%，孤寡老人或者孤儿每人每月在上述标准的基础上增加 10%。核定的各供养亲属的抚恤金之和不应高于因工死亡职工生前的工资。供养亲属的具体范围由国务院社会保险行政部门规定。

三是一次性工亡补助金标准为上一年度全国城镇居民人均可支配收入的 20 倍。伤残职工在停工留薪期内因工伤导致死亡的，其近亲属享受本条第一款规定的待遇；一级至四级伤残职工在停工留薪期满后死亡的，其近亲属可以享受第一、二项待遇。

从以上各类待遇的构成和支付渠道上来看，充分体现了救治、经济补偿和职业康复相结合，以及分散用人单位工伤风险的要求。

四 工伤认定与劳动能力鉴定

我国劳动者遭遇工伤事故或职业病后，需要在法定期限内进行工伤认定和劳动能力鉴定，以确定是否属于工伤事件及导致伤害的严重程度，这是决定劳动者遭受伤害后能否享受工伤待遇以及享受哪一级待遇的直接依据。因此，工伤认定和劳动能力鉴定是落实工伤保险待遇的基础和前提条件。

（一）工伤认定

根据《工伤保险条例》第十七条的规定，职工发生事故伤害或者按照职业病防治法规定被诊断、鉴定为职业病，所在单位应当自事故伤害发生之日或者被诊断、鉴定为职业病之日起 30 日内，向统筹地区社会保险行政部门提出工伤认定申请。遇有特殊情况，经报社会保险行政部门同意，申请时限可以适当延长。用人单位未按前款规定提出工伤认定申请的，工伤职工或者其近亲属、工会组织在事故伤害发生之日或者被诊断、鉴定为职业病之日起1年内，可以直接向用人单位所在地统筹地区社会保险行政部门提出工伤认定申请。提出工伤认定申请应当提交下列材料：工伤认定申请表，与用人单位存在劳动关系（包括事实劳动关系）的证明材料，医疗诊断证明或者职业病诊断证明书（或者职业病诊断鉴定书）。工伤认定申请表应当包括事故发生的时间、地点、原因以及职工伤害程度等基本情况。

目前，我国的工伤认定是一种行政行为，由人力资源和社会保障行政部门负责。认定的结论主要有三种。

1. 认定为工伤

在工作时间和工作场所内，因工作原因受到事故伤害的；工作时间前后在工作场所内，从事与工作有关的预备性或者收尾性工作受到事故伤害的；在工作时间和工作场所内，因履行工作职责受到暴力等意外伤害的；患职业病的；因工外出期间，由于工作原因受到伤害或者发生事故下落不明的；在上下班途中，受到非本人主要责任的交通事故或者城市轨道交通、客运轮渡、火车事故伤害的；法律、行政法规规定应当认定为工伤的其他情形。

2. 视同工伤

在工作时间和工作岗位，突发疾病死亡或者在48小时之内经抢救无效死亡的；在抢险救灾等维护国家利益、公共利益活动中受到伤害的；职工原在军队服役，因战、因公负伤致残，已取得革命伤残军人证，到用人单位后旧伤复发的。

3. 不得认定为工伤的情形

因犯罪或者违反治安管理伤亡的；醉酒导致伤亡的；自残或者自杀的。

社会保险行政部门应当自受理工伤认定申请之日起60日内作出工伤认定的决定，并书面通知申请工伤认定的职工或者其近亲属和该职工所在单位。

(二) 劳动能力鉴定

劳动能力鉴定，是指劳动者因工负伤或非因工负伤以及疾病等原因，对本人劳动与生活能力产生不同程度的影响，由劳动能力鉴定机构根据用人单位、职工本人或者亲属的申请，组织劳动能力鉴定医学专家，根据国家制定的标准和医学科学技术手段，确定劳动者劳动功能障碍程度和生活自理障碍程度的一种综合评定的制度。根据我国《工伤保险条例》第二十一条规定，职工发生工伤，经治疗伤情相对稳定后存在残疾、影响劳动能力的，应当进行劳动能力鉴定。劳动能力鉴定由用人单位、工伤职工或者其近亲属向设区的市级劳动能力鉴定委员会提出申请，并提供工伤认定决定和职工工伤医疗的有关资料。目前，我国劳动能力鉴定工作由各级劳动能力鉴定委员会负责。设区的市级劳动能力鉴定委员会应当自收到劳动能力鉴定申请之日起60日内做出劳动能力鉴定结论，必要时，做出劳动能力鉴定结论的期限可以延长30日。

根据2006年国家公布的《劳动能力鉴定职工工伤与职业病致残等级》规定，我国劳动能力鉴定主要是指劳动功能障碍程度和生活自理障碍程度的等级鉴定，通常将这两方面的鉴定合二为一。鉴定部门应依据工伤致残者进行鉴定时的器官损伤、功能障碍、医疗依赖程度、护理依赖程度、心理障碍等因素综合判定致残程度认定并区分等级。

我国对工伤致残者判定的结果可以划分为五个门类：第1门类主要是神经内、外科和精神科；第2门类是骨科、整形和烧伤科；第3门类是眼、耳鼻喉和口腔科；第4门类是普外、胸外和泌尿科；第5门类是职业病科。劳动功能障碍分为十个伤残等级，最重的为一级，最轻为十级。符合标准一级至四级的为全部丧失劳动能力，五级至六级的为大部分丧失劳动能力，七级至十级的为部分丧失劳动能力。生活自理障碍的护理等级是根据进食、翻身、大小便、穿衣及洗漱、自我移动五项条件，区分为全部护理依赖、大部分护理依赖和部分护理依赖3个等级。护理等级由劳动鉴定委员会评定。致残等级不同对护理的需求不同。

十个伤残等级划分如下：

一级。器官缺失或功能完全丧失，其他器官不能代偿，存在特殊医疗依赖，完全或大部分护理依赖的24种情形归入此类。

二级。器官严重缺损或畸形，有严重功能障碍或并发症，存在特殊医疗依赖，或大部分护理依赖的 42 种情形归入此类。

三级。器官严重缺损或畸形，有严重功能障碍或并发症，存在特殊医疗依赖，或部分护理依赖的 49 种情形归入此类。

四级。器官严重缺损或畸形，有严重功能障碍或并发症，存在特殊医疗依赖，或部分护理依赖或无护理依赖的 57 种情形归入此类。

五级。器官大部分缺损或明显畸形，有较严重功能障碍或并发症，存在一般医疗依赖，无护理依赖的 73 种情形归入此类。

六级。器官大部分缺损或明显畸形，有中等功能障碍或并发症，存在一般医疗依赖，无护理依赖的 73 种情形归入此类。

七级。器官大部分缺损或明显畸形，有轻度功能障碍或并发症，存在一般医疗依赖，无护理依赖的 72 种情形归入此类。

八级。器官部分缺损，形态异常，轻度功能障碍，存在一般医疗依赖，无护理依赖的 74 种情形归入此类。

九级。器官部分缺损，形态异常，轻度功能障碍，无医疗依赖或存在一般医疗依赖，无护理依赖的 54 种情形归入此类。

十级。器官部分缺损，形态异常，无功能障碍，无医疗依赖或存在一般医疗依赖，无护理依赖的 54 种情形归入此类。

阅读资料

正确认识"48 小时"视同工伤的立法本意（节选）

近一时期，深圳女工车间突发疾病晕倒被送往医院，因抢救超 48 小时而未被认定为视同工伤一案，再度引起了社会对"48 小时"视同工伤这一法规条款的争议。有的地方甚至召开法律研讨会，就"48 小时"视同工伤的合理性、自身疾病是否应认定工伤等进行探讨。社会对某一法规条款高度关注，相关专家对此深入研讨，都说明该条款的重要性。要正确认识"48 小时"视同工伤这一法规条款，就必须在以下三个方面澄清认识。

首先,"48 小时"视同工伤,是对在工作时间和工作岗位突发疾病做出的规定,而不是对工伤做出的规定。在《工伤保险条例》的工伤认定章节中,有两个概念必须要搞清楚,一是工伤,二是视同工伤。这二者的属性是不同的。工伤的根本特点在于"三工":工作时间内、工作地点、因工作原因,其核心点是伤害由工作原因造成的。举两个例子就能说明问题:某建筑工人在工地施工中,因高空坠物被砸伤,在医院救治了 3 天后死亡,其抢救时间虽然超过了 48 小时,仍然可以被认定为工伤死亡。某工厂职工在车间工作时,突发心脏病被送到医院,救治 3 天后死亡,因其抢救时间超过了 48 小时,就不能认定为视同工伤。为什么?因前者是因工作原因造成的死亡,不管抢救多长时间,都可以认定为工伤;而后者是因在工作岗位上发生疾病造成的死亡,就有了"48 小时"的时间限制。由此可见,现在许多人将"48 小时"视同工伤的规定与工伤混为一谈,动辄就说"抢救超 48 小时不算工伤""工伤 48 小时限制",这是不准确的。

其次,视同工伤是为了更好保障参保职工的权益,是对工伤保险保障范围的外延。工伤保险是为了减少职工受到职业事故伤害、保障职工因工作受到事故伤害或患职业病时,获得医疗救治和经济补偿的社会保险制度。我国《工伤保险条例》之所以做出"在工作时间和工作岗位,突发疾病死亡或者在 48 小时内经抢救无效死亡"视同工伤的规定,是考虑了此类突发疾病可能与工作劳累、工作紧张等因素有关,是将工伤保险的保障范围由工作原因造成的伤害,扩大到了在工作时间、工作岗位突发疾病的情形,是充分体现了"以人为本"的立法原则。之所以规定"48 小时"的限制,主要是考虑了重症疾病的有效抢救时间一般在 48 小时以内。这样的规定,既保障了在工作时间、工作岗位突发重症疾病死亡职工的权益,也可以防止将突发疾病无限制地扩大到工伤保险范围内。因为工伤保险与其他社会保险一样,其保障范围和水平应与经济社会发展水平相适应,如果保障范围无限扩大,其基金就会受到冲击,最需要保障的人群就会难以得到保障。

其三,从世界范围看,各发展中国家甚至绝大多数发达国家,目前均未将突发疾病纳入工伤保险的保障范围。虽然日本已将"过劳死"

纳入工伤保险的保障范围，但其也是严格限定在"超负荷劳动引起、加剧的心脑血管疾病引发死亡"的范围之内。日本规定的"超负荷"，不仅指发病近期（近一周内）的工作情况，还需考虑长期（近一个月乃至近半年内）疲劳的积累，而且可以认定为"过劳死"的疾病，只限于脑血管和心脏方面的疾病。

客观地说，近年来我国的社会保险制度不断完善，职工基本养老保险制度越来越完善，全民基本医疗保险制度已经建立。目前，对于那些在工作时间和工作岗位突发疾病、抢救超过48小时死亡的职工来说，是完全可以通过其他的社会保险制度，得到相应的医疗费用等方面保障的。

《中华人民共和国职业病防治法》

自2002年5月1日起施行。国家规定的纳入职业病范围的职业病分10类115种：

一　尘肺

1. 矽肺；2. 煤工尘肺；3. 石墨尘肺；4. 炭黑尘肺；5. 石棉肺；6. 滑石尘肺；7. 水泥尘肺；8. 云母尘肺；9. 陶工尘肺；10. 铝尘肺；11. 电焊工尘肺；12. 铸工尘肺；13. 根据《尘肺病诊断标准》和《尘肺病理诊断标准》可以诊断的其他尘肺。

二　职业性放射性疾病

1. 外照射急性放射病；2. 外照射亚急性放射病；3. 外照射慢性放射病；4. 内照射放射病；5. 放射性皮肤疾病；6. 放射性肿瘤；7. 放射性骨损伤；8. 放射性甲状腺疾病；9. 放射性性腺疾病；10. 放射复合伤；11. 根据《职业性放射性疾病诊断标准（总则)》可以诊断的其他放射性损伤。

三　职业中毒

1. 铅及其化合物中毒（不包括四乙基铅）；2. 汞及其化合物中毒；3. 锰及其化合物中毒；4. 镉及其化合物中毒；5. 铍病；6. 铊及其化合物中毒；7. 钡及其化合物中毒；8. 钒及其化合物中毒；9. 磷及其化合物中毒；10. 砷及其化合物中毒；11. 铀中毒；12. 砷化氢中毒；13. 氯

气中毒；14. 二氧化碳中毒；15. 光气中毒；16. 氨中毒；17. 偏二甲基肼中毒；18. 氮氧化合物中毒；19. 一氧化碳中毒；20. 二硫化碳中毒；21. 硫化氢中毒；22. 磷化氢、磷化锌、磷化铝中毒；23. 工业性氟病；24. 氰及腈类化合物中毒；25. 四乙基铅中毒；26. 有机锡中毒；27. 羰基镍中毒；28. 苯中毒；29. 甲苯中毒；30. 二甲苯中毒；31. 正乙烷中毒；32. 汽油中毒；33. 一甲胺中毒；34. 有机氟聚合物单体及其热裂解物中毒；35. 二氯乙烷中毒；36. 四氯化碳中毒；37. 氯乙烯中毒；38. 三氯乙烯中毒；39. 氯丙烯中毒；40. 氯丁二烯中毒；41. 苯的氨基及硝基化合物（不包含三硝基甲苯）中毒；42. 三硝基甲苯中毒；43. 甲醇中毒；44. 酚中毒；45. 五氯酚（钠）中毒；46. 甲醛中毒；47. 硫酸二甲酯中毒；48. 丙烯酰胺中毒；49. 二甲基甲酰胺中毒；50. 有机磷农药中毒；51. 氨基甲酸酯类农药中毒；52. 杀虫脒中毒；53. 溴甲烷中毒；54. 拟除虫菊酯类农药中毒；55. 根据《职业性中毒性肝病诊断标准》可以诊断的职业性中毒性肝病；56. 根据《职业性急性化学物中毒诊断标准（总则）》可以诊断的其他职业性急性中毒。

四　物理因素所致职业病

1. 中暑；2. 减压病；3. 高原病；4. 航空病；5. 手臂振动病。

五　生物因素所致职业病

1. 炭疽；2. 森林脑炎；3. 布氏杆菌病。

六　职业性皮肤病

1. 接触性皮炎；2. 光敏性皮炎；3. 电光性皮炎；4. 黑变病；5. 痤疮；6. 溃疡；7. 化学性皮肤灼伤；8. 根据《职业性皮肤病诊断标准（总则）》可以诊断的其他职业性皮肤病。

七　职业性眼病

1. 化学性眼部灼伤；2. 电光性眼炎；3. 职业性白内障（含辐射性白内障、三硝基甲苯白内障）。

八　职业性耳鼻喉口腔疾病

1. 噪声聋；2. 铬鼻病；3. 牙酸蚀病。

九　职业性肿瘤

1. 石棉所致肺癌、间皮瘤；2. 联苯胺所致膀胱癌；3. 苯所致白血病；4. 氯甲醚所致肺癌；5. 砷所致肺癌、皮肤癌；6. 氯乙烯所致肝血管瘤；7. 焦炉工人肺癌；8. 铬酸盐制造业工人肺癌。

十　其他职业病

1. 金属烟热；2. 职业性哮喘；3. 职业性变态反应性肺泡炎；4. 棉尘病；5. 煤矿井下工人滑囊炎。

第八章 失业保险

第一节 失业概述

一 失业与失业类型

（一）失业

1. 经济学上的失业

失业（unemployment）是指达到就业年龄且具备工作能力但谋求工作时未得到就业机会的状态。对于就业年龄，不同国家往往有不同的规定，在美国，年满16周岁而没有正式工作或正在寻找工作的人都称为失业者。失业有广义和狭义之分。广义的失业指的是生产资料和劳动者分离的一种状态。在这种状态下，劳动者的生产潜能和主观能动性无法发挥，不仅浪费社会资源，还对社会经济发展造成负面影响。经济学里一般是从广义上解释失业的。狭义的失业指的是有劳动能力的处于法定劳动年龄阶段的并有就业愿望的劳动者失去或没有得到有报酬的工作岗位的社会现象。

2. 社会保障的失业

按照国际劳工组织（ILO）的统计标准，凡是在规定年龄内、一定期间内（如一周或一天）属于下列情况的均属于失业人口：没有工作，即在调查期间内没有从事有报酬的劳动或自我雇佣；当前可以工作，即是当前如果有就业机会，就可以工作；正在寻找工作，就是在最近期间采取了具体的寻找工作的步骤，例如到公共的或私人的就业服务机构登记、到企业求职或刊登求职广告等方式寻找工作。可见，各国社会保障制度中所建立的失业保险制度，主要用于保障狭义上所讲的失业人员，即应该具备以下几个条件：一是有劳动能力，没有劳动能力的人不存在失业问题；二是有劳动意愿，有劳动能力的人虽然没有职业，但自身也不想就业的人，不称为失业者；三是得不到适当的就业机会，即本人无工作，没有从事有报酬的职业或自营职业。对于处在法定劳动年龄，但在学校读书，或服军役或没有就业意愿的无业者不归属失业范畴。

这里的失业通常有两种状态：一是完全失业，即这些国家法律所承认的失业现象；二是半失业，指希望全日工作、连续工作的劳动者只能得到非全日制工作或者被迫缩短工时。资本主义国家在统计失业人数时，仅包括完全失业者，不包括半失业者。[①] 与此相对应的概念是充分就业和不充分就业。自第二次世界大战以来，充分就业一直是许多政府的既定目标，当然，充分就业并不意味着"零失业"率，因为在任何时期，社会上总会存在一定数量的游离于新、旧工作之间，但在长期意义上又不是失业的人们。不充分就业是指那些仅能找到短时工作的就业人员，如兼职工人、季节性工人、打零工的人或临时工等，即半失业人员。

（二）失业类型

根据人们的就业意愿，可以把失业区分为自愿性失业、非自愿性失业和隐蔽性失业。

1. 自愿性失业

自愿性失业是指在弹性工资和完全竞争条件下，当劳动者在现有的工作条件下能够就业，但因为家庭问题、生育、学习或因工作条件差、收入低等而要求暂时停止工作或不愿接受这些工作而造成的失业。由于这种失业是由于劳动人口主观不愿意就业而造成的，所以被称为自愿失业，无法通过经济手段和政策来消除，因此不是经济学所研究的范围。

2. 非自愿性失业

非自愿性失业是指在市场经济条件下，由于社会经济等难以避免的客观原因造成的失业，这种失业可以通过经济手段和政策来消除。经济

---

① 邓大松：《社会保险》（第2版），中国劳动社会保障出版社2009年版，第220页。

学中所研究的失业是非自愿失业。按照客观原因的不同，非自愿失业还可以分为以下情形：①

（1）摩擦性失业。摩擦性失业是指因季节性或技术性原因而引起的失业，即由于经济在调整过程中，或者由于资源配置比例失调等原因，使一些人需要在不同的工作中转移，这些人等待转业期间而产生的失业现象。这种失业是竞争性劳动力市场会出现的正常现象，凯恩斯认为摩擦性失业和充分就业不悖。

（2）结构性失业。结构性失业是指劳动力供给和需求不匹配造成的失业，其特点是既有失业，又有空缺职位，失业者或者没有合适的技能，或者居住地不当，因此无法填补现有的职位空缺。结构性失业在性质上是长期的，而且通常起源于劳动力的需求方。这种失业是由经济变化导致特定市场的特定类型劳动力的需求相对低于其供给而发生的。这里的经济变化情形较多，如技术变化，原有劳动者不能适应新技术的要求，或者是技术进步使劳动力需求下降。从短期看，先进的技术和生产力、完善的经营管理，以及生产率的提高，必然会取代一部分劳动力，从而使之失业。但从长远角度看，劳动力的供求总水平不因技术进步而受到影响。又如消费者偏好变化，消费者对产品和劳务偏好的改变将使某些行业扩大而另一些行业缩小，处于规模缩小行业的劳动力因此而失去工作岗位。另如劳动力的流动成本制约了失业者从一个地方或行业流动到另一个地方或行业，也会使结构性失业长期存在。

（3）季节性失业。由于某些行业生产条件或产品受气候条件、社会风俗或购买习惯的影响，使生产对劳动力的需求出现季节性的波动而形成的失业。这种情况通常出现在建筑行业、农业部门和商业部门中的冷食部门等。

（4）周期性失业。周期性失业是指经济周期波动所造成的失业，即经济周期中的衰退或萧条时，因总需求减少而降低了总产出时，厂商的生产规模也缩小，会引起整个经济体系的普遍失业。周期性失业对于

---

① ［美］伊兰伯格、史密斯：《现代劳动经济学——理论与公共政策》（第6版），中国人民大学出版社1999年版，第54页。

不同行业的影响是不同的，需求的收入弹性越大的行业，周期性失业的影响越严重。也就是说，人们收入下降，产品需求大幅度下降的行业，周期性失业情况比较严重。通常用紧缩性缺口来说明这种失业产生的原因。紧缩性缺口是指实际总需求小于充分就业的总需求时，实际总需求与充分就业总需求之间的差额。

3. 隐蔽性失业

隐蔽性失业是经济学中常说的一种失业状态，它是指表面上有工作，实际上对生产并没有作出贡献的人，即有"职"无"工"的人的边际生产力为零。当经济中减少就业人员而产出水平没有下降时，即存在隐蔽性失业。美国著名经济学家阿瑟·刘易斯曾指出，发展中国家的农业部门存在严重的隐蔽性失业。这种情况在劳动力供大于求时较多，如一个熟练工干半熟练工的工作、原本一个工人即可完整的工作用两个工人去做等。隐蔽性失业也不是经济学研究的范围。

二 失业的影响

失业会产生诸多影响，虽然社会影响难以估计和衡量，但它最易为人们所感受到，因此人们更关注它对社会经济产生的负面影响。

失业威胁社会经济基本单位的稳定。家庭是社会的基本单元，当家庭没有收入或遭受损失时，就等于维持生计的依赖丧失，家庭的要求和需要得不到满足，家庭关系将因此而受到损害。家庭之外的人际关系也受到失业的严重影响。一个人一旦失去工作，人们就会对该劳动者的技术技能、职业素养、作业水平等做出低下的判断，削弱其自尊和影响力，面临着被同事拒绝的可能性，并且可能要失去自尊和自信。最终，失业者在情感上受到严重打击。失业者会产生绝望感，认为被社会遗弃，从而对社会产生报复心理，影响社会安定。

当失业率上升时，经济中本可由失业工人生产出来的产品和劳务就损失了。衰退期间的损失，就好比将众多的汽车、房屋、衣物和其他物品都销毁掉了。20 世纪 60 年代，美国经济学家阿瑟·奥肯根据美国的数据，揭示了经济周期中失业变动与产出变动的经验关系，认为实际 GDP 每下降 2 个百分点，实际失业率就会比自然失业率上升 1 个百分点；反之亦然。举例来讲，就是假设实际失业率为 8%，高于 6% 的自然失业率 2 个百分点，则实际 GDP 就将比潜在 GDP 低 4% 左右。

三　失业率

失业率是反映失业程度的重要指标，是指没有工作且在积极找工作的人占总工作人数（具备劳动能力）的百分比。失业率是资本市场的重要指标，其增加是经济疲软的信号，可导致政府放松银根，刺激经济增长；相反，失业率下降，将形成通货膨胀，使中央银行收紧银根，减少货币投放。与失业率相反的是就业数据（The Employment Data），一般用非农就业数据统计非农生产的职位变化情形，以反映制造业和服务业的发展及其增长。就业数据降低代表企业生产缩减，经济步入萧条；当社会经济发展较快时，消费随之增加，消费性以及服务性行业的职位也就增多。

目前，世界上大多数国家主要采用两种失业率统计方法。一种是登记失业率，另一种是劳动力抽样调查失业率。两种失业率都是政府决策的重要依据。登记失业率统计的是到公共就业服务机构进行失业登记、享受失业保险待遇并求职的失业人员数量。公式中从业人员包括城镇单位就业人员（扣除使用的农村劳动力、聘用的离退休人员、港澳台及外方人员）、城镇单位中的不在岗职工、城镇私营业主、个体户主、城镇私营企业和个体就业人员等；城镇登记失业人员指有非农业户口，在一定的劳动年龄内（16 岁以上及男 60 岁以下、女 50 岁以下），有劳动能力和就业意愿却无业，并在当地就业服务机构进行求职登记的人员。

登记失业率 = 期末实有登记失业人数 ÷（期末从业人员 + 期末实有登记失业人数）×100%

由于各国公共就业服务和社会保险发展水平不一，登记失业率在国与国之间不能比较。我国过去一直采用的是登记失业率。由于我国就业服务体系和社会保障体系还不完善，到就业服务机构登记求职的失业人员数量不够全面，因而存在实际失业率高于登记失业率的现象。2018 年起，我国开始统计城镇调查失业率。抽样调查失业率是指通过劳动力调查或相关抽样调查推算得到的失业人口占全部劳动力（就业人口和失业人口之和）的百分比。这一指标基本依据的是国际化的失业定义，可以进行国际比较。

调查失业率 = 城镇调查失业人数 ÷（城镇调查从业人数 + 城镇调查失业人数）× 100%

第二节 失业保险

一 失业保险

（一）概念

失业保险是指国家通过立法强制实行的，由用人单位、职工个人缴费及国家财政补贴等渠道筹集资金建立保险基金，对因失业而暂时中断生活来源的劳动者提供物质帮助以保障其基本生活，并通过专业训练、职业介绍等手段为其再就业创造条件的制度。

失业保险是社会保障制度的一项重要内容，其核心是由国家建立起失业保障基金以暂时保障失业人员的基本生活。当劳动者在市场竞争中非自愿失业时，意味着保险风险发生，社会将承担保障劳动者生活的责任。但是，这种责任不会长期存在，它只是劳动者从失业到再就业期间的暂时补偿，其保障是有法定时限的，超过这个时限失业保险基金将不再承担赔付责任。从这个意义上说，失业补偿不是制度建设的目的，提供就业服务、激励失业者再就业才是他的最终宗旨。

（二）特征

失业保险是国家通过立法强制实施的一种社会政策。失业风险最早是由失业者个人和家庭承担，之后由社会组织实行互助性的失业救济，逐渐又形成了自愿性的失业保险和国家立法强制实行失业保险。目前，世界上只有少数国家实行自愿性的失业保险制度，而大多数国家都实行强制性的失业保险，且很多国家都是强制性失业保险与失业救济制度相混合的。

1. 保障对象是有劳动能力的劳动者

与工伤保险不同，享受失业保险的资格条件不以是否丧失部分或者全部的劳动能力为前提，对象只能是有劳动能力的法律规定范围内的工薪劳动者。

2. 以非自愿失业为原则

一般地,判断非自愿的标准是通过劳动者行为体现出来的。也就是说,劳动者由于非自愿因素,如结构性调整、经济周期等导致失业后,应有积极寻找新的就业机会、参加再就业培训、学习职业技能、进行就业登记的行动。

3. 仅保障职工及其家属的基本生活

失业保险是社会保险的一项重要内容,而社会保险是以保障人民基本生活为根本宗旨的,因此失业保险也只是保障失业者短期内的基本生活,不可能满足他们更高层次的要求。

4. 国家建立全社会统筹使用的基金

失业保险并不建立个人账户,所有企业和个人的缴费全都进入失业保险社会统筹基金,在各统筹区域内调剂使用,实现互助共济的目的。

二 失业保险发展历程

19世纪中叶,欧洲各国工人在工会组织的领导下成立了互助会,开展各种救济失业、保障就业的活动。随着工业化进程的加快和大机器生产,技术革新使大量劳动者失去工作,再加上大量的农村劳动力进入城镇,成为潜在的失业人群。在当时的社会环境下,大量劳动者流离失所和越来越多的失业人群聚集在城镇,都成为社会的不稳定因素,各国开始关注建立失业保险制度。

1901年,比利时出现了政府资助的失业保险,由地方财政提供资助,工会互助会管理资金,吸纳职工自愿参加。1906年前后,法国、挪威、丹麦等国家先后颁布了失业保险制度,建立了本国非强制性的失业保险制度。1911年英国政府正式批准《国民保险法》,其中第二部分是失业保险部分,这是世界上第一部遍及全国的强制性失业保险法,但当时主要保障失业风险特别大的机械、造船、建筑、纺织、木器等行业。

1919年国际劳工组织成立,这一新兴的工会组织在失业保险制度建设上发挥了重要作用。1934年制定了《失业补贴公约》《失业补贴建议》,1952年制定了《社会保障最低标准公约》。此后,意大利、奥地利、波兰、德国等国家均实行了失业社会保险制度;美国1935年的

《社会保障法》将失业保险纳入全国社会保障体系。欧洲众多国家开始制定失业保险制度，保障范围不断扩大。特别是1988年国际性文件《促进就业和失业保护公约》《促进就业和失业保护建议书》被认为是国际立法的"分水岭"，将失业保护措施和促进就业结合了起来。重视失业保险的预防失业和促进就业的职能，如缩短失业人员领取失业金的期限，以促使失业者尽快就业。

失业是各国普遍存在的社会现象，它伴随一个国家经济发展而长期存在，因而失业保险得到越来越多国家的关注，众多国家对失业保险制度进行不断改革和完善。20世纪60年代以来，一些国家因失业率长期居高不下，失业保险金的支出不堪重负，开始将制度导向由消极的事后补偿转变为积极的事先预防，开始重视职业培训、再就业培训和失业预防等制度安排。如日本于1975年颁布的《雇佣保险法》将促进就业作为失业保险的首要目的；法国1967年通过了对失业保护制度进行改革的法令，提出失业补偿的目的应适应技术变革的前景，失业人员应加强专业技能以适应这种变化，英国也提出了相应的职业培训的措施。

第三节　失业保险制度

一　受保人范围

实行强制性失业保险的国家对保障人群的范围有不同规定，但一般都把工商企业雇员列入实施范围，而国家公务员、农民、个体劳动者、学校毕业生以及一些特殊职业人员的保障都是根据本国实际情况规定。

美国规定凡属于失业保险法所规定类别的雇员必须无条件地参加失业保险制度。具体包括私营企业、州和地方政府机构及非营利性组织的雇员，联邦政府的公务员有另外的保险制度。

瑞典的失业保险制度实行基本保险和自愿保险双重模式。基本失业保险覆盖符合基本条件和工作条件，年龄在20—64岁的劳动者在就业之日就会被列入国家失业保险。自愿保险由行业工会组织成立的失业保险基金会提供，自愿保险与收入相关，覆盖本行业会员，保障从事固定的、有辅助薪酬补贴的、有就业补助金的、有公益性单位提供的庇护性就业工作的人群。

德国的失业保险覆盖所有就业人口，任何每周被雇用18小时及以上的人员都要参加失业保险。

日本、法国、西班牙等国对建筑工人、码头工人、铁路工人和海员等还建立了单项失业保险制度。

随着社会经济发展，失业保险的范围有扩大的趋势。根据国际劳工组织1988年举行的第75届劳工大会通过的《促进就业和失业保护公约》的规定，失业保险的范围不仅包括所有挣工资的劳动者，而且还应该覆盖季节工、临时工、家庭佣人、学徒和公务员。除了这些人外，还有八种寻找职业的人，也要被覆盖在失业社会保险范围之内：结束了学业并且成长为劳动力的青年；完成了国家规定的服兵役义务的青年；完成了职业培训的青年；无权享受遗属社会保险待遇的丧偶者；刑满释放的犯人；结束职业康复的残疾者；回归祖国的劳动者；结束抚育子女义务的父母亲。①

二 失业保险基金

（一）缴费主体

各国规定了不同的失业保险缴费负担主体。

1. 雇主、雇员、政府三方负担

实行此种筹资方式的国家主要有丹麦、英国、加拿大、日本等。如日本失业保险基金主要来自政府、雇主、雇员三方负担，其中政府负担25%，剩下的部分由雇主和雇员各负担一半。

2. 政府全部负担

这种形式的国家主要由政府财政通过预算等形式将税收收入拨付于失业保险基金，而企业和个人不需要承担缴费义务。以澳大利亚、新西兰为代表的国家，失业保险基金主要来自财政补贴。

3. 企业主与雇员分担

法国、芬兰、荷兰、加纳等国家失业保险缴费由企业和个人共同承

---

① 邓大松：《社会保险》（第2版），中国劳动社会保障出版社2009年版，第226页。

担。如法国一般失业保险金由雇员和雇主共同缴纳，雇主负担 3.7%，雇员缴纳 2.1%。德国的失业保费由雇主和雇员共同承担总收入的 6.5%，但当雇员的工资抵御保险金计限限额的 1/10 时，雇员不用缴费，保险金全部由雇主承担。

4. 国家和企业分担

如意大利，失业保险费中工商企业的平均缴费率为工资总额的 1.91%，工业雇主还要为特殊失业保险和"工资补充基金"缴工资总额的 0.3% 和 2.2%（企业员工不足 50 人者为 1.9%），建筑业为工资总额的 0.8% 和 2.2%；政府补贴行政费用，以及对农业工人、青年失业者和"工资补充基金"进行补贴。

（二）缴费率

缴费率则根据本国经济发展和劳动者就业情况适时调整。美国规定雇主负担的平均费率为工资的 3.5%，但实际费率会根据企业所处行业的失业风险程度高低而不同。我国失业保险的平均缴费率为 1%，但行业风险不同，具体的缴费率也有差别。

三 失业保险待遇

（一）领取待遇条件

1. 失业者必须是非自愿失业

非自愿外在表现为劳动者在失业后积极寻找工作、参与再就业培训、进行失业登记等；愿意听从职业介绍部门的工作安排，对于职业介绍部门提供的就业机会非因正当原因不应拒绝。

2. 处于法定劳动年龄并具备劳动能力

因为失业保险是一种在职保险，未达到劳动年龄的人不存在就业问题，因而不能享受失业保险待遇；对于未达法定年龄而在劳动的童工，属非法用工，不能获得失业保障；超过法定年龄仍在工作的，失业后按退休人员领取养老待遇。

3. 失业前有就业或缴费记录

根据权利和义务的对等性，失业保险制度要求失业人员应该参与了社会劳动，并足额缴纳失业保险费后，保险基金才会对出现的失业风险进行相应的补偿。各国一般不保护没有参加过劳动的人，因此很多国家将刚毕业未能顺利就业的大学生排除在制度之外。美国规定 1 年中劳动者要有 20 周以上就业方可领取失业救济金。对于刚工作不久就失业的劳动者，应视其工作和缴费时间长短而定。很多国家都规定了劳动者的最低缴费年限，如意大利规定劳动者应投保满 2 年，且最近 2 年内缴纳保险费应达到 52 周。

4. 履行法定的义务

各国失业保险对劳动者享受待遇的条件设置多有差异，多以缴费期限、就业年限的不同区分不同的待遇水平和领取期限，并附加其他一些条件。如澳大利亚规定领取失业保险待遇的劳动者除满足有工作能力和就业意愿、努力谋求职业并进行了登记以外，还必须于失业前在澳大利亚已居住满 1 年的时间。

(二) 待遇给付

1. 基本标准

国际劳工组织对失业津贴的给付提出了三条基本标准：一是失业津贴应以失业者的原工资或投保费用作为制定依据；二是失业津贴应界定在失业者原工资的 50% 以上；三是失业津贴可规定一个上限。目前大多数国家都把失业津贴基本定在工资的 50% 以上。

2. 给付方法

各国实行不同的失业保险待遇给付方法。有的国家实行均一制方法，如英国规定 25 岁以上失业者失业津贴为 51.4 英镑；18—25 岁 40.7 英镑；18 岁以下 30.95 英镑。有的国家实行工资比例制方法，如埃及规定失业津贴为原工资的 60%，美国为 50%，比利时为 50%。这一比例也可以是递变的，如奥地利将工资分为 65 个等级，原工资越低津贴占原工资比例就越高，基本在原工资的 40%—80%。有的国家实行津贴一部分按比例发放，一部分按绝对数发放的制度，如法国失业津贴为工资的 42% 再加上每天 40 法郎。

3. 给付期限

国际劳工组织规定，失业津贴的给付期每年至少 156 个工作日，在任何情况下都不得少于 78 个工作日。20 世纪 70 年代以来，很多国家失业率上升，因而不同程度地延长了最长给付期，但一般都在 26—52 周。

不同的国家失业津贴给付期限与投保期长短（德国、加拿大、西班牙）、工作年限（中国、南斯拉夫）挂钩，按周或按月支付。实行失业津贴和失业救助金混合制度的国家，失业救助金属于社会救助，发放期限相对较长，但也有期限，有的国家规定失业救助金在失业津贴发放期限截止后开始发放。

（三）待遇水平

1. 待遇

失业者待遇主要包括法定给付期限内的待遇和超出法定期限的待遇两种。法定期限内的失业保险金包括基本生活津贴和促进就业相关的费用（就业培训、提供信息、职业介绍等）。超过法定期限给予的是失业救助金，可以一次性发放或按一定工资比例发放。失业保险待遇数额一般少于就业时的工资水平，这有利于促使劳动者重新就业。此外，有的国家的失业保险机构为失业者代缴失业期间的养老保险、伤残保险和遗属保险费等，如德国、奥地利、卢森堡等国家。

2. 等待期

为了对失业情况进行调查，并减少超短时间内失业后再就业却又同时领取失业津贴的现象，减少基金支出规模，大多数国家规定劳动者失业后并不立即获得失业保险待遇。这一失业后等待领取失业保险金待遇的期间被称为等待期。国际劳工组织建议的等待期原则上不超过每次失业后3—6天的期限，最长可延长到7天。目前多数国家都将等待期规定为3—7天，最长一般不超过14天，英国等待期为3天、瑞典的等待期为5天、意大利为7天，也有国家不设等待期，如德国。随着时间推移，许多国家都在缩短甚至取消失业保险等待期。

第四节 我国失业保险制度

一 我国失业保险制度发展历程

（一）传统的就业保障制度

新中国成立后，国民党政府留下的400多万失业工人与旧政府职员成为我国第一批失业大军,加之政府实行紧缩银根的政策缓解通货膨胀,难以避免地出现了更多的新失业人口。1950年7月1日,政务院和原劳动部分别制定了《关于救济失业工人的指示》和《救济失业工人暂行办法》,设立了失业工人救济委员会,建立失业救济金。按照暂行办法规定,失业保险金主要有三个筹措渠道:国营企业、私营企业按职工工资总额的1%缴纳失业保险费;职工按本人工资的1%缴纳失业保险费;政府提供补贴和社会各界赞助。失业保险基金主要支出于国营企业、私营企业、码头运输业失业人员以及文教部门失业人员的救济,并对这些部门的失业劳动者进行登记管理,发放失业救济金。实行就业促进的措施,全面统一负责城镇失业人员的工作与生活,将其安排进政府自己拥有所有权并直接管理的各种类型的"工作单位"。

经过努力,国内失业现象得到消除,城镇新成长的劳动力和一部分农村劳动力也都实现了劳动力和生产资料的直接结合和生产劳动。因此,自1958年起失业保险制度不再发生作用,劳动保险中不再设立失业保险项目,这个时期开始把达到就业年龄没有找到工作的、被单位辞退的人员,称为待业。但是,这种传统的就业社会保障制度以行政强制约束的方式,实现失业人群的普遍就业,具有国家实行统包统配、单位用人不能自主、劳动者就业不能选择、劳动市场未经培育的典型特征。本着低工资、广就业理念,劳动者和企业终身固定的劳动关系成为员工的铁饭碗,劳动力供需主体的选择权被剥夺。这种强制安置的就业造成劳动者隐蔽性失业,削弱了人们的进取精神与劳动积极性,而企业更无经济效益、职业技能可谈,政府也背上了沉重的负担。

(二)就业社会保障制度变革

20世纪70年代末80年代初,随着经济体制改革和经济结构的调整,失业问题便现实存在于各行各业,失业保险立法迫在眉睫。1986年7月,国家在《国营企业实行劳动合同之暂行规定》《国营企业招用工人暂行规定》《国营企业辞退违纪职工暂行规定》基础上优化组合制定了《国营企业职工待遇保险暂行规定》,开始推行多元化的就业方针,国家规划指导,实现劳动部门介绍就业、自愿组织起来就业、自谋职业相结合等形式相结合。劳动就业制度逐渐从统包统配向劳动合同制用工改革。

二 我国现行失业社会保险制度建设

《国营企业职工待业保险暂行规定》里所指"待业"实际上就是"失业",标志着我国真正意义上的失业保险制度的建立,填补了我国社会保险制度在失业方面的空白。该《暂行规定》确立的待业保险制度中之待业保险的实施范围仅限于国有企业,其实施对象有四种:①宣告破产的企业的职工;②濒临破产的企业法定整顿期间被精减的职工;③企业终止、解除劳动合同的职工;④企业辞退的职工。此外,还规定了待业保险基金的使用范围,行业保险基金的筹集,待业保险的待遇标准,待业保险管理等。但由于《暂行规定》实施范围窄、保障水平低、承受能力弱,个人不缴费的规定打破了权利义务的对等原则,并不能适应国家搞活企业、深化改革的需要。

1993 年,国务院令第 110 号发布了《国有企业职工待业保险规定》(以下简称《规定》),对国有企业职工失业保险制度进行了调整。《规定》中将待业保险的实施范围和对象扩大到 7 种人员,新增了按照国家有关规定被撤销、解散企业的职工;按照国家有关规定停产整顿企业被精减的职工;依照法律、法规或者按照省自治区直辖市人民政府规定,享受失业保险的其他职工。待业保险基金来源于企业缴纳的待业保险费、待业保险费银行利息收入、地方财政补贴三条渠道,个人仍然不缴费。待业津贴的发放标准相当于当地民政部门规定的社会救济金额的 120%—150%。对于用非法手段获取待业保险金、挪用失业保险基金或待业保险机构违反规定拖欠支付待业保险津贴或其他待业保险费用的行为制定了"罚则"等。

1994 年第八届人大第八次会议颁布的《中华人民共和国劳动法》"社会保险与福利"一章第 71 条、第 73 条明确提到"失业"保险问题。1999 年 1 月 22 日,国务院颁布了《失业保险条例》(以下简称《条例》),将待业保险正名为失业保险,并进一步将失业保险制度的覆盖范围扩大到所有企业、事业单位。我国失业保险制度真正建立。《条例》实施以来,为促进再就业、维护社会稳定发挥了重要作用。随着国有企业的改革,政府向再就业服务中心调剂资金 270 亿元,保障了 3000

万下岗职工的基本生活和平稳转移。为应对2008年国际金融危机，国家实行"一缓一减三补贴"政策，即允许困难企业缓缴失业保险费，阶段性降低失业保险费率，向困难企业支付社保补贴、岗位补贴和培训补贴，切实减轻企业压力。2010年10月《社会保险法》制定出台，专章对失业保险参保缴费等进行了规定。

三 我国失业保险制度

（一）制度特点

1. 强制性

国家以法定形式向规定范围内的用人单位、个人征缴失业保险费，缴费义务人必须履行缴费义务。哪些单位、哪些人员要缴费，如何缴费都是由国家规定的，单位或个人没有选择的自由和放弃的权利。通过相关主体缴费建立起的失业保险基金可以为发生失业风险的参保人提供必要的保障。

2. 无偿性

国家征收的失业保险费是为了社会成员之间的互助共济，义务人的缴费不会与待遇水平直接关联，征缴部门也不需要向缴费义务人支付任何代价。

3. 固定性

国家根据社会保险事业的需要，事先规定失业保险费的缴费对象、缴费基数和缴费比例。在征收时，不因缴费义务人的具体情况而随意调整。固定性还体现在失业保险基金的使用上，实行专款专用，失业保险基金的结余不得用于填补其他保险项目的赤字。

4. 统一性与灵活性相结合

在失业保险固定性原则的前提下，要兼顾区域差别和特殊情况，赋予地方适当自主权，增强制度灵活性。如在费率机制上，规定统一的上限，同时授权各地在此限度内适当调整；在失业保险金标准、省级调剂金、稳岗补贴、技能提升补贴、领金人员促就业补贴政策，以及失业保险关系转移接续、是否覆盖有雇工的个体工商户及其雇工等方面，都在规定基本条件的同时，授予各地适度调整的权限。

(二) 制度体系

我国失业保险已逐渐建立起了失业预防、职业培训和失业补偿"三位一体"的保障体系。

1. 失业预防

我国在失业预防方面的两项重要举措是稳岗就业补贴和失业预警制度。2014年，国家人力资源和社会保障部发布了《关于失业保险支持企业稳定岗位有关问题的通知》，规定使用失业保险基金对实施了兼并重组、化解产能过剩、淘汰落后产能的企业的稳岗就业工作予以支持和鼓励。2015年，国务院《关于进一步做好新形势下就业创业工作的意见》（以下简称《就业创业工作意见》），将支持企业稳定岗位政策的范围扩大到符合条件的所有企业。国家通过稳岗补贴政策向不裁员少裁员的企业提供资金支持，使国家产业结构调整、淘汰过剩产能的总体部署得以顺利推进。2016年，国家发放稳岗补贴259亿元，增长104%，惠及企业46万户，涉及职工4832万人，增长179%。[1]

失业预警是通过对反映就业、失业状况的监测指标跟踪分析，一般规定明确的失业控制目标，建立失业监测系统进行动态监测，确定预警失业线，一旦失业状况指标接近或达到预警线，即发出预警信号，启动应急预案，切实发挥预防失业功能。根据国际惯例，一般失业率在5%以下时认为是充分就业状态，处于5%—10%时则处于失业预警区域，失业率高出10%时认为会酿成重大社会和政治问题。各地一般根据失业预警，用人单位和政府部门可采取相应的对策措施，避免较大规模失业的出现。甘肃省2015年抽取被监测企业共644户，覆盖全省14个市州，涉及18个行业，职工总数达43.1万余人。按月形成《甘肃省失业动态监测通报》。

2. 职业培训和再就业服务

随着《就业创业工作意见》政策在各地的贯彻落实，失业保险基金为符合条件的企业职工生活补助、缴纳社会保险费、转岗培训和技能

---

[1] 《人力资源与社会保障部政策解读：预防失业 稳定就业 全面发挥失业保险功能》，http://www.mohrss.gov.cn/SYrlzyhshbzb/zcfg/SYzhengcejiedu/201705/t20170522_271144.html。

提升培训等提供支持，职业培训网络和再就业服务工程进一步完善。国家通过全面规划，建立起再就业服务中心，为下岗职工提供全方位服务。加强就业市场宏观调控，适度约束就业。2016年，失业保险基金支出961亿元，其中防失业、促就业支出545.8亿元，占56.8%。2017年推出《关于做好当前和今后一段时期就业创业工作的意见》和《关于失业保险支持参保职工提升职业技能有关问题的通知》，使用失业保险基金发挥支持参保职工提升职业技能的功能，对有效帮助广大职工适应经济转型升级的要求，预防失业、稳定就业，提高就业竞争力具有重要作用。

3. 失业补偿

对于发生失业风险的劳动者可以进行失业登记，持相关证明申领失业补偿，主要包括失业津贴和失业救助金。

四 我国失业保险制度规定

（一）受保人

根据我国《失业保险条例》和《社会保险法》的相关规定，职工应当参加失业保险。失业保险适用于城镇企业、事业单位及其职工。城镇企业是指国有企业、城镇集体企业、外商投资企业、城镇私营企业以及其他城镇企业。

（二）规模

2018年年末，全国参加失业保险人数为19643万人，比上年末增加859万人。年末全国领取失业保险金人数为223万人，比上年末增加3万人。全年共为452万名失业人员发放了不同期限的失业保险金，比上年减少6万人。失业保险金月人均水平1266元，比上年增长13.9%。全年共为领取失业保险金人员代缴基本医疗保险费92亿元，比上年增长8.2%。全年发放稳岗补贴惠及职工6445万人，发放技能提升补贴惠及职工60万人。全年失业保险基金收入1171亿元，基金支出915亿元。年末失业保险基金累计结存5817亿元。①

（三）基金筹集

根据《失业保险条例》，城镇企业事业单位按照本单位工资总额的

---

① 《2018年人力资源和社会保障事业发展公报》。

2%、职工按照本人工资的 1% 缴纳的失业保险费，失业保险基金包括企业事业单位缴费、失业保险基金的利息、财政补贴和依法纳入失业保险基金的其他资金。此后，我国连续三次阶段性降低了失业保险费率。2015 年由 3% 降至 2%，2016 年降至 1%—1.5%，其中个人费率不超过 0.5%，两年共减收失业保险费 900 亿元。2017 年全国失业保险总缴费率平均水平降至 1%，山东、浙江、江苏、河北、山西、辽宁、吉林、宁夏、新疆、甘肃 10 个省份明确将失业保险总费率下调至 1%。

（四）待遇标准

1. 给付条件

根据《失业保险条例》，我国劳动者领取失业保险待遇必须满足三个条件：在法定劳动年龄内有劳动能力的劳动者非自愿性失业；本人及单位按规定参加失业保险并连续缴费满一年以上；失业后 60 天内进行失业登记，表达求职意愿并接受职业介绍和就业指导。这里的法定劳动年龄是 16—60 岁，体育、文艺和特种工艺单位按照国家规定履行审批程序后可以招用未满 16 周岁的未成年人。所谓有劳动能力，是指失业人员具有从事正常社会劳动的行为能力。在法定劳动年龄内的人员，若不具备相应的劳动能力，也不能视为失业人员，如精神病人、完全伤残不能从事任何社会性劳动的人员等。目前无工作并以某种方式寻找工作，是指失业人员有工作要求，但受客观因素的制约尚未实现就业。对那些目前虽无工作，但没有工作要求的人不能视为失业人员，因为这部分人自愿放弃就业权利，已经退出了劳动力的队伍，不属于劳动力，也就不存在失业问题。

有下列情形之一的，停止领取失业保险金，并同时停止享受其他失业保险待遇：重新就业的；应征服兵役的；移居境外的；享受基本养老保险待遇的；被判刑收监执行或者被劳动教养的；无正当理由，拒不接受当地人民政府指定的部门或者机构介绍工作的；有法律、行政法规规定的其他情形的。

2. 给付金额

城镇企业事业单位应当将失业人员的名单自终止或者解除劳动关系之日起 7 日内报社会保险经办机构备案。职工失业后应在法定期间内到指定的社会保险经办机构办理失业登记。失业保险金自办理失业登记之日起计算。

领取的失业保险金总数＝所在地类区失业保险金标准×领取的月份数

失业保险金标准应当低于本市当年最低工资标准、高于本市当年城镇居民最低生活保障标准。例如，甘肃根据本省《关于调整提高全省失业保险金发放标准的通知》，将全省失业保险金发放标准设定为一类区1081元/月、二类区1009元/月、三类区936元/月、四类区879元/月。失业保险金维持在以上当地最低工资标准的60%—80%。

领取月份数是和失业人员的工作时间关联的。累计工作时间不足一年时，不能享受失业保险待遇；累计工作时间满1年不满2年的，领取失业保险金的期限为2个月；工作年限每增加1年，待遇领取期限增加2个月。累计工作时间满1年不满5年的，最长可领取12个月的失业保险金。累计工作时间满5年不满10年的，领取失业保险金的期限最长为18个月。累计工作时间满10年以上的，领取失业保险金的期限为24个月。失业人员第1个月至第12个月领取的失业保险金水平，根据其缴纳失业保险费的年限和当地规定的比例确定；第13个月至第24个月领取的失业保险金标准，一般为其第1个月至第12个月领取标准的80%。

3. 待遇内容

失业保险待遇是由失业保险金、医疗补助金、丧葬补助金和抚恤金、职业培训和职业介绍补贴、一次性生活补助金等构成。失业保险待遇中最主要的是失业保险金，失业人员只有在领取失业保险金期间[①]才能享受到医疗补助金等其他各项待遇。医疗补助金是失业人员患病就医时在失业保险经办机构领取的补助，标准是由各省、自治区、直辖市人民政府确定的，一般包括每月随失业保险金一同发放的门诊费和按规定比例报销的医疗费两部分。一次性丧葬补助金和抚恤金是失业人员在领取失业保险金期间死亡后，其家属可以领取的待遇，标准参照当地在职

---

① 领取失业保险金期间是指从办理申领手续当天起至对应月份的前一天。

职工的规定。职业培训和职业介绍补贴是为了鼓励和帮助失业人员尽快实现再就业而从失业保险基金中支付的费用。一般说来，职业介绍的补贴支付给职业介绍机构，由他们为失业人员免费介绍职业，而职业培训补贴的支付办法则不同，有些是直接发给失业人员、有些则是失业人员培训后报销，还有的是对培训失业人员的培训机构进行补贴。单位招用的农民合同制工人连续工作满1年，本单位已缴纳失业保险费，劳动合同期满未续订或者提前解除劳动合同的，由社会保险经办机构根据其工作时间长短，对其支付一次性生活补助金。

近两年，国家为实现产业技术升级、鼓励员工参与就业培训和技能提升而建立了职业技能提升补贴待遇。根据《关于失业保险支持参保职工提升职业技能有关问题的通知》，职业技能提升补贴享受的条件是：依法参加失业保险、累计缴纳失业保险费36个月（含36个月）以上，并自2017年1月1日起取得初级（五级）、中级（四级）、高级（三级）职业资格证书或职业技能等级证书的劳动者才能获得的待遇。职工在证书核发之日起12个月内，到本人参保地经办机构，申领技能提升补贴。补贴标准由省级人社、财政部门根据本地失业保险基金运行情况、职业技能培训、鉴定收费标准等因素综合确定，并适时调整。取得初级（五级）证书的，补贴一般不超过1000元，中级（四级）一般不超过1500元，高级（三级）一般不超过2000元。截至2017年10月底，28个省份发放技能提升补贴1.6亿元，惠及职工11万人次。

4. 领取程序

城镇企业、事业单位应当及时为失业人员出具终止或者解除劳动关系的证明，告知其按照规定享受失业保险待遇的权利；职工在失业后应当持本单位为其出具的终止或者解除劳动关系的证明，及时到户籍所在地的街道社会保障事务所办理失业登记。进行了失业登记，符合领取待遇条件并要求现在就领取失业保险金的，填写《失业保险登记表》，然后根据街道通知的时间、地点到区县职业介绍所办理核定待遇和申领失业保险金手续。

第九章　社会救助

生存权和发展权是现代社会公民受法律保护的基本权利，每个人在社会上都应得到最基本的生活保障。社会救助也是国家和社会不容推卸的责任，世界上众多国家都将社会救助视为依赖政府行为才能完成的社会收入再分配制度。社会救助制度虽然仅为居民提供保障其最低生活需求的资金或实物，但却能在公平与效率之间寻求适度的平衡。它不问致贫原因，只看受助者是否真正贫困，既是社会保障制度中的最后一道安全网，也是发展市场经济的内在要求。

第一节　社会救助概述

一　社会救助的概念

社会救助是现代国家中得到立法保护的基本公民权利之一，在公民因社会、自然、经济、个人生理和心理等原因而难以维持最低生活水平时，由国家和社会按照法定程序和标准向该公民提供保证其最低生活需求的物质援助的一项社会保障制度。社会救助制度的目标是克服现实的贫困，它在公民因社会的或个人的、生理的或心理的原因致使其收入低于最低生活保障标准因而陷入生活困境时发生作用。

对于这一概念，我们可以有以下几点理解。

1. 获取社会救助是公民的一项基本权利

在现代社会，造成贫困的原因主要是由自然灾害意外事故、市场与行业竞争、个人生理与心理、个人能力与人们为社会尽义务等原因引起，从总体上看社会因素大于个人因素。因此，社会救助是国家和社会不可推卸的责任和义务，通常用最低生活保障立法的方式加以确认，并且透明度被公之于众。

2. 得到救助需要依照法定程序和标准

社会救助同社会保险一样，具有较强的法制性和政策性，其范围、对象、内容，以及救助形式和标准均受各国政府制定的法律和政策调控。很多国家一般设有一套申请者"家庭经济情况调查"的法定工作程序，从个人申请、机构受理、对申请者的收入状况进行审核、社区提供证明，最后政府部门批准。有的国家或地区还要调查申请者的家庭财产和工薪之外的其他经济来源。能否得到社会救助的关键在于申请者个人收入或家庭成员的人均收入是否低于政府事先确定了的最低生活保障标准。这种"选择性"能保证有限的社会救助经费切实地用到最需要的人身上。

3. 社会救助的目标是维持最低生活水平

社会救助要克服贫困、保障受助者的生活相当于或略高于最低生活需求，防止公民产生依赖心理或者不劳而获的思想。当公民收入低于最低生活保障线而陷入生活困境时发生作用，都有权利得到国家和社会按照法定程序和标准提供的现金和实物救助，当受助者的收入超过最低生活标准时救助行动就相应中断。

二　社会救助的特征

作为最低层次的社会保障制度，它在实施对象、实施方法、保障的范围、救助的条件等方面，与其他保障方案有着明显的差异。

1. 救助目标的兜底性

不同于社会福利和社会保险，社会保险制度是为了保障人民的基本生活，社会福利制度则是为了提高社会成员的生活质量，而社会救助是为了给处于生存困境的人提供最低生活保障，这是由于社会救助在整个社会保障体系中的最低保障定位决定的。救助仅提供维持最低生活标准所需的实际费用，使他们摆脱已经陷入的困境，给付的标准一般低于社会保险。社会救助也不是为了防范社会危险事件的发生，而是对已经遭受社会危险失去生活保障的社会成员给予的救济和扶助。

2. 救助行为的无偿性

社会保障体系中的各社会保险项目需要由企业单位或企业单位和个人缴费形成基金，并成为受保障人群待遇领取的资金来源。然而，社会救助作为公民的基本权利之一，当生活水平低于国家最低生活保障线时，社会有责任对其提供经济利益帮助其摆脱生活困境，这是不以救助对象支付金钱或履行义务为前提的，不要求权利义务的对等。因此，社会救助所需资金主要从财政资金中解决，申请人在接受一定形式的经济状况调查后，国家向符合救助条件的个体实施救助，利益直接从国家或社会转向受救助的对象，体现的是一种单向无偿的利益付予关系。

3. 救助对象的特定性

一般认为，社会保险和社会福利的受保障对象具有广泛性，社会保险几乎覆盖了全部劳动者，社会福利更是泽及全体社会成员。相比之下，社会救助只面向已经处于生活贫困状态的社会成员，那些生活贫困和惨遭不幸的人是特定的实施对象，因此不具有广泛性。随着国家与社会经济水平的日益提高，救助规模与经济发展的水平成反比例。越是在工业化初级阶段，或是在"二战"时"二战"后的恢复时期，以及现代的发展中国家和地区，社会救助的规模就越大；相反，发达国家或地区处于贫困线以下的人少，社会救助对象的规模就小。这与社会保险、社会福利不同，经济越发达的国家，其社会保险、社会福利的项目就越多、范围越广、标准越高、规模也越大。

4. 救助过程的社会性

救助是一种社会责任，需要广泛利用各种社会资源，调动各社会阶层的积极性，各尽其力，解决困难群体的基本生活问题，并对社会组织和公民在社会救助中的义务和行为进行规范。受经济发展水平、地域、时间等多种社会因素的影响，被救助对象的救助需求也有所不同，因此要提供多种形式的救助，如金钱给付、物质帮困、沟通交流、心理疏导、精神抚慰等，也要鼓励多种社会力量的参与，从而对困难群体生存权利实现更有效的保护。通过政府主导、社会参与形式，鼓励民间自发组织的慈善机构参与社会救助，支持志愿者工作，努力培养社会救助工作的专业人才。

三 社会救助的分类

社会救助是由政府直接主办并承担费用责任的制度,其实质是引入转移支付对贫困人群形成互助共济。因此,各国在救助的对象、方法、手段等实质差别不大,但对社会救助的形式与种类没有统一的规定,通常依据救助对象、贫困原因、贫困性质及贫困持续的时间来划分。

1. 按照社会救助的对象不同

其对象可分为儿童救助、老年人救助、残疾人救助、失业者救助、流浪乞讨者救助、因病致贫返贫患者救助等。有些国家由于社会经济二元化发展的原因,救助对象也会分为农村救助对象和城市居民救助对象。如我国的农村救助对象就包括了"五保户"、一般困难户和特殊困难户;城镇居民救助对象如无劳动能力、无依靠、无生活来源的老弱孤寡及病残人员,一般困难户,精减退职的老职工,还有国家政策规定的特殊救助对象等。

2. 按照社会救助的时间不同

其救助时间可以分为长期性救助、临时救助和周期性扶贫等。由于贫困可以分为长期性贫困(如孤寡病残救助)、暂时性贫困(如多数情况下的失业救助、自然灾害救助等)和周期性贫困(如贫困户救助)等,救助也就相应地分为长期救助、临时救助和周期性扶贫。无依无靠又没有生活来源的公民多属于长期的救助对象,突发性灾害造成生活困难的公民多为临时的救助对象,有一定收入和生活来源、生活水平低于或相当于国家法定最低生活标准的公民,视其经济状况的变化确定其是否能领受救助及救助的期间。

3. 按照救助手段不同

其救助手段可以分为现金救助、实物救助和服务救助等。早期的社会救助主要体现在对生活贫困者的物质扶助方面,当食物、衣服、住房、生活设施等基本生活必需品或个人需要无法得到满足时,由国家或社会出面给予补足,其带有一定的扶贫性质。现代意义的社会救助在某种程度上超越了单纯的救济、扶贫框架,它以需求为本位,着眼于"帮助个人自立""尊重个人需求""提高服务效率",因此衍生出了更多的"授人以渔"的服务救助手段。如失业救助多以发放失业救济金为救助的手段；对于突发性的自然灾害往往以提供实物帮助为主；对于生活在贫困线以下的儿童、残疾人等提供照料、看护等服务救助。现实生活中，这些救助的方式往往混合使用，救助手段主要视救助需求的偏向而定。

4. 按照救助类别不同

救助类别可以分为基本生活救助和专项社会救助。目前，很多国家实施的最低生活保障、特困人员救助、临时救助等都是基本生活救助，而住房救助、教育救助、司法援助等都是专项社会救助，是在一些特定内容上为困难者提供的救助。

5. 按照受救助人群的分散程度不同

受救助人群分散程度可以分为分散救助和集中救助。一个国家或地区受益者较多，救助金成为受益人生活的主要来源就需要进行集中救助，如我国划定的"三区三州"深度贫困地区主要进行集中救助。若一个国家或地区受救助人员不多，但救助金成为其生活的主要来源，或者受益人数较多，但救助金并未成为其生活的主要来源，政府可以进行分散救助。判断救助能否成为受益人的主要生活来源，需要综合考虑地区经济状况和贫困线、公众对社会救助的接受程度等。

第二节 社会救助发展历程

一 社会救助制度的建立

社会救助是世界上最古老的社会保障制度，它起源于原始社会末期人类因恻隐之心或宗教信仰而对贫困者提供的慈善事业以及国家实施的各种救灾备荒措施。事实上，早期的社会保险事业最早也是以社会救助的形式出现。随着商品经济关系的确立与发展，社会救助的内容更丰富、制度更健全，成为缓解现代社会矛盾不可或缺的调节机制。历史上社会救助的演进经历了三个阶段。

（一）私人接济穷人

公元前 1750 年，巴比伦汉谟拉比国王发布的公平法典中包括了要求人们在困难时互相帮助的条款。公元前 1200 年，在以色列，犹太人被告知，上帝要求他们帮助穷人和残疾人。公元前 500 年，希腊语中意为"人类博爱行为"的慈善事业在希腊城邦国家里已经制度化，鼓励公民为公益事业捐款并且在供贫民使用的公用设施中备有食物、衣服和其他物资。公元前 300 年，中国的孔子在《论语》中通过"仁"这种表示爱心的方式来相互帮助。公元前 100 年，罗马帝国确立了所有罗马公民在贫困时可得到由贵族家族分发的谷物的传统。这个阶段的救助具有道义性和施恩性。

（二）国家立法济贫

早期社会救助制度可以追溯到 16 世纪欧洲国家通过立法直接兴办慈善事业，救济贫民开始。国家济贫是现代社会救助制度的直接前驱。1601 年和 1834 年，英国先后制定济贫法案，规定了救济对象和恩赐性的救济措施，以及受济贫者必须承担的具有惩戒性的义务。虽然济贫法没有达成使有劳动能力的贫民自力更生、自食其力的效果，但它奠定了英国乃至欧美各国现代社会救助立法的基础，开创了用国家立法推动社会保障事业的先例。

（三）公共社会救济

19 世纪末，德国俾斯麦政府建立了社会保险制度，并很快在欧洲各工业国家流行。1909 年英国废除以惩戒穷人为主要目的的《济贫法》，提出建立合乎人道主义精神的公共援助。"二战"后，西方发达国家在建立福利国家的过程中，都把社会保险制度作为社会保障体系的主体加以突出，而社会救助制度作为社会保险制度的补充出现，但公共社会救助作为社会保障体系的重要组成部分的地位已经凸显。特别是"滞胀"时期，社会救助的作用更加突出。现今即使在西方发达国家，社会救助仍然在整个社会保障体制中起着"保底"的作用。

二 我国社会救助发展历程

1950 年，政务院发布了《救济失业工人的指示》，劳动部也发布了《救济失业工人暂行办法》。1951 年政务院发布了《中华人民共和国劳动保险条例》，其中对职工因疾病、伤残等导致生活困难时实施物质帮助的办法。1953 年政务院对发布的《劳动保险条例》进行修订，对救助程序进行规范。我国早期的社会救助包含了灾害救济、贫困救济、生产自救、群众互助等救助方式，将城镇失业人员、贫困地区人员、农村"五保户"等全部纳入救助范围。

进入 20 世纪 90 年代，随着我国经济体制改革，传统的城市社会救济制度已经无法解决贫困问题。主要是由于救济范围极其有限、救济标准极低、救济经费严重不足，一些社会帮困、送温暖活动多是临时性救助，成本不菲、收效甚微。再加上城乡居民收入的较大差异，贫困问题再一次成为社会关注的焦点，国家迫切需要对社会救助进行创新发展。1993 年，上海市最先建立了城市居民最低生活保障线制度，收到了较显著效果，两年后这一制度开始在全国其他城镇地区探索建立。1994 年，《农村五保供养工作条例》颁布，对"五保"供养的对象、内容、形式等进行具体规定。1996 年，民政部和国务院先后印发了《关于加快农村社会保障体系建设的意见》和《关于在各地建立城市居民最低生活保障制度的通知》，这些文件都把建立农村最低生活保障制度作为农村社会保障体系的重点任务。

1999 年 9 月，我国《城市居民最低生活保障条例》颁布，标志着政府将负担城市里处于最低生活保障线以下居民的生活困难。2004 年《中共中央国务院关于促进农民增加收入若干政策的意见》中提出，要在有条件的农村建立农民最低生活保障制度。2006 年，新《农村五保供养工作条例》颁布，标志着农村"五保"集体供养向财政供养为主转变。2007 年 7 月，《国务院关于在全国建立农村最低生活保障制度的通知》发布，农村最低生活保障制度开始发展。总之，随着我国相关法律法规的出台，社会救助体系获得较大发展，逐步建成了以最低生活保障为基础，以医疗、住房、教育、灾害救助为补充的社会救助体系。2014 年 2 月，国务院颁布了《社会救助暂行办法》，对最低生活保障、特困人员供养、受灾人员救助、医疗救助、教育救助、住房救助、就业救助、临时救助等内容进行进一步规范。

第三节 我国社会救助制度

一 我国社会救助现状

截至2018年年末,全国共有1008万人享受城市居民最低生活保障,3520万人享受农村居民最低生活保障,455万人享受农村特困人员救助供养,全年临时救助1075万人次。全年资助4972万人参加基本医疗保险,医疗救助3825万人次。

最低生活保障、特困人员供养和临时救助是我国最基本的社会救助内容。截至2018年年底,全国有城市低保对象605.1万户、1007.0万人,平均保障标准579.7元/人·月,全年支出城市低保资金575.2亿元;全国有农村低保对象1901.7万户、3519.1万人,平均保障标准4833.4元/人·年,全年支出农村低保资金1056.9亿元。特困人员救助供养方面,截至2018年年底,全国共有农村特困人455.0万人,比上年减少2.6%,支出救助供养资金306.9亿元;全国共有城市特困人员27.7万人,比上年增长9.1%,支出供养资金29.5亿元。临时救助方面,2018年共实施临时救助1108.0万人次,其中救助非本地户籍对象9.4万人次,平均救助水平1178.8元/人次,全年支出临时救助资金130.6亿元。[①]

近几年,我国社会救助工作逐步从以下几个方面进行了完善:一是从制度上完善,社会救助与国家脱贫攻坚政策衔接;建立救助对象精准化的标准和评价体系;完善有关的财政补贴、税收优惠、费用减免等政策,进一步形成社会力量参与社会救助的机制。二是从保障对象上完善,重点关注贫困边缘群体,这部分人群收入比低保家庭好一点,可一旦因病、因残、因学、因突发意外事故导致刚性支出过大,极易陷入生活困境;高度关注失能失智的弱势群体,防止这类群体致贫返贫;把生活困难的伤残退役军人作为救助的重点之一,建立救助工作常态化的机

---

① 《2018年民政事业发展统计公报》。

制。三是从服务内容上完善，由简单的物资救助向救助帮扶、照料服务、医疗康复、健康咨询等服务拓展。四是从专项救助上完善，不再局限于灾害救助、特困人员救助等，而是对民众的特殊困难进行专项服务。开展医前、医中、医后救助，普通医疗救助和日常救助、临时医疗救助等多种医疗救助方式并存；对有就业能力的，各级政府正在加强就业援助和技能培训，提供必要的就业创业帮扶，增强"造血"功能；对子女上学存在困难的不断加强教育救助。

二　社会救助基金与管理

（一）社会救助基金收支

社会救助是国家和社会承担对社会成员最低生活保障的一项基本责任，因此国家财政拨款、社会捐助和国际援助是社会救助的主要资金来源。其中，财政拨款通常先由民政部门做出预算，一部分作为定期定量救助，另一部分用于临时救助。国家财政还拨付自然灾害救助款，由民政部门直接视自然灾害发生情况予以发放。社会捐助资金主要包括城市企业和农村社区救助基金及为救灾应急而临时募集的资金。实行专项管理，分账核算，专款专用，任何单位或者个人不得挤占挪用。

在发放救助款物时需要经历个人申请、社区提供证明、街道办事处等基层部门初审、区民政部门批准、市民政部门复核备案等程序。社会救助资金只向生活陷入困境的社会成员发放。国家规定了最低生活保障线，对于生活水平低于这一标准的社会成员可以领取社会救助金。国际上通常采用恩格尔系数的方式来测算社会成员的生活水平。

（二）社会救助管理

中央、省（区、市）、地（市）、县（市、区）四级设有专门机构来管理社会救助款物，县级以上地方人民政府民政、卫健、教育、住房城乡建设、人力资源社会保障等行政单位都是社会救助的管理部门，乡镇人民政府、街道办事处负责有关社会救助的申请受理、调查审核，具体工作由社会救助经办机构或者经办人员承担。县级以上地方人民政府将社会救助纳入国民经济和社会发展规划，建立健全政府领导、民政部门牵头，教育、住房城乡建设、人力资源社会保障部门配合，社会力量参与的社会救助工作协调机制。县级以上人民政府应当按照国家统一规划建立社会救助管理信息系统,实现社会救助信息互联互通、资源共享。

2009年1月,中华人民共和国民政部批准设立中华社会救助基金会。该全国性公募基金会的主要职责是根据社会救助对象实际,开展生活救助、医疗救助、教育救助等社会救助工作;通过各种方式,资助城乡贫困人员、特殊困难群体改善生产和生活条件,帮助社会救助对象开展技能培训,资助特殊困难家庭重大疾病治疗和子女就学,以及救助其他突发性临时困难家庭等。

第四节 我国社会救助内容

2014年5月1日我国《社会救助暂行办法》正式实施。制度立足国情、借鉴国际经验,坚持统筹城市和农村、兼顾当前和长远、政府主导救助与社会力量救助并举,综合构建和完善包括最低生活保障、特困人员供养、受灾人员救助以及医疗、失业、义务教育、住房、临时救助等专项救助在内的社会救助体系基本框架。

一 生活救助

(一) 最低生活保障

1. 制度安排

最低生活保障以"最后安全网"为根本原则,依法实施各项救助措施,对共同生活的家庭成员人均收入低于当地最低生活保障标准且符合当地最低生活保障家庭财产状况规定的家庭,给予最低生活保障。我国居民最低生活保障制度分为城市居民最低生活保障制度和农村居民最低生活保障制度,目前绝大部分地区没有实施城乡制度并轨。无论城市或农村居民,只要家庭人均纯收入低于当地最低生活保障标准,就可以获得社会救助,当地救助部门将为这些人群补足实际收入与最低生活保障线之间的差额。

2. 保障对象

根据国家制度规定,城乡居民最低生活保障对象主要包括无生活来源、无劳动能力、无法定赡养人或抚养人的居民；领取失业救济金期间或期满后未就业，家庭人均收入低于最低保障标准的劳动者；在职人员和下岗人员领取工资待遇等后收入水平仍低于最低生活保障标准的居民。农村居民最低生活保障对象应是拥有当地农业户籍、共同生活的家庭成员的人均收入低于当地农村最低生活保障标准。

3. 最低生活保障标准

一般该标准会根据当地社会经济发展水平和物价变动情况适时调整。制定科学、权威的最低生活保障标准直接关系到社会成员获得国家"兜底"保障的权利，也关系到社会救助制度的合理有效性。国际上确定最低生活保障标准主要有几种方法：一是生活需求法，又称"市场菜篮法"，根据当地维持最低生活所需的物品和服务列出清单，根据市场价计算需多少现金，此金额即为最低生活保障金额。二是国际贫困标准法，一般是在一个国家或地区社会中，把社会平均收入的50%—60%作为维持最低生活水平的贫困线。三是恩格尔系数法，即家庭收入越高，食品支出占家庭总支出的比例越小；相反，一个家庭或个人收入越少，则用于购买生存性食物的支出在家庭或个人收入中所占的比重就越大。国际社会一般把食品支出占家庭支出的60%作为贫困线，即恩格尔系数达59%以上为贫困，50%—59%为温饱，40%—50%为小康，30%—40%为富裕，低于30%为最富裕，进而得出最低生活保障金额救助标准。

4. 救助流程

最低生活保障待遇由共同生活的家庭成员向户籍所在地的乡镇人民政府、街道办事处提出书面申请，街道办事处通过入户调查、邻里访问、信函索证、群众评议、信息核查等方式，对申请人的家庭收入状况、财产状况进行初审后，报县级人民政府民政部门审批。批准获得最低生活保障的家庭，县级人民政府民政部门按照共同生活的家庭成员人均收入低于当地最低生活保障标准的差额，按月发给最低生活保障金；对获得最低生活保障后生活仍有困难的老年人、未成年人、重度残疾人和重病患者，给予必要生活保障。

(二) 特困人员供养

1. 制度安排

为解决城乡发展不平衡、管理服务不规范等问题，切实保障特困人员基本生活，2016年2月，国家出台了《国务院关于进一步健全特困人员救助供养制度的意见》（以下简称《意见》），进一步健全特困人员救助供养制度。根据《意见》要求，国家坚持托底供养、属地管理、城乡统筹、适度保障、社会参与等原则，将符合条件的城乡特困人员全部纳入救助供养范围，做到应救尽救、应养尽养。特困人员供养与最低生活保障最大的差别是供养提供了多种形式的生活帮扶，而最低生活保障主要是提供现金补贴。

2. 供养对象

国家对城乡无劳动能力、无生活来源且无法定赡养、抚养、扶养义务人，或者其法定赡养、抚养、扶养义务人无赡养、抚养、扶养能力的老年人、残疾人以及未满16周岁的未成年人，给予特困人员供养。换句话说，我国计划经济下的产物"五保户"、目前的城乡贫困人口等满足条件的都可以申请特困供养。根据国家新指标体系下对贫困户、贫困村的精准识别、动态监管和分类帮扶机制要求，生活困难且年人均收入低于3300元（国家标准）的，吃饭穿衣问题得不到保障，住房、医疗、教育无法自我实现的建档立卡贫困户也可以申请特困供养。

3. 救助供养内容

主要包括六个方面的内容：一是提供基本生活条件，包括供给粮油、副食品、生活用燃料、服装、被褥等日常生活用品和零用钱。可以通过实物或者现金的方式予以保障。二是对生活不能自理的给予照料，包括日常生活、住院期间的必要照料等基本服务。三是提供疾病治疗，参加城乡居民基本医疗保险的特困人员，医疗费用按照基本医疗保险、大病保险和医疗救助等医疗保障制度规定支付后仍有不足的，由救助供养经费予以支持。四是办理丧葬事宜，特困人员死亡后的丧葬事宜，集中供养的由供养服务机构办理，分散供养的由乡镇人民政府（街道办事处）委托村（居）民委员会或者其亲属办理。丧葬费用从救助供养经费中支出。五是对符合规定标准的住房困难的分散供养特困人员，通过配租公共租赁住房、发放住房租赁补贴、农村危房改造等方式给予住房救助。六是对在义务教育阶段就学的特困人员，给予教育救助；对在高中教育（含中等职业教育）、普通高等教育阶段就学的特困人员，根据实际情况给予适当教育救助。

4. 特困人员救助标准

特困人员救助供养标准包括基本生活标准和照料护理标准。由于各地经济发展水平不一，特困人员供养标准一般由各地人民政府民政部门予以确定。基本生活标准应以满足特困人员基本生活所需为原则；照料护理标准应当根据特困人员生活自理能力和服务需求分类制定，体现差异性。在救助供养形式方面，鼓励具备生活自理能力的特困人员在家分散供养，如提供日常看护、生活照料、住院陪护、社区日间照料等服务；对完全或部分丧失生活自理能力的特困人员，优先为其安排供养服务机构或儿童福利机构进行集中供养。

特困人员供养的申办流程与申请最低生活保障流程基本相同。

（三）临时救助

1. 制度安排

2007年，各地开始探索建立临时生活救助制度，努力解决因突发性事件、意外伤害或因家庭刚性支出较大导致的临时性基本生活困难。截至2013年，全国26个省份制定完善了临时救助政策。2014年9月国务院召开会议，决定建立临时救助地方政府负责制，救助资金列入地方预算，中央财政给予适当补助。同年10月25日，国务院印发《关于全面建立临时救助制度的通知》，对社会救助体系进一步完善。

2. 救助对象

救助对象主要包括：国家对因火灾、交通事故等意外事件，家庭成员突发重大疾病等原因，导致基本生活暂时出现严重困难的家庭；因生活必需支出突然增加超出家庭承受能力，导致基本生活暂时出现严重困难的最低生活保障家庭；遭遇其他特殊困难的家庭等。此外，国家对遭遇突发事件、意外伤害、重大疾病或其他特殊原因导致基本生活陷入困境，暂时无法获得家庭支持或被其他社会救助制度覆盖的个人给予的应急性、过渡性的救助。

3. 救助待遇

对符合条件的临时救助对象，国家采取直接给受救助人员个人账户发放临时救助金，提供临时住所，根据需要发放衣物、食品、饮用水等办法实施救助。对符合最低生活保障或医疗、教育、住房、就业等专项救助条件的，可协助其申请。对生活无着的流浪、乞讨人员提供临时食宿、急病救治、协助返回等救助，对其中的残疾人、未成年人、老年人和行动不便的其他人员，应当引导、护送到救助管理机构，对突发急病人员，应当立即通知急救机构进行救治。

4. 临时居住标准

临时救助的具体事项、标准，由县级以上地方人民政府确定、公布。县级以上地方人民政府要根据救助对象困难类型、困难程度等，统筹考虑其他社会救助制度保障水平，合理确定临时救助标准，适时调整。

二 受灾人员救助

（一）制度推进

1949年12月，政务院提出"节约防灾、生产自救、群众互助、以工代赈"的救灾方针，颁布了《关于生产救灾的指示》，部署企业生产的灾害救助工作。1957年7月，根据《中央救灾委员会组织简则》，在县级以上地方政府均设立了救灾机构。改革开放以来，我国灾害救助面临诸多挑战。在1983年第八次全国民政会议上，提出了救灾基金分级管理，部分省、区救灾款包干，生活救济和生产扶持相结合，实行救灾与保险相结合的制度等。2005年国家制定了《自然灾害应急预案》，根据突发自然灾害危害程度设置四级应急响应机制。2006年，民政部制定了《应对自然灾害工作规程》，对每一级响应的条件、措施、程序作了详细规定，提出了"政府主导、分级管理、社会互助、生产自救"的国家救灾方针，强调了政府在救灾工作中的主导责任。2009年年底，全国23个省（市、区）和计划单列市建立了减灾委员会。2010年9月1日，《自然灾害救助条例》正式实施，对灾害救助的制度体系和救助内容予以明确。同时，民政部下发关于《贯彻落实〈自然灾害救助条例〉的通知》，推动对灾害救助的综合协调体制机制、灾前救助准备、灾害应急救助、灾后过渡性安置和恢复重建等各项工作快速完善。2014年2月，国务院颁布的《社会救助暂行办法》中对灾害救助对象和流程进一步规范。2018年3月，国家组建应急管理部，全面恢复灾害救助工作，民政部的救灾职责、国家减灾委员会职责全部移交新成立的应急管理部。

（二）主要内容

1. 制度安排

根据《自然灾害救助条例》，我国灾害救助包括了救助准备、应急救助、灾后救助和救助款物管理等措施，并实行属地管理，分级负责。现阶段，灾害救助正在从注重灾后重建向注重灾前预防转变。县级以上地方政府应制定应急预案，根据自然灾害特点、居民人口数量和分布情况设立自然灾害救助物资储备库，设立应急避难场所，进行专职人员培训等，采取措施积极预防灾害发生具有积极意义。当灾害发生时，迅速动员各方力量抵抗灾害，最大限度地挽救人民生命和财产安全，并在灾后尽快恢复人民生产和生活，这是灾害救助的重要内容。可以说，我国构建的灾害救助是一套防救补的体系。

2. 救助机制

一是建立灾害救助应急综合协调工作机制。建立和完善协调联动、信息共享、灾情评估、款物调拨等规范有效的工作机制。政府与人民团体、社会组织在救灾捐赠、志愿服务、灾后重建等方面的良性互动的救灾社会动员机制和救灾工作分级负责制度，能全面提高救灾社会动员能力。二是救灾应急预案。县级以上地方人民政府制定自然灾害救助应急预案，包括自然灾害救助应急组织指挥体系及其职责，自然灾害救助应急队伍，自然灾害救助应急资金、物资、设备，自然灾害的预警预报和灾情信息的报告、处理，自然灾害救助应急响应的等级和相应措施，灾后应急救助和居民住房恢复重建措施等。三是救灾应急响应。灾害发生时应及时根据预警预报启动预警响应；当灾害达到救助应急预案启动条件的，应当及时启动自然灾害救助应急响应。各类灾害（事故灾难、公共卫生事件、社会安全事件）按照其性质、严重程度、可控性和影响范围等因素，一般分为四级：Ⅰ级（特别重大）、Ⅱ级（重大）、Ⅲ级

（较大）和Ⅳ级（一般）。①

3. 灾害救助服务

自然灾害发生后，县级以上人民政府部门应当根据情况紧急疏散、转移、安置受灾人员，及时为受灾人员提供必要的食品、饮用水、衣被、取暖、临时住所、医疗防疫等应急救助。自然灾害危险消除后，受灾地区人民政府民政等部门应当及时核实本行政区域内居民住房恢复重建补助对象，并给予资金、物资等救助。采取就地安置与异地安置、政府安置与自行安置相结合的方式，对受灾人员进行过渡性安置。为因当年冬寒或者次年春荒遇到生活困难的受灾人员提供基本生活救助。此外，中央和地方政府根据灾害和应急响应级别分担责任，确定救助标准和期限，具体服务内容包括：立即向社会发布政府应对措施和公众防范措施；紧急转移安置受灾人员；紧急调拨、运输自然灾害救助应急资金和物资，及时向受灾人员提供食品、饮用水、衣被、取暖、临时住所、医疗防疫等应急救助，保障受灾人员基本生活；抚慰受灾人员，处理遇难人员善后事宜；组织受灾人员开展自救互救；分析评估灾情趋势和灾区需求，采取相应的自然灾害救助措施；组织自然灾害救助捐赠活动。

4. 灾害救助形式

（1）国家灾害救助。这是灾害救助的主要形式，由于灾害发生的不确定性和灾害后果的严重性等，决定了政府应发挥主导作用，依靠国家权力整合大量的社会资源进行及时救助，各级政府承担分级管理责任。中央政府一直设有专项救灾款目，由财政分级负责，其中无偿救助的资金用来紧急抢救灾民，有偿使用的资金主要用于灾民灾后恢复生产等；而地方政府在财政预算中也必须设立专项救灾拨款科目。

（2）救灾保险制度。这是指由政府负责组织，以各级财政和社会

---

① 一级响应：死亡200人以上；紧急转移安置100万人以上；倒塌房屋20万间以上。二级响应：死亡100人以上200人以下；紧急转移安置80万人以上100万人以下；倒塌房屋15万间以上20万间以下。三级响应：死亡50人以上100人以下；紧急转移安置30万人以上80万人以下；倒塌房屋10万间以上15万间以下。四级响应：一次灾害过程中死亡30人以上50人以下，或发生5级以上破坏性地震，死亡20人以上50人以下；紧急转移安置10万人以上30万人以下；倒塌房屋1万间以上10万间以下；发生事故灾难、公共卫生事件、社会安全事件等其他突发公共事件造成大量人员伤亡、需要紧急转移安置或生活救助。

化集资作为物质基础，保障灾民基本生活和恢复其简单再生产的一种灾害保障形式。从1987年开始，中国民政部门先后在全国102个县进行了救灾保险改革试点，对农作物、养殖业生产、农房、农村劳动力等实行救灾保险。具体方法是由中央救灾经费、地方财政补贴、农民自己缴纳的保险费形成救灾保险基金，当灾害发生、灾民需要时，给予相应的生活、生产等方面的保障与补偿。

（3）社会互助。这种形式是传统救灾体制的财力机制改革的重要内容，即由以前中央财政单一供款模式发展到了资金来源社会化的模式，其主要形式有救灾互助储金会和储粮会。这是在农村居民之间自发组织的主动迎接灾害的互助形式。

（4）灾民自救。这是在国家救助、社会互助的基础上，发动受灾群众自发组织起来抗灾救灾，尽可能将灾害损失降到最低。自救互救不仅能最大限度地赢得时间、挽救生命，还能帮助灾民进行精神和心理上的慰问和疏导。

三　专项救助

开展对困难群众的专项救助，是进一步完善兜底线、救急难、可持续的社会救助体系的重要内容，在维护社会稳定中有举足轻重的作用。

（一）医疗救助

医疗救助是保障困难群众基本医疗权益的基本性制度安排，在助力脱贫攻坚、防止因病致贫、因病返贫等方面发挥重要作用。我国城乡医疗救助于2003年和2005年分别在农村和城市开始试点，2008年制度全面建立。

1. 制度安排

现阶段，医疗救助在我国具有不可替代的作用。2009年，国务院下发了《关于进一步完善城乡医疗救助制度的意见》，进一步完善城乡医疗救助制度，保障困难群众能够享受到基本医疗卫生服务。由于很多农村地区经济基础薄弱，农民因病致贫、因病返贫的现象十分严重。国家建立医疗救助制度，对患有重大疾病的城乡贫困居民家庭的医疗费按一定标准给予补助，可以缓解其因病而造成家庭生活困难。申请医疗救助的，应当向乡镇人民政府、街道办事处提出，经审核、公示后，由县级人民政府民政部门审批;最低生活保障家庭成员和特困供养人员的医疗救助,由县级人民政府民政部门直接办理。此外,国家还建立疾病应急救助制度,对需要急救但身份不明或者无力支付急救费用的急重危伤病患者给予救助,符合规定的急救费用由疾病应急救助基金支付。

2. 保障对象

根据《社会救助暂行办法》规定,城乡最低生活保障家庭成员、特困供养人员、县级以上人民政府规定的其他特殊困难人员都可以申请医疗救助。也就是说,可以获得最低生活保障的"三无"人员"五保户"、灾民、建档立卡贫困人口、伤残军人、孤老复员军人及孤老烈属等重点优抚对象等,如果患有疾病且无力支付医药费时,都可以申请医疗救助。一般来说,医疗救助对象须同时符合以下条件:须为贫困人口;须为伤病患者;无力支付医疗费用。

3. 医疗救助标准

对救助对象参加城镇居民基本医疗保险或者新型农村合作医疗的个人缴费部分,给予补贴;对救助对象经基本医疗保险、大病保险和其他补充医疗保险支付后,个人及其家庭难以承担的符合规定的基本医疗自付费用,给予补助。医疗救助标准由县级以上人民政府根据当地实际情况确定。[1]

(二) 住房救助

1. 制度安排

根据《社会救助暂行办法》和《住房城乡建设部民政部财政部关于做好住房救助有关工作的通知》(2014)的规定,明确指出住房救助

---

[1] 甘肃省救助对象政策范围内住院医疗费用经基本医疗保险、大病保险报销后的个人自负部分,建档立卡贫困人口、最低生活保障对象按照70%的比例进行医疗救助;特困供养人员按照不低于90%的比例进行医疗救助;低收入家庭中的老年人、未成年人、重度残疾人和县(市、区)确定的需医疗救助对象,救助标准根据当年医疗救助资金筹集情况确定。救助对象患国家确定的21种重大疾病(病种根据规定随之调整),其住院医疗费用经基本医疗保险、大保险报销后的个人自负部分,建档立卡贫困人口、最低生活保障对象按照80%的比例进行医疗救助;特困供养人员按照不低于90%的比例进行医疗救助。低收入家庭中的老年人、未成年人、重度残疾人和县(市、区)确定的需医疗救助对象按照不低于40%的比例进行医疗救助。医疗救助不设起付线。年度最高救助限额普通疾病3万元,国家确定的重大疾病6万元。

是社会救助的重要组成部分,是针对住房困难的社会救助对象实施的住房保障。各级人民政府按照国家规定通过财政投入、用地供应等措施为实施住房救助提供保障。

2. 救助对象

住房救助对象是指符合县级以上地方人民政府规定标准的、住房困难的最低生活保障家庭和分散供养的特困人员。城镇住房救助对象,属于公共租赁住房制度保障范围,要优先配租公共租赁住房或发放低收入住房困难家庭租赁补贴,其中对配租公共租赁住房的,应给予租金减免,确保其租房支出可负担。农村住房救助对象,属于优先实施农村危房改造的对象范围,应优先纳入当地农村危房改造计划,优先实施改造。

3. 救助标准

县级以上地方人民政府要统筹考虑本行政区域经济发展水平和住房价格水平等因素,合理确定、及时公布住房救助对象的住房困难条件,以及城镇家庭实施住房救助后住房应当达到的标准和对住房救助对象实施农村危房改造的补助标准。住房困难标准及住房救助标准应当按年度实行动态管理,以确保救助对象住房条件能随着经济和社会发展水平的进步而相应地提高。

(三) 教育救助

1. 制度安排

教育救助是国家或社会团体、个人为保障适龄人口获得接受教育的机会,在不同阶段向贫困地区和贫困学生提供物质帮助,并通过减免、资助等方式帮助贫困人口完成学业,以提高其文化技能的救助制度。计划经济体制下,我国教育是作为一项公益性福利事业存在的,如初等教育免收学费、大学本科教育免缴学杂费、研究生教育甚至可以拿到工资。这种教育福利化并不利于我国基础教育的发展。20世纪末国家开始推行市场配置资源、扩大供给能力的教育改革,不可避免地推高了教育费用,庞大的教育支出使贫困人员难以承受,因而在顾及教育产业效率提高的同时,解决相对贫困地区和贫困学生的教育公平问题是教育救助的重要任务。2004年,民政部、教育部联合出台了《关于进一步做好城乡特殊困难未成年人教育救助工作的通知》，提出了对城乡特殊困难未成年人实施教育救助的目标。

2. 救助对象

目前，我国教育救助包含了对义务教育、高中教育和普通高等教育阶段的特定对象的救助。义务教育阶段救助的对象包括：城乡低保家庭的学生；特困供养人员；烈士子女、孤儿；困难家庭残疾学生；社会福利机构监护的学生；残疾人特困家庭子女；没有经济来源的单亲家庭子女；因受灾、疾病等导致不能维持基本生活家庭的子女等。在高中教育（含中等职业教育）、普通高等教育阶段就学的最低生活保障家庭成员、特困供养人员，以及不能入学接受义务教育的残疾儿童，根据实际情况给予适当教育救助。

3. 救助标准

教育救助根据不同教育阶段需求，采取减免相关费用、发放助学金、给予生活补助、安排勤工助学等方式实施，保障教育救助对象基本学习、生活需求。救助标准根据各省市经济社会发展水平和教育救助对象的基本学习、生活需求不同而略有差异。一般地，各地会对义务教育阶段的救助对象进行学杂费减免，对其中特困家庭学生免费提供教科书；对特殊教育学校的学生减免学杂费，并免费提供教科书；对特困家庭住宿学生补助生活费等。对于普通本科高校、高等职业学校和中等职业学校困难学生的救助，实践国家奖学金、国家励志奖学金、国家助学金、国家助学贷款、师范生免费教育、勤工助学、学费减免等多种形式并存的资助政策体系。

(四) 就业救助

1. 制度安排

随着社会救助制度的发展，低保覆盖面的扩大使救助基金支出大幅增加，帮助受救助人群找到脱贫自立的路径，摆脱财政补贴的依赖已经成为我国社会救助改革与实践的新趋势。促进有劳动能力的低保对象实现有效就业并从根本上改变生活状况，是减轻国家救助服务压力、帮助居民永久脱贫、让其从劳动中体会自己生存价值的必然要求。目前，我国就业救助针对最低生活保障家庭中有劳动能力并处于失业状态的成员，通过贷款贴息、社会保险补贴、岗位补贴、培训补贴、费用减免、公益性岗位安置等办法，对就业困难人员实行优先扶持和重点帮助。

2. 救助对象

就业救助的对象主要是最低生活保障家庭中有劳动能力并处于失业状态的就业困难人员。就业困难人员是指因身体状况、技能水平、家庭因素、失去土地等原因难以实现就业，以及连续失业一定时间仍未能实现就业的人员。救助重点是有劳动能力，但处于"零就业"状态的最低生活保障家庭和就业困难人员。

3. 救助标准

如提供职业指导、政府投资开发的公益性就业岗位，确保困难家庭至少有一人就业，以及优先安排符合岗位要求的就业困难人员就业等。最低生活保障家庭中有劳动能力但未就业的成员，应当接受人力资源社会保障等有关部门介绍的工作；无正当理由，连续3次拒绝接受介绍的与其健康状况、劳动能力等相适应的工作的，县级人民政府民政部门应当决定减发或者停发其本人的最低生活保障金。申请就业救助的，应当向住所地街道、社区公共就业服务机构提出，公共就业服务机构核实后予以登记，并免费提供就业岗位信息、职业介绍、职业指导等就业服务。

总之，要运用财政、税收、社会管理等方面政策措施，充分发挥社会力量的作用，鼓励、引导和动员慈善组织、志愿者、企业等各方力量通过多种方式参与社会救助，消除贫困，解决困难人员的生存问题。

第十章 社会福利

第一节 社会福利概述

一 社会福利概述

（一）概念

1. 福利

福利是指个人生活幸福的各种条件，它既包括人的身体应得到的保护和照顾，也包括影响人的智力和精神自由发展的各种因素。"福利"英语里为welfare，它是由well和fare两个词合成的，意思是"好的生活"。但是，什么是"好的生活"却是依社会背景、经济条件、文化传统等因素而千差万别的。它既可以是一个人主动追求幸福生活权利的基础、机会和条件，也可以是人们获得的安全、富裕和快乐的物质生活，还可以是精神上、道德上得到满足的状态。

2. 社会福利

社会福利是指国家依法为所有公民普遍提供旨在保证一定生活水平和尽可能提高生活质量的资金和服务的社会保障制度。社会福利的界定超出了个人范畴，是人们在"社会"层面上对如何为个人提供"好的生活"的考量。它涉及社会需要为人们提供的资金、服务，以及为保证他们生活幸福所需建立的制度和政策安排。社会福利有广义和狭义之分。广义的社会福利是指提高广大社会成员生活水平的各种政策和社会服务，旨在解决广大社会成员在各个方面的福利待遇问题。狭义的社会福利是指对生活能力较弱的儿童、老人、母子家庭、残疾人、慢性精神病人等的社会照顾和社会服务。

（二）特点

1. 社会福利是社会矛盾的调节器

社会福利是社会保障体系中的最高纲领，每一项社会福利计划的出台总是带有明显的功利主义目的，通过必要的服务政策和服务措施，提高广大社会成员的物质和精神生活水平，最终达到缓和某些突出的社会矛盾这一终极目标，是重要的社会矛盾的调节器。

2. 福利内容具有广泛性

社会福利的内容十分广泛，不仅包括生活、教育、医疗方面的福利待遇，而且包括交通、文娱、体育、欣赏等方面的待遇；既可以是人们物质生活得以满足的基础和条件，也可以是人们获取的美好物质生活和精神需求。

3. 受益对象具有普遍性

社会福利是面向全体社会成员的公共福利，只要公民属于立法和政策划定的范围之内，就能按规定得到相应的津贴待遇和服务，并且不以被服务对象缴纳费用或承担义务为条件。

4. 福利待遇的目标是满足较高层次需求

社会福利是在国家财力允许的范围内，在既定的生活水平之上，为提高被服务对象的生活质量、满足更高层次的物质与精神需求而提供的保障，这与保障人民基本生活的社会保险制度有本质区别。

二　社会福利分类

（1）按享受对象的不同可将社会福利分为公共福利、职业福利、老年福利、儿童福利、妇女福利和残疾人福利等。社会福利的服务对象既可以是全民，也可以是特定的群体，很多国家将老年人、残疾人、妇女、儿童、青少年、军人及其家属等群体作为福利保障的主要人群。因此，社会福利包括为全体社会成员提供的公共福利；为本单位、本行业从业人员及其家属提供的职业福利；为老年人提供的老年福利；为婴幼儿、少年儿童提供的儿童福利；为妇女提供的妇女福利；为残疾人提供的残疾人福利等。

（2）按待遇提供的区分性可以把社会福利分为普遍性福利和选择

性福利。普遍性社会福利是以普遍性待遇为原则，不加区别地给群体或某些社会群体的所有成员提供相同的福利待遇。这种福利能广泛地保障人们生活，操作简便，行政成本低，有助于降低社会矛盾。但是不加区分地提供全民福利，政府财政开支巨大，会挤占其他领域的公共支出，且效率和效果难以保证，容易导致福利资源的浪费。选择性社会福利以选择特定人群为基础，体现特殊社会关照。这种福利可以提高福利保障的效率，避免资源的无效使用，降低政府的财政负担。但这种福利需要对受保障群体进行区分，行政成本较高，操作较复杂，有一些真正需要帮助的人有排除在外的可能。

（3）按待遇给付的形式可以把社会福利分为以下几种：以货币形式给付的社会福利，这主要以收入补贴等形式实现；以实物形式给付的社会福利；以社会服务形式给付的社会福利，如为劳动者提供的就业服务、为儿童提供的义务教育等，也可以通过兴办各类社会福利机构和设施实现，服务的形式有人力、物力、财力的帮助；以假期形式提供的社会福利，如劳动者享有的带薪假期、探亲假等。

（4）从社会福利的层次划分，主要包括国家福利、社区福利和单位福利。国家福利是在全国范围内以全体社会成员为对象而举办的福利事业；社区福利是以一定区域内成员为对象而举办的福利事业；单位福利是以企业、事业和机关单位内成员为对象而举办的福利事业。

三　西方国家社会福利制度

1942 年，英国社会福利专家 W. H. 贝弗里奇提交《社会保险和相关服务》报告，提出社会应保障人人享有免予贫困、疾病、愚昧、污染和失业的自由权利。根据这一思想，英国工党政府先后出台多部法律，推行高增长、高消费、高福利政策，主张政府对全部社会福利负责。1948 年，英国宣布建成"福利国家"。西欧、北欧以及美洲等发达资本主义国家相继仿效。"福利国家"制度通过税收政策重新分配国民收入，把国家对部分人的社会责任变为全体人民的权利，在一定程度上促进了社会福利的发展。进入 20 世纪 70 年代，这些国家对社会福利政策进行改革，削减福利费用，主张政府部门、社会团体、私人合办福利事业，强调社区和家庭的作用。

第二节 中国社会福利

一 中国传统社会福利

（一）发展历程

1. 新中国成立初期的救济福利

新中国成立初期，为了医治战争创伤，根除贫困的根源，社会福利工作主要是一种救济福利。国家对游民采取了集中收容教育、技能培训、就业安置、劳动改造以及遣返回乡等社会主义改造措施。创办了一大批救济福利单位，主要分为社会福利事业和社会福利企业两类。福利事业机构包括各种收养性的福利院、精神病院等，对城市中的孤老、孤儿、精神病人等弱势群体进行了收容安置。福利企业主要是为残疾人提供就业机会，解决失业和贫困人员的生计问题而组建的生产自救组织。但这些福利只覆盖了城镇极少数特殊人群。据民政部门的统计，1959年民政部门管理的福利院收养了 64454 位孤老、27964 位孤儿和 14627 位"三无"精神病患者。在农村，按照 1960 年 4 月二届全国人大二次会议通过的《1956—1976 年全国农业发展纲要》第 30 条确立的对农村中的孤老残幼实行"五保"的制度，许多地区建立了养老院，收养农村中的孤寡老人。到 1994 年，全国已有 33584 个乡镇统筹供养了 273 万"五保"人口，农村敬老院约 4 万所，收养 56 万老人。

2. 计划经济时期的集体福利

计划经济时期，我国先后颁布了《关于各级人民政府工作人员福利费掌管使用办法的通知》（1954）、《关于国家机关和事业、企业单位1956 年职工冬季宿舍取暖补贴的通知》（1956）、《关于职工生活方面若干问题的指示》（1957）等文件，逐渐形成了集体福利为主、民政福利为辅的制度框架。单位集体福利如免费或者低偿使用由单位所兴办住房、医务室、学校、食堂、幼儿园、浴室、运动场馆等福利设施。同时，还能获得诸如冬季取暖补贴、探亲补贴、托儿补贴、计划生育补贴、交通补贴、住房补贴、粮油以及副食品价格补贴等福利补贴。在儿童和青少年教育方面，从小学到高中教育是免费的，高等教育不仅免交学费、住宿费等费用，学生还可以享受到能够解决吃饭问题的助学金。在福利分房方面，企业或者单位按照职工的工龄和年龄等条件以及家庭人口数目，为职工分配住房。农村集体福利为居民提供医疗（医疗站、赤脚医生等）、教育、文娱康乐、儿童护理等服务项目。对于那些无法得到单位与集体保障的"三无"人员，政府建立了民政福利制度，如通过建立社会福利院与养老院收养孤老，为其提供生活照料、医疗康复、老人食堂、文娱活动等服务；通过建立儿童福利院与婴幼院收养社会弃婴、孤儿与流浪儿童，为其提供文化教育、劳动教育、思想教育、保育、抚养、治疗等不同的服务；通过举办精神病人福利机构收养"三无"精神病患者，为其提供供养服务和生活管理服务。

3. 改革开放以来的社会福利

从20世纪80年代开始，随着经济与社会结构的转变，我国社会福利处在发展转型的关键时期，社会化与社区化福利成为城乡社会福利改革的主要方向。1979年11月，全国城市社会救济福利工作会议指出要突破以"三无"对象为收养范围的规定，有计划地开展双职工家庭残疾人员和退休孤老职工的自费收养业务，推进服务对象社会化。1984年3月，民政部在福建漳州举办的经验交流会上明确提出了"社会福利社会办"，鼓励社会各界力量创办社会福利事业，社会福利逐渐向国家、集体、个人等供给主体社会化转变。1993年11月，民政部等14部委联合下发了《关于加快社区服务业的意见》，将社区化服务作为建立健全社会保障体系和社会化服务体系中的一个重要行业。1993年4月，民政部发布了《国家级福利院评定标准》，同年8月，民政部又发布了《社会福利企业规划》；1994年12月，民政部发布了《中国福利彩票管理办法》，社会化福利事业开始发展。

（二）旧福利制度缺陷

我国的福利制度建立之初，使城乡无家可归、无依无靠、无生活来源的社会成员的生存问题得到解决，极大地显示出新生的社会主义制度的优越性，保障了社会稳定。但随着20世纪80年代经济体制改革带来了社会结构的巨大变化，传统福利制度日益暴露出一些弊端。

首先，国有企业改革使企业成为自主经营的经济实体，它们要与所有企业一起参与市场竞争。但是，国有企业由于背负沉重的职工福利负担，难以与新生企业公平竞争，面临更大的破产风险。职工所在的企业一旦破产，职工及其家庭便没有了生活来源，生活将立即遇到极大困难。

其次，企业的福利待遇将企业与职工紧紧地拴在一起（如单位分配的住房、职工子弟就读的子弟学校等，形成了企业与职工之间的人身依附关系），不同企业或单位，职工的福利待遇会有很大差异，有些单位职工的福利甚至高于工资，这就阻碍劳动力的合理流动和市场经济所需要的统一劳动力市场的形成。

再次，优厚的福利待遇由于是平均分配，所以不但没有发挥它激励劳动者积极性的功能，反而助长了人们的懒惰和依赖心理，影响企业的效率和发展。

最后，经济体制改革带来经济结构多元化，农村人口流入城镇，进入不同所有制企业和单位就业，他们连应当享受到的社会保险待遇都享受不到，何谈享受社会福利待遇，这种从制度建立之初就对农民实行了不平等待遇。可以看出，在市场经济下，传统福利制度不但不能适应不同社会成员的需求，而且直接对企业的发展，对整个经济的发展产生影响，也会酿成社会不稳定因素。

二　中国社会福利改革

1997年4月，民政部与国家计委联合发布《民政事业发展"九五"计划和2010年远景目标纲要》，指出残疾人可以由过去单一的在福利企业就业改变为在福利企业就业或分散就业。1999年12月，民政部颁布了《社会福利机构管理暂行办法》。从这些法规可以看出，无论是社会福利院和福利企业的发展、福利资金的筹集，还是残疾人就业、社会福利机构的管理等，民政部门作为我国福利事业的主管机构将把我国的社会福利事业逐步从官方举办引向社会举办，多层次的社会福利体系正在形成。

1. 按福利需求设立福利项目

例如，将原来单一的以集中收养孤寡老人的养老院，转变为按照老年人的不同需求设立养老院、老年公寓、老年护理服务、老年家政服务等福利项目，并面向所有有福利需求的老年人开放。

2. 社会办福利机构迅速发展

民政福利的社会化提高了民政福利机构的效率，同时社会办的福利企业发展势头甚至超过了官办福利企业。有数字表明，到 20 世纪 90 年代末，官办福利企业占福利企业总数从 65% 下降到 14%，社会办的福利企业占福利企业总数从 35% 上升到 86%、就业的残疾人数占到福利企业就业残疾人总数的 84%。

3. 企业职工福利社会化

在初期，通过实行承包责任制，将企业的福利设施对外开放。到 20 世纪 90 年代，在大力发展第三产业的社会背景下，绝大多数企业和单位的福利设施打破过去封闭运行的模式，改革为面向社会、有偿服务的劳动服务公司，并逐渐与原单位"脱钩"，成为独立的经济实体并参与市场竞争。例如，绝大多数的房修公司、托儿所、幼儿园、理发店等都是从原来的企业或单位剥离出去的、自负盈亏的经济实体。

4. 居民住房福利商品化

1989 年，国务院颁布了《关于在全国城镇分期分批推行住房改革的实施方案》后，城镇居民福利分房开始向住房商品化、私有化方向改革。1994 年，国务院发布了《关于深化城镇住房制度改革的决定》，规定以标准价出售公房，1998 年年底，企事业单位停止福利分房，职工按标准价购买住房。同时确立了由单位和职工各缴费 50% 的住房公积金制度，并为职工建造和出售经济适用房。有些城市为居民提供廉租房或房租补贴。

5. 教育福利多样化

20 世纪 90 年代，教育福利也面临改革，初、中、高等高校学费一路攀升，农村义务教育失去集体经济的支持，这些支出负担全部转嫁到了居民身上。教育的多样性开始显现，私立学校、先进的教学设备、优秀的师资、独特的教学方法，从幼儿园到大学的多种办学模式，开辟了教育领域的竞争局面。

三　中国社会福利制度内容

进入21世纪，社会福利显现出多层次特点，老年人、残疾人、儿童福利项目日渐完善，农村社会福利制度得到快速发展，社会福利的管理体制不断优化。从体系建设上看，我国社会福利正从消极救治到积极预防、由部分人的社会责任转变为国家和社会的责任的发展历程。将越来越多的人群被包含在保障范围内，说明国家正在为全体社会成员提供适度普惠制下的、经济可承受范围内的福利保障。现阶段中国社会福利工作的内容包括以下几个方面。

（一）国家法定福利

国家法定福利也称基本福利，是指按照国家法律法规和政策规定必须发生的福利项目。其特点是只要企业建立并存在，就有义务、有责任且必须按照国家统一规定的福利项目和支付标准支付，不受企业所有制性质、经济效益和支付能力的影响。法定福利包括以下几类。

（1）社会保险。包括养老保险、医疗保险、工伤保险、失业保险、生育保险等项目，社会保险是最基本的福利项目。

（2）法定节假日。根据劳动和社会保障部2008年1月3日发布的《关于职工全年月平均工作时间和工资折算问题的通知》，全年法定节假日为11天，即元旦1天、春节3天、清明节1天、五一劳动节1天、端午节1天、中秋节1天、国庆节3天。

（3）特殊情况下的工资支付。是指除属于社会保险，如病假工资或疾病救济费（疾病津贴）、产假工资（生育津贴）之外的特殊情况下的工资支付。如婚丧假工资、探亲假工资。

（4）工资性津贴。包括上下班交通费补贴、洗理费、书报费等。

（5）工资总额外补贴项目。如计划生育独生子女补贴、冬季取暖补贴等。

（二）社区福利

20世纪90年代，随着市场化改革的深入和现代企业制度的建立，退休职工的福利保障被推向社会。由于民间社会服务机构不发达，社会服务不能完全满足需求，于是社区就承担起了协助政府向社会成员提供福利服务的功能，形成了社会化和社区化福利并存的格局。社区服务主要包括社区就业与保障服务、社区卫生医疗服务、社区为老服务、社会救助服务、社区文化体育服务等。近些年来政府出台了一些标准,如社区服务中心及其他公共服务设施的面积,社区卫生、文化、体育设施建设标准;也实际投入支持建设了部分服务设施,如社区老人服务站、残疾人康复中心、公共体育设施等,这些都促进了社区福利的发展。但是,目前社区福利服务主要依靠地方政府拨款,而由于地方财政参差不齐、经费支持不到位等原因,使服务项目、范围、水平等比较薄弱,有些地方还存在重设施、轻服务的现象。

(三) 职工福利

职工福利是由企业自定的福利项目,是职工除了工资和劳动保险待遇,所享受到的物质利益。一般指企业、事业单位和国家机关为职工举办的集体福利事业和建立的某些补助和补贴制度。它的具体福利项目内容、方式和标准,决定于不同时期企业的生产水平、经济效益和职工的消费水平,以及单位经营成果的大小。各个企业也为员工提供不同形式的福利,大体有三类:①为职工生活提供方便,减轻家务劳动而举办的集体性福利设施,如工作餐、托儿所、幼儿园、浴室等。②为解决职工不同需要,减轻其生活费用开支而建立的各种福利补贴制度,如生活困难补助、部分地区职工宿舍冬季取暖补贴、职工探亲假制度、上下班交通费补贴制度、房租补贴、通信补助等。③为活跃职工文化娱乐生活而建立的各种文化体育设施,如文化宫、俱乐部、图书馆、球场等。

中国职工福利事业的经费来源主要有以下几个方面:一是国家提供给各单位的基本建设费用中,与职工基本生活有关的必要的非生产性建设投资费用;二是国家为解决职工生活福利问题专门建立的一项基金,即按照国家规定的比例从企业利润中提取的职工福利基金,和按职工人数或工资总额一定比例提取的国家机关和事业单位的职工福利费;三是工会经费的一部分;四是福利设施本身的收入,如电影、溜冰和某些文艺演出、体育竞赛活动所得的收入。

(四) 特殊人员的社会福利

1. 老年人福利

为老年人构建起了以居家为基础、社区为依托、机构为补充、医养相结合的社会养老服务体系。建立高龄老人津贴制度，全国 80 岁及以上的老年人皆可享受高龄老人津贴。根据《中华人民共和国老年人权益保障法》，为老年人（包括孤寡老人）提供免费或低收费的福利服务：一是收养性福利及设施，包括收养无家可归、无依无靠的老年人，老年院、养老院、老年公寓、托老院、福利院等福利设施；二是娱乐性服务及设施，如老年大学、老年人活动中心等；三是服务性福利及设施，如老年康复中心、老年医院、老年咨询中心等老年健康、生活方面的服务设施。

2. 残疾人福利

《中华人民共和国残疾人保障法》规定了残疾人就业、救助、教育、康复等方面的福利服务，为残疾人劳动就业进行统筹规划，为残疾人的劳动就业创造条件；为残疾人建立特殊教育体系，如残疾儿童学前教育，特殊教育职业培训；生产残疾人使用的各种假肢和特殊用具，以及文化娱乐的条件和设施，提高残疾人的社会地位，残疾人福利水平逐步提高。

3. 儿童福利

根据《中华人民共和国未成年人保护法》和《中华人民共和国教育法》的规定，为儿童设立福利机构，如儿童福利院、残疾儿童康复中心等，并提供相应的儿童健康、心理咨询、教育、孤儿照料、残疾儿童的收养和教育、失足青少年教育等服务。根据国务院《关于加强困境儿童保障工作的意见》（2016），儿童福利政策实现了普惠型福利的转变，本着"适度普惠、分层次、分类型、分标准、分区域"的理念，全面安排和设计儿童福利制度。将儿童群体分为孤儿、困境儿童、困境家庭儿童、普通儿童四个层次，为所有孤儿发放基本生活津贴；为困境儿童建立了基本生活保障制度等。实行农村义务教育阶段贫困家庭学生"两免一补"计划、农村义务教育学生营养改善计划，对民族地区、贫困地区的农村义务教育阶段学生提供营养膳食补助等。

4. 优抚对象福利

优抚对象福利是指对荣誉军人、退伍军人、残废军人提供医疗、休养、康复、安置等项社会服务和福利服务。

5. "五保"供养福利

农村"五保"供养实现了向国家财政供养的现代社会福利事业的转变,农村敬老院逐步向社会普通老人开放。①

我国社会福利日益与经济和社会发展的整体规划相结合,创造有利于社会成员个人与集体发展的社会环境;通过推进社会的现代化,加速科技革命,加强家庭和社区等的功能,进一步改善公共环境卫生,提高人民健康水平,发展国民教育,进行城市改造,增加住宅和公共福利设施,提高全体社会成员的社会生活质量。

---

① 为了更好地实现社会福利事业的系统化管理,促进社会福利事业的全面发展,2018年12月,民政部新成立了养老服务司和儿童福利司。养老服务司主要承担老年人福利工作,拟订老年人福利补贴制度和养老服务体系建设规划、政策、标准,协调推进农村留守老年人关爱服务工作,指导养老服务、老年人福利、特困人员救助供养机构管理工作。儿童福利司主要负责拟订儿童福利、孤弃儿童保障、儿童收养、儿童救助保护政策、标准,健全农村留守儿童关爱服务体系和困境儿童保障制度,指导儿童福利、收养登记、救助保护机构管理工作。儿童福利司的设立是我国儿童福利发展的里程碑式事件。

第十一章 社会优抚

第一节 社会优抚制度概述

一 社会优抚

（一）社会优抚的概念

社会优抚是国家以法定的形式和通过政府行为，对社会有特殊贡献者及其眷属实行的具有褒扬和优待赈恤性质的社会保障措施。

（二）社会优抚的特征

1. 优抚对象是特定群体

我国社会优抚对象是为革命事业和保卫国家安全做出牺牲和贡献的特殊社会群体，由国家对他们的牺牲和贡献给予补偿和褒扬。2018年3月国家新组建了退役军人事务部，专门负责优抚对象的保障工作。

2. 优抚保障的标准较高

由于优抚具有补偿和褒扬性质，因此，优抚待遇高于一般的社会保障标准，优抚对象能够优先优惠地享受国家和社会提供的各种优待、抚恤、服务和政策扶持。

3. 优抚优待的资金主要由国家财政支出

优抚工作是政府的一项重要行为，优抚优待的资金主要由国家财政投入，还有一部分由社会承担，只有在医疗保险和合作医疗等方面由个人缴纳一部分费用。财政投入的资金一是预算内资金，二是优抚管理部门按国家指定的收支范围，自收自支、单独结算、自行管理的资金，包括统筹资金、社会资助资金、社会优抚事业单位上缴资金等。

4. 优抚内容具有综合性

社会优抚与社会保险、社会救助和社会福利不同，它是特别针对某一特殊身份的人所设立的，内容涉及社会保险、社会救助和社会福利等，包括抚恤、优待、养老、就业安置等多方面的内容，是一种综合性的项目。

二 现代社会优抚的主要形式

1. 社会保险式的优抚保障

采用这种形式的国家，将社会优抚纳入社会保险体系，为军人提供伤亡保险、军人退役医疗保险、军人退役养老保险、随军未就业的军人配偶保险。美国政府在实行职业军人特殊退休制度的同时，对所有的军事人员实行"老残遗属及健康保险"投保制度，并与军人退休抚恤制度同时发挥作用。

2. 社会救助式的优抚保障

救助式优抚保障是由政府对退役人员或现役人员的家属提供救济和帮助。如日本的退役军人患病治疗期间，可以给予生活津贴。我国对优抚对象，特别是农村的退伍军人及现役人员的家属实行救助性措施，如定期补助、临时性补助、可优先得到发展生产的资金贷款及物资等。

3. 社会福利褒扬性的优抚保障

由于优抚对象在社会保障中占有重要地位，因此福利褒扬性措施较多，主要包括资金保障和服务保障。资金保障指由政府对死亡军人家属或伤残军人提供抚恤金、对退役军人发放复员费或安家费、对优抚对象减免税收、减免交通费、实行免费医疗等；服务保障指对优抚对象优先安排就业就学、优先安排就业前的职业培训、对伤残军人则实行福利性收养等。

这些社会优抚的形式往往是综合发挥作用的。在一个国家内，政府可以采取多种优抚形式实现保障功能。由于社会保障水平的不断提高，社会福利褒扬性优抚成为主要的优抚形式。

三 社会优抚制度发展历程

中国及世界各国的社会优抚事业，是在军队建设和社会发展过程中不断建立和完善的。

新中国成立之初，中国颁布了一系列优抚优待的法规，如 1950 年颁布了《革命烈士家属革命军人家属优待暂行条例》《革命军人牺牲、病故褒恤暂行条例》《民兵民工伤亡褒恤暂行条例》《革命残废军人优待抚恤暂行条例》《革命工作人员保恤暂行条例》，建立起了以军人及其家属为对象的优抚制度。当时的规定主要涉及优待和抚恤问题，后来逐步扩展到安置、养老等措施和服务上。1981 年和 1982 年国务院和中央军委分别颁布了《关于军队干部退休的暂行规定》和《关于军队干部离职休养的暂行规定》，对军队干部离退休问题作了具体的规定。

1984 年第六届全国人大二次会议上通过了《中华人民共和国兵役法》，其中对军人的抚恤、优待、退休养老、退役安置等问题作了具体规定，同时废除了 20 世纪 50 年代颁布的 5 个条例，建立了国家、社会、群众三结合的抚恤优待制度，使优抚工作与国民经济发展、人民生活水平相适应。1988 年 7 月，《军人抚恤优待条例》颁布后，明确了优抚对象在养老、医疗、住房、就业、子女教育等方面在同等条件下的优先权；根据财政情况和优抚对象的实际需求，调整、提高了各种抚恤金标准。2004 年，国务院、中央军委颁布新的《军人抚恤优待条例》，并于 2011 年进行修订，军人抚恤优待的标准进一步规范。2012 年 7 月正式施行的《中华人民共和国军人保险法》，对军人保险的权利义务、调整对象、项目设置和管理机制等做出了明确规范。2018 年 3 月，退役军人事务部成立，担负退役军人优抚安置、军官转业安置等职责。

第二节　社会优抚的内容

一　社会优抚的对象

社会优抚是社会保障制度的重要组成部分，是国家以法定的形式、通过政府行为，对有特殊贡献者及其家属提供的褒扬和优待抚恤性质的物质帮助。这里的有特殊贡献者，既包括特殊贡献者本人，也包括特殊贡献者家属。特殊贡献是指为维护国家和民族利益、保护国家和人民的安全而牺牲自我利益，影响个人需求和发展，为国家社会做出贡献的人。特殊贡献者由各国政府依法认定的，范围有所不同，一般指现役军人、退役军人、现役军人的家属。我国根据《军人抚恤优待条例》的规定，优抚对象主要包括：人民解放军现役军人和武警官兵、革命伤残军人、复员退伍军人、革命烈士家属、因公牺牲军人家属、病故军人家属、现役军人家属等。

伤残军人指中国人民解放军和中国人民武装警察部队的指战员，因战、因公受伤、因病致残，经医疗终结，符合国家规定的评残条件，办理了评残手续，取得了"残疾军人证"者，均称为残疾军人。伤残按照性质区分为因战、因公、因病三种，按照残疾情况分为不同等级。复员军人是指 1954 年 10 月 31 日开始试行义务兵役制以前参加中国工农红军、东北抗日联军、中国共产党领导的脱产游击队、八路军、新四军、中国人民志愿军等，退出现役并持有复员军人证件或经组织批准复员的人员。在乡的红军失散人员也按复员军人对待。退伍军人，是指 1954 年 11 月 1 日开始试行义务兵役制以后参加中国人民解放军，退出现役并持有退伍证件的人员。革命烈士家属是指为革命事业牺牲，由部队团以上政治机关证明，取得烈士称号的革命烈士的家属，其家属可以享受烈士褒扬金等待遇。因公牺牲军人家属和病故军人家属是指经军队团级以上单位的政治机关批准，分别取得"革命军人因公牺牲证明书"和"革命军人病故证明书"的家属，一般是军人的父母、配偶、子女、年龄未满 18 周岁的兄弟姐妹，以及曾连续抚养其逾 7 年以上的抚养人。

二 我国社会优抚制度内容

我国社会优抚制度主要包括优待、抚恤、安置等内容。

（一）优待制度

根据《军人抚恤优待条例》的规定，优待对象可以享受政治、经济方面的优待措施：

（1）烈士遗属依照《烈士褒扬条例》的规定享受优待。

（2）义务兵入伍前的承包地（山、林）等，应当保留；服现役期间，其家庭由当地人民政府发给优待金或者给予其他优待，优待标准不低于当地平均生活水平。义务兵和初级士官服现役期间，除依照国家有关规定和承包合同的约定缴纳有关税费外，免除其他负担；入伍前是国家机关、社会团体、企业事业单位职工（含合同制人员）的，退出现役后，允许复工复职，并享受不低于本单位同岗位（工种）、同工龄职工的各项待遇。

（3）医疗优待。国家对一级至六级残疾军人的医疗费用按照规定予以保障。七级至十级残疾军人旧伤复发的医疗费用，已经参加工伤保险的，由工伤保险基金支付；未参加工伤保险，有工作的由工作单位解决；没有工作的由当地县级以上地方人民政府负责解决。七级至十级残疾军人旧伤复发以外的医疗费用，未参加医疗保险且本人支付有困难的，由当地县级以上地方人民政府酌情给予补助。革命伤残军人因伤残需要配制的假肢、代步三轮车等辅助器械，由民政部门审批并负责解决。

（4）其他优待。优抚对象在与其他群众同等条件下，享有就业、入学、救济、贷款、分配住房的优先权。在国家机关、社会团体、企业事业单位工作的因战、因公致残的革命伤残军人，享受与所在单位因公（工）伤残职工相同的生活福利和医疗待遇。所在单位不得因其残疾将其辞退、解聘或者解除劳动关系。义务兵和初级士官退出现役后，报考国家公务员、高等学校和中等职业学校，在与其他考生同等条件下优先录取。接受学历教育的，在同等条件下优先享受国家规定的各项助学政策。家属农村的革命烈士家属符合招工条件的，当地人民政府应安排其中一个就业。革命烈士、因公牺牲军人、病故军人的子女、弟妹，自愿参军又符合征兵条件的，在征兵期间可优先批准一人入伍。复员军人未工作，因年老体弱、生活困难的，按照规定的条件，由当地民政部门给予定期定量补助，并逐步改革他们的生活待遇等。

（二）抚恤制度

抚恤制度是优抚保障的现役军人享有的政治上的抚慰和精神上的安慰，以及钱款和物质方面的恤赈。抚恤制度包括死亡抚恤和伤残抚恤两种。

1. 死亡抚恤

（1）一次性抚恤金。烈士属于《军人抚恤优待条例》和《工伤保险法》及相关规定适用范围的,除烈士褒扬金外还享受因公牺牲一次性抚恤金;不属于以上规定范围的烈士遗属,待遇为上一年度全国城镇居民人均可支配收入的20倍加本人40个月的工资;病故的,为上一年度全国城镇居民人均可支配收入的2倍加本人40个月的工资。现役军人死亡,根据死亡性质和本人死亡时的工资收入,由民政部门发给家属一次性抚恤金。月工资或者津贴低于排职少尉军官工资标准的,按照排职少尉军官工资标准计算。立功和获得荣誉称号的现役军人死亡,根据其立功和荣誉称号的不同,可增发5%—35%的抚恤金。具体为:获得中央军事委员会授予荣誉称号的,增发35%;获得军队军区级单位授予荣誉称号的,增发30%;立一等功的,增发25%;立二等功的,增发15%;立三等功的,增发5%。

(2)定期抚恤金。革命烈士、因公牺牲军人、病故军人的家属按照规定的条件享受定期抚恤金,标准应当参照全国城乡居民家庭人均收入水平确定。定期抚恤金是具有救助性质的国家补助。享受定期抚恤金的人员死亡时,加发半年的定期抚恤金,作为丧葬补助费。

(3)特别抚恤金。在国防和军队建设、科研职业或者作战中做出牺牲贡献的现役军人死亡,除上述抚恤金外,可由国防部发给特别抚恤金。属于《工伤保险条例》以及相关规定适用范围的,还享受一次性工亡补助金和相当于烈士本人40个月工资的烈士遗属特别补助金。

2. 伤残抚恤

伤残抚恤是国家优抚制度的一项基本内容,国家对其本人及家属提供保障措施,是对军人所做贡献的褒扬和抚恤。根据2020年2月1日正式实施的《伤残抚恤管理办法》,可以享受伤残抚恤的为:在服役期间因战因公致残退出现役的军人,在服役期间因病评定了残疾等级退出现役的残疾军人;因战因公负伤时为行政编制的人民警察;因参战、参加军事演习、军事训练和执行军事勤务致残的预备役人员、民兵、民工以及其他人员;为维护社会治安同违法犯罪分子进行斗争致残的人员;为抢救和保护国家财产、人民生命财产致残的人员;法律、行政法规规定应当由退役军人事务部门负责伤残抚恤的其他人员。伤残抚恤待遇根据革命伤残军人的伤残等级确定,伤残等级则根据丧失劳动能力及影响生活能力的程度确定。残疾的等级，根据劳动功能障碍程度和生活自理障碍程度确定，由重到轻分为一级至十级。因战、因公致残，残疾等级被评定为一级至十级的，享受抚恤；因病致残，残疾等级被评定为一级至六级的，享受抚恤。

伤残抚恤待遇保障军人伤残后，其本人及家属的生活能达到当时社会的一定水平。退出现役的残疾军人，按照残疾等级享受残疾抚恤金。残疾抚恤金由县级人民政府退役军人事务部发给。因工作需要继续服现役的残疾军人，经军队军级以上单位批准，由所在部队按照规定发给残疾抚恤金。伤残抚恤金的标准，根据伤残性质的伤残等级，参照中国一般职工的工资收入确定。退出现役的因战、因公致残的残疾军人因旧伤复发死亡的，由县级人民政府退役军人事务部按照因公牺牲军人的抚恤金标准发给其遗属一次性抚恤金，其遗属享受因公牺牲军人遗属抚恤待遇。退出现役的因战、因公、因病致残的残疾军人因病死亡的，对其遗属增发12个月的残疾抚恤金，作为丧葬补助费；其中，因战、因公致残的一级至四级残疾军人因病死亡的，其遗属享受病故军人遗属抚恤待遇。退出现役的一级至四级残疾军人，由国家供养终身，对需要长年医疗或者独身一人不便分散安置的，可以集中供养；对分散安置的一级至四级残疾军人发给护理费。

（三）退役安置

退役安置是指国家和社会为退出现役的军人提供资金和服务，以帮助其重新就业的一项优抚保障制度。安置的对象包括转业的军官、复员志愿兵和退伍义务兵。退役安置主要从资金和服务两方面对退役军人提供保障。资金保障方面包括提供安置费、各级临时性生活津贴和生产性贷款；服务保障包括就业安置、就学安置、落户安置、职业培训、技术培训等。

随着社会主义市场经济体制的建立，企业、机关的用工制度发生了很大的变化，军人退役安置问题上也出现了很多新情况，过去采取的通过指令性计划来安置退役军人的做法已不能再适用了。企业有用工自主权，而国家机关也面临着机构调整，同时退役军人本身所具备的技能和综合素质与单位招工的要求有一定距离，这使退役军人的安置更加困难。要解决这些问题，必须采取新的措施和办法，要对原有的退役军人安置制度进行改革，以适应新形势的变化。如加强教育培训力度，增强退伍军人的竞争能力，提高竞争意识，鼓励其自谋出路。对自谋出路的安置对象提供一定的经济补偿等。

（四）革命烈士褒扬金

现役军人死亡被批准为烈士的，发给"中华人民共和国烈士证明书"，依照《烈士褒扬条例》的规定发给烈士遗属烈士褒扬金。烈士褒扬金标准为烈士牺牲时上一年度全国城镇居民人均可支配收入的 30 倍。战时，参战牺牲的烈士褒扬金标准可以适当提高。烈士褒扬金由颁发烈士证书的县级人民政府民政部门发给烈士的父母或者抚养人、配偶、子女；没有父母或者抚养人、配偶、子女的，发给烈士未满 18 周岁的兄弟姐妹和已满 18 周岁但无生活来源且由烈士生前供养的兄弟姐妹。

三 社会优抚资金运行

社会优抚资金的主要来源是国家财政拨款，这体现出政府在社会优抚工作中的责任主体地位，由国家预算安排的优抚事业费是社会优抚制度的主要财力保证，由各级民政部门负责管理和使用。社会优抚资金的另一个来源是社会捐赠，即企业、团体和个人的捐助，这是社会优抚资金的重要补充来源。此外，还包括个人投保资金。

优抚资金分为优待、抚恤、安置资金三部分。优待资金包括国家补助和社会补助，国家补助采用社会救助的方式由民政部门发放给生活有困难的受优待对象。抚恤安置费则直接发放到优抚对象手中。